네 곁에
있어
줄게

일러두기

- 본문에 나오는 '소년'은 소년법에서 19세 미만의 남녀 아동·청소년을 가리키는 용어로, 소년보호재판의 대상이 되는 '보호소년'을 줄여서 쓰는 말이기도 합니다.
- 책에 나오는 '소년'들의 경우 신상을 보호하기 위해 모두 가명으로 처리했으며, 같은 이유로 구체적인 지역명이나 도시명을 밝히지 않는 등 편집을 거쳤습니다.

네 곁에

있어

줄게

: 소년재판과 위기 청소년을
바라보는 16개의 시선

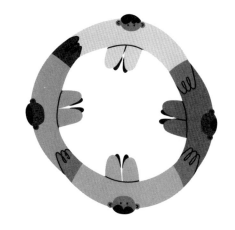

류기인 최형록 전미연 유수천
박선옥 손예진 박현숙 조정혜
최윤희 반경민 이수봉 이호정
김종임 박정숙 이순화 조원교

온기담북

———— '청소년과 밥 먹는 사람'으로 살면서 끊임없이 허공에
대고 물었습니다. 한 아이의 곁에 한 사람만 있어도 아이의 회복이
가능한데, 왜 그 한 사람이 없는 거죠?

어떨 때는 원망이었고, 어떨 때는 한탄이었던 그 물음의 답을 얻
은 적은 없습니다. 어쩌면 물음이 아니었으니, 답을 얻을 수 있을
거란 기대를 하지 않았을지도 모릅니다. 그런데 참 생뚱맞게도 이
책에 그 물음의 답이 들어 있습니다.

이 책에는 한 아이의 곁에 있어 주겠다는 열여섯 명의 '한 사람'
들이 말이 아닌 삶으로 말하고 있습니다. 여기, 아이들 곁에 우리가
있다고, 지금까지 그래 왔고 앞으로도 그래 보겠다고. 때로는 힘이
빠지고 지치지만, 도대체 왜 이렇게 살고 있는지 눈물도 나지만, 그
보다 더 많이 힘이 나고 기쁠 때가 있다고. 눈물겨운 감동도 있으

니 기꺼이 앞으로도 그 '한 사람'이 되어 보겠다고.

산다는 건 어쩌면 한 사람의 일입니다. 아니, 한 사람의 곁에 한 사람이 있어야 가능한 일입니다. 이 책을 통해 비로소 깨달았습니다. 내 눈으로 확인할 수 없었을 뿐, 그 한 사람은 곳곳에 존재하고 있다는 걸. 그리고 그 존재감은 따로 또 같이 아이들을 살리고 싶은 내게 큰 힘이 되었습니다.

지금 '곁'이라는 단어에 마음이 움직이는 모두에게 이 책을 권합니다. 곁에 아무도 없다고 느끼는 사람부터 그 곁에 있어 주고 싶다고 느끼는 사람까지. 곁을 내어 주고 싶은 사람부터 그 마음이 그저 고마운 사람까지.

책을 읽다 보면 우리에게 '곁'이 존재한다는 것이, '곁'에 사람이 존재한다는 것이 얼마나 든든한 일인지 알게 될 것입니다. 그리고 이 책 속의 청소년들을 만나다 보면 깨닫게 될 것입니다. 나쁜 것이 아니라 아픈 것이었다는 걸.

우리의 편견에 균열이 생기면 그 균열 사이에서 들꽃이 피어날 것입니다. 바로 그것이 열여섯 명의 저자가 바라던 것이 아니었을까, 감히 짐작해 봅니다.

오선화 작가 · 《아이가 방문을 닫기 시작했습니다》 《살자클럽》 지은이

─────── 제가 하는 업무상 전국의 여러 법원, 다양한 소년보호 기관과 소통하는 게 일상입니다. 그런 제게 작년 봄, 창원지방법원 소년부와의 만남은 조금은 특별하게 다가왔습니다.

지금은 180도 다른 삶을 살고 있지만, 아주 오래 전 저는 이 책에 등장하는 많은 아이들처럼 창원지방법원 소년부와 이 책 공저자인 조정혜 관장님에게는 소문난 골칫거리였습니다. 그런 제게 당시 판사님은 여러 번 기회를 주셨고, 관장님은 부모님 대신 조건 없이 제 곁을 지켜 주셨습니다. 하지만 저는 반항이라는 이름으로 비행을 멈추지 않았고, 결국 소년원까지 가게 되었습니다. 철 없던 저를 바꾼 건 장기 소년원 처분을 선고하신 판사님 말씀이었습니다.

"너를 키워 주신 로뎀 관장님에게 너의 이야기를 들었다. 지금 이 판결이 성인이 되기 전 너에게 줄 수 있는 마지막 기회다. 그러니 소년원에서 반성하면서 사회에 꼭 필요한 사람이 되면 좋겠다."

판사님 말씀에 소년원으로 가는 차에서 참 많이 울었습니다. 그 제서야 가수가 되고 싶다던 저를 차에 태워 오디션을 보러 함께 다니시던 관장님의 진심이 보였습니다. 그리고 언젠가는 관장님께 받은 사랑과 판사님께 받은 기회를 돌려줄 수 있는 어른이 되자고 다짐했습니다. 그렇게 15년이 흘렀고, 현재 저는 10년간 법무부 산하 재단에서 사회복지사로 근무하면서, 보호처분 이후 가정으로 복귀하기 어려운 아이들이 자립할 수 있게 지원하는 일을 하고 있습니다.

류기인 판사님께 추천사를 부탁받았을 때, 감히 내가 추천사를 쓰는 게 맞는 걸까 고민했습니다. 하지만 좋은 일에 조금이나마 보탬이 되고자 수락하게 되었고, 저는 이 책에 녹아 있는 저자들의 깊은 사랑에 다시 한 번 조건 없는 사랑이 무엇인지 깨달았습니다. 그리고 고민 끝에 쓰기로 한 이 추천사 지면을 빌려 감사 인사를 드리고 싶었습니다. 지금껏 거쳐간 수많은 아이들을 대신하여 창원지방법원 소년부와 열여섯 분의 공동 저자들께 진심으로 감사드립니다.

"늘 혼자라는 생각으로 두려움에 갇혀 살던 저희 곁을 묵묵히 지켜 주셔서 감사합니다. 가슴으로 낳아 마음으로 키워 주신 당신들의 조건 없는 사랑이 헛되지 않도록, 비록 조금 느리지만 언젠가 세상에 꼭 베풀 수 있는 어른이 되겠습니다. 정말 감사합니다."

박보희 사회복지사 · 대구청소년자립생활관 실장

─────── 책 내용이 비슷한 점이 있다고 하여 같은 무게감으로 다가오지는 않습니다. 그 이유는 아마도 저자마다 삶을 대하는 자세가 다른 데서 오는 차이가 아닐까 합니다. 머리에 기대어 쓰는 글보다는 가슴에서 우러나오는 글이 더 대접을 받는 것은 당연지사일 테지요.

《네 곁에 있어 줄게》는 류기인 판사를 비롯한 열여섯 저자들이 머리가 아닌 가슴으로 쓴 책입니다. 대표 저자인 류 판사는 검사와 변호사를 거쳐 법관으로 오랜 기간 재판 업무에 종사해 왔습니다. 소년부 부장판사로서 이른바 '사건을 떼기 위한 재판'을 하지 않는 류 판사는 법관의 입장보다는 부모의 심정에서 진정으로 아이들이 올바른 사회 구성원으로 커 나가기를 바라며 아이들을 대해 왔습니다. 이 책이 나오게 된 것도 류 판사의 그러한 마음이 다른 공저자들에게까지 울림이 되었기 때문입니다.

저는 류 판사와 알고 지낸 인연으로 그가 평소 아이들을 어떻게 대하는지 옆에서 지켜볼 수 있었습니다. 그뿐 아니라 류 판사가 창원지방법원 소년부와 관련해 진행하는 여러 활동들에도 경남지방변호사회의 공익봉사단을 대표하여 참여해 왔습니다. 그래서 저는 류 판사를 비롯한 모든 공저자들이 이 책에 담긴 내용을 일상에서도 그대로 행하며 살아가는 분들임을 잘 알고 있습니다. 그래서 저는 류 판사가 요청하는 일이라면 어떤 일이든 선뜻 발벗고 나서는 강력한 지지자가 되었습니다.

아름다운 사람에게는 좋은 향기가 나는 법입니다. 이 책의 저자들이 아이들을 대하는 자세에서 저는 아름다움을 느낍니다. 자잘한 비행(非行)을 저지르는 아이들은 대부분 가정환경이 열악합니다. 그 아이들이 좋은 가정환경에서 제대로 된 부모의 사랑을 받았더라면 비행에 이를 확률은 매우 낮았을 것은 분명한 사실입니다. 류 판사와 저자들이 아이들을 대하는 시선은 바로 여기서 출발합니다.

이 책을 읽다 보면 일관되게 확인할 수 있는 공통점이 하나 있습니다. 쉽게 다가가기 어려운 ('비행 청소년'이라는 주홍글씨가 붙어 있는) 아이들을 대하는 저자들의 한결 같은 마음입니다. '○○아, 잘 지내니? 난 지금도 너를 기다리고 있어'로 함축되는 바로 그 마음 말이지요.

또한 이 책에는, 법정에서 딱딱한 재판 절차를 진행하면서도 '보호소년'에 대한 처벌이 능사가 아니라 관용과 포용에 의한 사회화를 꿈꾸는 류 판사와 저자들의 마음이 담겨 있습니다. 하나같이 저자들은 잠시 목표를 잃고 길에서 방황하는 아이들에게 우리 사회의 어른들이 두 번째 울타리가 되어 따뜻한 손을 내밀어 주기를 기대합니다.

《네 곁에 있어 줄게》는 어른 아이 할 것 없이 누구나 읽어도 좋은 책입니다. 특별히 아이를 키우시는 모든 분들께 이 책을 추천해 드립니다. 글 한 편 한 편에 녹아 있는 아이들의 힘든 사연을 대하면 불편한 마음과 함께 미안한 마음이 들 것입니다. 그늘진 환경에서 힘든 시기를 보내고 있는 아이들을, 부모보다 더 가까이서 대하고 있는 이 책의 공동 저자 열여섯 분에게 존경심을 담아 격려의 박수를 보내 드립니다. 이 책의 향기가 많은 독자들에게 널리 퍼져서 우리 사회의 모두가 위기 청소년들의 따뜻한 이웃이 되기를 바랍니다.

도춘석 변호사 · 경남지방변호사회 공익봉사단 단장

함께 빚어 갈
미래를 꿈꾸며

"우리 함께 책을 내 볼까요? 소년재판과 함께한 시간을 글로 적어 보면 어떨까요? 우리가 들었던 소년들 목소리를 다른 사람들에게도 들려줄 수 있다면 정말 좋을 텐데요."

  2023년 늦은 봄, 소년부 판사로 일한 지 만 1년이 되던 어느 순간이었습니다. 우리가 일상에서 겪는 비행 청소년들의 이야기가 다른 사람들에게는 낯설 수 있고, 낯설다 보니 편견과 선입견으로 비행 청소년들을 대할 수밖에 없지 않겠는가 싶었습니다.
  선입견과 편견을 버리라고 할 것이 아니라 스스로 선입견과 편견을 벗어던질 기회를 제공하면 좋겠다는 생각이 들었습니다. 일일이 만나 설명할 수는 없지만, 비행 청소년들에 관해 이런저런 질문을 하는 사람들에게 들려주고 싶은 이야기를 책 한 권으로 엮어서 전해 줄 수는 있겠다 싶었습니다.

그렇게 소년재판에 함께하는 법원 소년부 참여관과 조사관, 청소년회복센터 센터장과 선생님들, 정신·심리전문가 국선보조인 선생님들에게 그동안 각자 겪었던 이야기를 글로 적어 보자고 제안하게 되었습니다.

청소년회복센터를 10년 이상 운영해 오며 산전수전 공중전까지 두루 겪었던 분들인지라 할 말은 정말 많은데 글로 표현하기가 쉽지 않다고 했습니다. 소년재판의 정신·심리전문가 국선보조인으로서 10년 이상 수많은 비행 청소년과 상담한 사례를 다 풀어놓으면 대하소설을 쓰고도 남을 이야깃거리가 나오겠지만 막상 책을 쓰자니 난감해하는 분이 많았습니다.

지금까지 책을 출간해 본 경험이 전혀 없는 저자들이, 대략 1년 전쯤 책을 내 보자는 소년부 판사의 도발적인 제안 앞에서 얼마나 망설였을까 싶습니다. 그렇게 몇 달이 흘렀습니다. 여름이 지나고 가을이 다가왔습니다. 글 한 자 쓰지 않은 채 마음으로만 '책을 써야 하는데…' 하는 부담만 가진 채 6개월 가까운 시간이 흘러간 상황이었습니다. 더 이상 미룰 수 없었습니다.

2023년 가을 어느 날이었습니다. 공동 저자들이 작심하고 모여서 본격적으로 책 출간 회의를 했습니다. 모두 책 출간을 기정사실로 받아들이기로 했습니다. 우리 속에 가득 쌓여서 흘러넘칠 것 같은 우리 아이들의 안타까운 사연을 꼭 들려주어야겠다는 절박감도 한몫했습니다.

2024년 봄으로 나름의 시한도 정했습니다. 마감을 정하고 얘기를 나누다 보니, 지나간 6개월과는 다른 6개월을 보내게 되었습니다. 가을이 깊어져 가고 초겨울이 시작될 즈음에는, 열여섯 저자의 원고 초안을 모두 모을 수 있었습니다.

거칠고 엉성한 원고였지만, 소년재판을 받아야만 했던 안타까운 사연을 가진 아이들과 함께한 시간이 생생하게 묻어났습니다. 사람 냄새가 나는 글들이었습니다. 지면의 제약으로 정말 선별해서 뽑아낸 이야기들만 우선 원고에 담았습니다. 여전히 저자들은 각자가 책 한 권은 채우고도 남을 이야기를 품고 있습니다.

어찌 그렇지 않겠습니까. 아이들 한 명 한 명마다 사연이 구구절절하니 말입니다. 가까이서 지켜보고 듣다 보면 안타까운 마음에 손 한 번 더 잡아 주고 싶은 아이들이 태반입니다. 멀리서 볼 때는 손가락질 대상이었던 아이들조차도 그렇습니다.

'한 아이를 키우려면 온 마을이 필요하다'라는 너무나 익숙한 말을 실천하는 창원지방법원 소년재판 관계자들 이야기가 여기 펼쳐져 있습니다. 글로 표현하기에는 미숙한 부분이 많겠지만, 아이들 곁에서 그들의 목소리에 귀 기울이고 함께하는 공동 저자들의 간절한 마음을 읽어 주시길 바랍니다.

사실 어느 한 아이도 남의 아이라고 나 몰라라 할 수 없습니다. 우리 주변에 있는 어떤 아이도 마찬가지입니다. 모두 우리의 아이들입니다. 때로 우리 눈에는 성에 차지 않는 경우가 있을지라도, 그 아이들 모두가 바로 우리의 미래이기 때문입니다. 오늘 우리가 그 아이들의 목소리를 들어 주고 함께 곁에 있어 준다면, 우리의 미래와 미래의 우리는 더 밝아질 수 있지 않을까요.

이 책을 손에 든 당신에게 무한한 감사를 전합니다. 이 책을 읽고 이웃에게도 전해 주시길 간절히 바랍니다. 함께 우리 아이들과 우리 사회의 미래를 밝게 만들어 가자고 꼭 권해 주시기를 진심으로 부탁드립니다.

2024년 5월 가정의 달에
열여섯 저자의 마음 모아
류기인

1부

소년법정의 안과 밖

$$\boxed{1장}$$

곁에 있어 줄 순 없을까

류기인 앉으나 서나 보호소년 생각이 뇌리를 떠나지 않는 창원지방법원 소년부 판사로, 매달 2백 건씩 쏟아져 들어오는 소년보호사건 기록에 파묻혀 지낸다. 안타까운 환경에서 비행의 길로 내몰린 보호소년들이 올바른 삶의 방향으로 나아가기를 바라고 늘 기도하면서, 보호소년들의 목소리에 귀 기울이고 곁에서 함께 걷고자 '걷기학교'에 진심을 다하고 있다. 한 아이를 바르게 키우기 위해서는 온 마을이 나서야 한다는 마음으로 소년보호재판 실태를 알리고 보호소년에 대한 공동체적 관심을 일깨우기 위해 이 책을 기획하고 함께 글을 썼다.

기록들에 감춰진 소년의 눈물

"저는 소년범을 혐오합니다!"

2022년 2월 25일 넷플릭스에 공개된 화제의 드라마 〈소년심판〉에서 심은석 판사가 내뱉는 말이다. 소년범을 향한 우리 사회의 시선을 직접적으로 드러낸 대사다.

2022년 2월 21일, 창원지방법원 소년부 업무 첫날. 판사실 이곳저곳에 산더미처럼 쌓인 종이 기록들이 나를 맞았다. 소년보호재판 업무를 파악하기 위해 정신없이 기록들 속으로 들어갔다.

언론에서, 사람들이 나누는 대화 속에서 혐오를 담아 쓰이는 단어인 '소년범', 그리고 '촉법소년'. 이 친구들이 기록 속에서 말을 걸어 온다.

'저를 혐오하지 말아 주세요!'

119호 법정, 창원지방법원에서 소년보호재판이 열리는 장소다. 119, 절묘하다. 우리는 위기 상황에 112와 119를 떠올린다. 112는 팽팽한 긴장과 두려움을 일으키는 숫자다. 사이렌 소리와 함께 '꼼짝 마! 두 손 들어!'라는 외침이 연상된다. 119도 똑같이 사이렌 소리가 연상되지만, '이제는 살았다' 하는 안도감을 준다. 소년재판 법정 호수가 '112'가 아닌 '119'라니…. 119는 소년보호재판을 어떻게 봐야 하는지를 암시하는 암호 같다.

묵직한 기록들 속에서 한참 허우적거리다 몇 번이나 한숨을 쉬었는지 모른다. 사건 결과만 놓고 본다면, 소년범을 혐오하지 않을 수 없다. 그런데 기록을 하나씩 넘기다 보면 소년이 처한 가정환경이 보인다.

아빠는 날마다 술을 마시고 집에 들어온다. 나름대로 고민이 있고 삶이 힘드니까 술이라도 마셔야 했겠지만, 문제는 그다음이다. 만만한 가족들에게 욕설하고 손찌검하는 일이 일상이다. 매일 반복된 욕지거리는 소년의 귀에서 쟁쟁거리다 못해 이제는 소년의 입에서도 거침없이 쏟아져 나온다. 아니, 더 거칠게 진화하여 옆에서 듣기에도 겁이 날 지경이다.

별다른 이유는 없다. 아빠가 때리니까 소년은 맞았다. 물론 아주 조금 소년이 잘못할 때도 있다. 그럴 땐, 더 많이 맞는다는 차이가 있을 뿐이다. 두들겨 맞는 것은 일상이다. 매 맞는 일상을 살아온 소년이 친구들과 시간을 보내며 폭력을 사용하지 않는다는 것이 오히려 이상할 정도다. 엄벌이 마땅하다 생각되는 비행들 속에 숨겨진 아우성이 들린다. 소년들의 욕설과 주먹다짐에 묻힌 눈물이 언뜻언뜻 비친다.

'그랬구나. 얼마나 힘들었니? 너도 말하고 싶었는데, 어떻게 해야 할지 몰랐던 거구나. 어른들이 그런 식으로 말하고 행동하는 모습만 봐 왔던 거구나.'

기록 속 소년은 어느새 내 앞에 앉아 엉엉 소리를 내며 울고 있다. 한참을 운다.

'그래, 마음껏 울어라. 네 속에 있는 눈물이 다 흐를 때까지. 기다리고 있을게. 그때 얘기하자꾸나. 이 말 저 말 섞인 채 두서없이 얘기해도 괜찮다. 용기 내어 말하는 것이 첫걸음이란다. 네 이야기를 듣기 위해 참 많은 선생님이 준비하고 있단다.'

소년부 판사실의 밤

'창원지방법원 2023푸2452', '창원지방법원 2023푸초278'.

두 사건은 2023년 12월, 창원지방법원 소년부에 그해 마지막으로 접수된 소년보호사건과 보호처분 변경 신청 사건이다. 보호처분 집행 감독 사건을 제외하고도, 2023년 한 해 동안 창원지방법원 소년부에 접수된 사건은 2천 4백 건을 훌쩍 넘는다. 소년보호처분을 성실하게 받지 않아 보호처분 변경을 신청한 사건이 278건이니, 모두 더하면 2천 7백 건이 넘는다.

경상남도 17개 시·군 전역에서 발생하는 소년보호사건은 모두 창원지방법원 소년부로 송치된다. 창원지방법원 소년재판부는 하나뿐이며, 담당 판사도 한 명이다. 한 달 평균 2백여 건을 처리해야 한다. 소년재판을 담당하는 법원 내 인력도 소년부 판사 한 명 외에 소년부 참여관 한 명, 소년조사관 한 명, 실무관 1.5명(배정된 실무

관은 두 명이지만, 한 명은 가정 보호와 아동 보호 업무를 절반 정도씩 담당한다)이 전
부다. 내 앞에서 울고 있는 소년의 이야기를 차분히 들어 주기에는
턱없이 부족한 인력이다.

소년의 이야기를, 가정 형편을, 주변 상황을 자세히 듣고 살펴야
소년범을 혐오하지 않을 수 있다. 119호 법정에서 소년보호재판
심리가 열리기 전까지 수고하시는 참 많은 선생님이 계신다. 경남
전역의 보호관찰소와 청소년비행예방센터, 경남아동청소년상담교
육센터에서 분담하여 소년들 목소리에 귀를 기울인다. 보호자들이
구구절절 늘어놓는 하소연도 빼놓지 않고 듣는다. 결정 전 조사와
상담 조사 과정에서 듣게 되는 가슴 아픈 사연들은 잘 정리되어 소
년부 판사에게 그대로 전달된다.

소년보호사건에서 보조인이 맡은 역할을 빼놓을 수 없다. 형사
사건은 변호인이, 민사사건은 법률 전문가가 대리인이 되어 각 당
사자를 돕는 것처럼, 소년재판은 보조인이 같은 역할을 맡는다. 변
호사는 당연히 보조인이 될 수 있고, 심리상담전문가도 국선보조
인으로 중요한 역할을 한다. 소년과 가정의 이야기를 잘 듣는 것이
올바른 판결로 가는 첫걸음이다. 창원지방법원 소년부에는 심리상
담전문가인 국선보조인이 열두 명 있다.

소년과 보호자의 이야기를 정말 잘 경청해야 한다. 사건 내용을
파악하기 위한 목적도 있지만, 잘 경청해야 소년이 여기까지 이른
원인을 알고 재비행 위험성을 낮출 방법을 고민할 수 있다. 국선보

조인 선생님이 장시간 경청해서 정리한 보조인 의견서는 소년재판 심리기일이 오기 전에 소년부 판사에게 전달된다.

소년사건 수사 단계에서 수사기관이 작성한 수사 자료, 소년부 송치 이후 심리기일 전에 수집된 조사 자료가 사건별로 한가득이다. 소년재판 심리기일 5일 전 정도부터는 눈코 뜰 새 없이 바쁘다. 혹시 놓치는 목소리가 있을까 꼼꼼히 살피다 보면, 판사실의 밤은 깊어만 간다.

때때로 조금 더 깊은 관찰이 필요하면 분류심사원(창원은 부산소년원 분류심사과)에 위탁되어 상담, 조사, 교육 등이 이루어진다. 한 달 정도 기숙형 관리를 통해 심층적으로 조사된 자료는 심리기일이 오기 전 분류심사서에 담겨 소년부 판사에게 전달된다.

각종 경로를 통해 수집된 자료들이 하나로 모이는 곳이 소년부 판사실 책상 위다. 책상 위 기록을 펼치는 순간, 활자들은 영상이 되어 재생된다. 소년과 보호자의 목소리, 보호관찰소와 소년원, 비행예방센터와 경남아동청소년상담교육센터, 국선보조인 선생님의 목소리가 입체적으로 들린다. 그 목소리들을 천천히 재생해 본다. 자세히 들어야 하기 때문이다. 어떨 때는 잠시 멈춘다. 소년과 보호자, 선생님의 안타까운 호흡이 그대로 전해진다. 개별 사건들, 소년들은 모두 사연이 있다. 저마다 안타까운 이유가 있다.

적절한 처분을 찾아서

죄와 벌. 형사재판은 죄와 벌의 균형이 중요하다. 잘못한 만큼 책임을 져야 한다. 죄와 벌의 균형을 맞추는 작업은 어렵지만 그만큼 필요한 일이다. 그런데 소년보호재판에서도 죄와 벌의 엄격한 균형이 필요할까. 균형을 맞추면 소년범들이 다시는 비행하지 않고, 성인범이 되지 않을까. '그렇다'라고 자신 있게 답할 수 없다.

소년법은 형법에서 특별법에 해당한다. 죄와 벌의 균형을 따지기 이전에, 왜 이런 일을 저질렀는지 제대로 분석하고, 장차 비행을 반복하지 않게 하려면 어떤 보호처분을 내려야 하는지를 찾아가는 작업이다.

소년부 판사는 소년사건 기록을 통해 원인을 분석하고, 필요한 보호처분을 고민한다. 보호처분은 1호부터 10호까지 있다.* 4호, 5호 각 보호관찰 처분에는 몇 가지 부가 처분을 부과할 수 있다. 보호관찰 중 몇 가지는 병행해서 처분하기도 한다.

• 1호 처분은 보호자나 보호자 대신 소년을 보호할 사람 또는 기관에 감호(감독과 보호)를 위탁하는 판결이다. 2호는 수강명령, 3호는 사회봉사명령, 4호는 단기 보호관찰, 5호는 장기 보호관찰, 6호는 아동복지시설이나 소년보호시설 감호 위탁, 7호는 의료 시설 위탁 처분을 말한다. 8호는 1개월 이내의 소년원 송치, 9호는 단기 소년원 송치, 10호는 장기 소년원 송치 처분에 해당한다. 본문에 주로 나오는 '청소년회복센터' 생활은 1호 처분을 받은 소년들 중 가정으로 복귀하기 적절하지 않은 경우에 해당하며, '분류심사원' 위탁은 소년보호재판 직전이나 재판 진행 중 1~2개월 심층 조사를 위한 잠정 조치이다.

소년사건은 대체로 비슷한 유형이 많다. 성장 과정에서 경험하는 세계가 그리 다르지 않기 때문이다. 미세한 차이점을 섬세하게 가려내야 적절한 보호처분을 내릴 수 있다. 보호처분은 약 처방과 같다. 소년의 현재 증상을 치료하면서 동시에 재비행을 막아야 한다. 재발을 방지하기 위한 처방을 제대로 찾아야 한다.

아픈 사람은 증상에 맞는 약을 써야 치료할 수 있고, 치료 이후에는 일정 기간 예후를 추적 관찰해서 재발하지 않게 관리해야 한다. 소년사건도 마찬가지다. 엄한 훈계에 상응하는 보호처분과 재비행을 방지하기 위한 적절한 보호처분을 병행해야 한다.

상황이 이러니 고민이 많을 수밖에 없다. 소년과 보호자의 이야기, 수사 기록과 조사 자료, 사전 조사에 참여한 담당 선생님의 의견을 확인하는 작업을 몇 번이나 반복한다. 적절한 보호처분을 찾아 초안을 작성했다가 다시 들여다보며 이 보호처분이 가장 적절한지 고심하기도 한다.

고민을 거듭할 때는 자연스럽게 기도하게 된다. 그 한 사람의 인생에 필요한 신적 관여를 구하는 셈이다. 현재 주어진 환경에서 어떤 보호처분을 어떻게 조합하는 것이 가장 적합할지 알 수 있는 지혜를 달라고 기도한다. 지혜를 간구해야 할 소년이 너무나 많다.

법정 경험이 안전판이 되길 바라는 마음으로
창원지방법원 본관동 4층 판사실에서 법정동 1층 119호 소년법정까지는 거리상 멀지 않다. 하지만 빠른 걸음으로 걷는 평상시와 달리, 119호 소년법정으로 가는 길은 최대한 천천히, 겸허하고 경건한 태도로 걷는다. 적절한 설명과 함께 가장 알맞은 보호처분이 이루어지길 간절히 기도하면서….

119호 소년법정 입구에서는 다시 한번 호흡을 가다듬는다. 오늘 만나는 소년들과 보호자들에게도 꼭 필요한 말을 하고, 그들의 목소리에 귀 기울일 수 있기를.

119호 소년법정에 들어서면, 심리 준비를 마친 참여관과 실무관이 자리를 지키고 있다. 법대 재판장 자리에 앉으면 법정경위는 준비된 사건 번호와 소년 이름을 부른다. 잔뜩 긴장한 소년과 더 긴장한 보호자가 법정에 들어선다. 소년보호재판은 비공개 재판이 원칙이다. 법정에는 판사와 참여관, 실무관, 법정경위 외에는 보이지 않는다. 아무도 앉아 있지 않은 방청석을 지나, 제일 앞 소년석으로 향하는 소년의 발걸음이 떨린다. 같이 온 엄마와 아빠도 천천히 소년 옆 보호자석에 자리한다.

법정경위가 호명한 순간부터 소년이 자리에 앉기까지 걸리는 시간은 5초 남짓이다. 재판정에서 이 모든 장면을 지켜본다. 짧은 순간이지만, 소년의 표정과 소년을 보는 보호자의 눈빛에 담긴 재판부를 향한 간절한 호소를 느끼기엔 충분하다. 법정에서는 거의 모든 소년이 진심으로 반성한다. 들어오기 전과 나간 직후의 마음이 달라진다고 할지라도.

관대한 처분을 바라는 마음으로 판사 앞에서 취하는 반성의 자세가 그저 보여 주기 위한 모습일지라도, 법정에서 흐르는 짧은 심리 시간은 소년들에게 흔치 않은 반성의 시간이 된다. 소년들에게 119호 소년법정 경험은 대부분 일생에 단 한 번으로 그친다. 그러므로 이 강렬한 기억이 단지 충격적인 경험으로 끝나지 않길 바란다. 이 기억이 앞으로 살아갈 때 잘못된 길로 들어서지 않도록 막는 안전판이 되어 주길 바라며 훈계한다.

그리 길지 않은 시간에 소년들 마음속에 깊이 새겨질 말을 하는 일은 사실 불가능하다. 법정에서 판사가 하는 이야기가 잔뜩 긴장한 소년의 귀에 얼마나 들릴지도 모른다. 그런데도 정말 간절한 마음으로 소년 한 명 한 명에게 꼭 필요하다고 생각한 말을 꾹꾹 눌러서 하고 있다. 그 말이 마음속에 깊이깊이 새겨지기를 소원하는 마음으로.

곁에 있어 줄 수 없을까

소년보호재판은 심리기일에 선고한다고 해서 끝나지 않는다. 대부분의 다른 재판은 변론을 종결하고 판결을 선고하면, 그 사건이 판사의 손을 떠난다. 반면, 소년사건은 소년부를 떠나지 않는다. 1호, 6호, 7호 보호처분을 내리면, 확정과 동시에 6개월의 집행 감독 사건이 시작된다. 보호처분 이후 이어지는 소년의 생활을 6개월 동안 계속 지켜본다는 말이다. 소년재판부는 소년을 위한 또 다른 보호자를 자처한다.

1호 처분 중 청소년회복센터에서 생활하는 소년들은 다양한 활동을 통해 소년재판부와 함께할 기회가 많다. 소년부 조사관은 정기적으로 청소년회복센터에서 생활하는 소년들 상황을 확인한다. 판사와 조사관, 참여관은 직접 청소년회복센터를 방문하여 생활상을 살펴본다. 센터에서 소년들을 만나면 판사와 참여관을 알아보지 못하는 경우가 태반이다. 얼굴과 얼굴을 마주하고 정말 가까이서 대화하면서 또 한 번 이야기를 들어 본다.

이야기 듣는 기회를 많이 확보할수록, 소년들의 마음이 차분히 안정감을 찾아가는 모습을 보게 된다. 한 명 한 명에게 관심을 기울여야 한다. 그게 참 어렵다. 관심을 쏟아야 할 소년이 너무 많다. 할 수 있는 한 관심과 사랑을 주기 위해 청소년회복센터 선생님들이 함께 먹고 자고 생활하지만, 아쉬움이 있을 수밖에 없다.

짧은 시간이라도 소년 한 명 한 명에게 집중해 보자는 마음으로 멘토-멘티를 일대일로 연결하여 2박 3일 걷기학교를 시작했다. 지리산 둘레길과 제주 올레길을 이틀간 걸으며 멘토는 멘티 소년 이야기를 듣는다. 걷기라는 평범한 경험과 함께 소년의 이야기가 편안하게 흘러나온다. 가능하면 좀 더 많은 소년과 걸으며 이야기를 듣는 여건이 마련되면 좋겠다.

2023년 11월에는 창원지방법원 관내 청소년회복센터 다섯 곳에 있는 모든 아이를 대상으로 반나절 걷기학교를 시도했다. 경남지방변호사회 공익봉사단 변호사님들이 적극적으로 지지를 보내며 참여해 주셨다. 회차별로 멘토와 멘티가 열 명씩 참여했는데, 멘티 소년들은 반나절 동안 든든한 지지자와 함께 걸어가는 경험을 했다.

2박 3일 걷기학교 기간에 '충조평판'(충고·조언·평가·판단)이 없는 서클 대화를 진행하기도 했다. 가르치거나 잔소리하지 않고, 눈높이를 같이하여, 열린 마음으로 소년들 이야기를 그저 들어 주는 시간이었다. 이처럼 소년재판은 들어 주는 시간으로 계속 이어진다. 듣고 또 듣는다. 들어 주기만 해도 소년들은 바뀐다. 우리가 생각하는 속도는 아닐지라도.

가만히 곁에서 귀 기울여 주는 것, 그것이 시작이자 과정이고 마침이다. 소년부 판사는 오늘도 기록 속에서 울리는 소년의 이야기를 듣고 또 듣는다.

함께 들으면 참 좋겠다. 힘이 나겠다. 우리 모두의 아이들이니까.

2장

소년법정의 안과 밖

최형록 법원공무원으로 27년간 다양한 법원 업무를 경험했으며, 현재는 창원지
방법원 형사과 서무계장으로 근무하고 있다. 창원지방법원 소년부 참여관으로
일했던 2년은, 재판받는 소년들을 통해 청소년의 성장 과정을 가까이서 지켜본
희로애락의 시간이었다. 교화와 성장에 초점을 맞춘 소년법 특성상 다양한 기관
이 다방면으로 협력하는 과정에서 관계자들의 숨은 노고를 확인하고 몸소 경험
했다. 비행 청소년 문제는 처벌과 제재보다 공감과 이해에 기반하여 근본 원인
을 먼저 생각하는 방향으로 접근해야 한다는 사실을 깊이 인식하게 되었고, 이
와 관련한 경험을 글로 풀어냈다.

베테랑 법원공무원도 생소했던 소년부 업무

법원공무원으로 일한 지 어언 28년 차다. 그동안 수많은 재판에 참여하다 보니, 어지간한 업무는 한눈에 꿰뚫어 볼 경지에 도달했다 싶었다. 그런데 2021년 7월 1일부터 새롭게 맡은 소년부 업무는 생소했다. 절차와 내용, 과정이 민사사건, 형사사건과 전혀 달랐다. 소년보호재판의 모든 과정에 정말 다양한 기관과 단체, 사람들이 관여하기 때문이다.

소년부 참여관에게 주어지는 주요 업무는 소년부 판사의 심리에 참여하고, 소년보호사건의 조사 및 심리에 관한 기록과 기타 서류를 작성·보관하며, 소년부 판사의 지시에 따라 동행영장 집행을 담당하는 일이다. 해당 업무를 본격적으로 시작하기 전에 소년법 및 법원 실무 책자를 살폈다. 소년재판 관련 용어, 유관 기관, 국선보조인의 역할, 소년보호처분 종류 등을 꼼꼼히 파악하며 업무를 차근차근 준비했다.

창원지방법원 소년부 재판 심리기일은 수요일이다. 오전 기일은 열 시부터, 오후 기일은 두 시부터 진행된다. 나는 오전 법정 개정 시간이 되기 전 법대 앞에 마련된 참여관 좌석으로 향한다. 열 시 정각이 되면 소년부 판사가 오늘 재판을 시작한다는 개정 선언을 한다. 판사의 개정 선언 이후 소년재판은 정신없이 진행된다. 오전 기일에 40건 이상의 사건을, 오후 기일에 60건 이상의 사건을 처리해야 한다.

소년재판에서는 법정 안과 밖에 두 명의 법정경위가 배치된다. 법정경위가 사건 번호를 말하면 보호소년과 보호자, 담당 보조인이 법정에 들어온다(소년보호사건 보조인 중 국선보조인이 차지하는 비율은 95%이고, 사선보조인은 5%다). 비공개 재판이라 일반 방청객은 없다. 법정 밖에는 영장이나 위탁 처분으로 부산소년원에 입소했던 소년들을 인솔하는 부산소년원 관계자들, 6호 처분을 받는 소년들을 데려갈 기관 관계자들이 대기하고 있다.

소년법정인 119호 법정 밖 대기실에 있는 소년들은 초조하고 긴장된 상태로 재판을 기다린다. 처음 재판을 받는 소년이든, 경험이 있는 소년이든 모두 마찬가지다. 빨리 재판이 끝나서 법정을 떠나고 싶은 마음과 결과가 어떨지 몰라 조금이라도 천천히 진행되길 바라는 마음이 엇갈린 채로 대기하고 있다. 이름이 불린 소년은 119호 법정 안으로 들어간다. 잔뜩 긴장한 모습이다.

대부분의 소년이 최대한 반성하는 태도를 보이려 하지만, 위축된 목소리는 잘 들리지 않는다. 때로 소년들은 정말 잘못했다고, 진짜 반성한다고, 한 번만 선처해 달라고 울먹이며 애원하기도 한다. 다시는 비행을 저지르지 않겠다고, 학교도 잘 다니고 사고 치지 않겠다고, 앞으로 부모님 말씀 잘 듣겠다고 말한다. 보호자들도 법정이 처음이거나 익숙하지 않다 보니, 소년들 못지않게 경직된 채로 보호자석에 앉아 있다.

불닭 소년 성우

소년부 참여관은 심리기일 조서를 작성해야 한다. 그러려면 법정에서 일어나는 모든 상황을 예리하게 관찰해야 한다. 여러 사건이 진행되던 중, 해당 심리 시간에 법정으로 들어와야 할 성우가 들어오지 않았다. 소년보호재판에서 소년들은 보통 미리 법원에 도착해서 대기실에 있다가 법정경위가 호명하면 거기에 맞춰서 입장한다. 심리기일 시간에 늦는 소년은 거의 없다.

담당 국선보조인을 통해 급히 상황을 확인했다. 성우네 집은 서부 경남 외진 곳에 있다고 한다. 서둘러 오다 보니 아이가 아침도 못 먹어서, 법원 근처 편의점에서 뭐라고 먹여서 데려오느라 조금 늦었다는 얘기였다.

성우는 절도를 저질러서 법정까지 오게 되었다. 초등학교 5학년인데, 편의점에서 과자 한 봉지를 몰래 가져갔다고 한다.

성우 사건을 듣자, 국민학교 4학년 때의 가슴 아린 한 장면이 떠올랐다. 어린 내가 학교 앞 문방구에 펼쳐진 쫀디기를 보며 입맛을 다시던 기억이다. 당시에는 별다른 간식거리가 없었다. 쫀디기를 사 먹을 돈도 당연히 없는 형편이었지만, 너무도 먹고 싶은 마음에 바로 집으로 가지 못했다. 쫀디기를 쳐다보며 문방구를 한참 맴돌았다. 몰래 훔쳐서라도 먹을까, 아니면 늘 그렇듯 눈으로 구경만 하다가 집으로 갈까…. 꽤 긴 시간 고민하면서, 더 정확히는 문방구에 펼쳐진 쫀디기를 간절히 바라보면서 한참을 서성거렸다. 끝내는 슬프고 우울한 표정으로 문방구를 벗어나 전속력으로 집을 향해 뛰어갔다. 성우의 절도 사건에 대해 들었을 때, 슬펐던 나의 국민학교 시절, 그 한 장면이 떠올랐다.

마침내 법정으로 들어온 성우와 보호자 모습을 유심히 살피며 귀를 쫑긋한다. 국선보조인 상담 조사 결과를 보니, 성우는 가정 형편상 친구들이 먹곤 하는 간식을 제대로 먹은 적이 없었다. 또래 놀이 문화에도 함께하지 못했다. 새 옷을 제대로 사 입지도 못하는 어려운 생활을 하고 있었다. 그런 환경에 있던 아이가 얼마나 과자가 먹고 싶었으면 편의점에서 한 봉지를 몰래 가져갔을까. 안타까운 사정이 있었지만, 성우의 행동은 엄연한 절도였다.

소년부 판사는 성우가 비행에 이른 경위, 가정 형편과 성장 배경, 상담 전 조사 내용, 담당 국선보조인 의견서 등 다양한 자료를 참작해 소년보호처분 1호를 선고했다. 1호 처분은 보호자에게 소년의 지도를 맡기면서, 6개월 동안 법원의 집행 감독을 받게 하는 것이다. 소년의 어려운 형편과 보호자의 미흡한 보호력을 보완하기 위한 멘토 소년위탁보호위원을 선정해, 함께 소년을 챙기도록 하는 조치다.

심리 직후 잠깐 성우에게 다가가 귓속말로 살짝 물어보았다. 법원 근처 편의점에서 무엇을 먹고 왔느냐고. 불닭을 난생처음 먹어봤다며, 세상에서 제일 맛있었다고 했다. 그렇게 말하는 성우의 눈망울과 표정이 참 순수했다. 사회 공동체에서 조금만 관심을 두고 보살핀다면, 성우가 이 어려운 시기를 극복해 어엿한 구성원으로 성장하리라는 확신이 들었다. 그렇게 확신하는 만큼, 현재 성우가 처한 어려운 환경이 너무도 안타까웠다. 법정을 나가는 성우와 보호자의 처진 어깨를 보면서 하루빨리 이들의 삶에 희망이 싹트길 간절히 바랐다.

편의점 소년 하준

소년부 참여관으로 2년 이상 근무하면서 수많은 소년사건을 접했다. 그중 가장 기억에 남는 사건이 있다. 성우와 비슷한 사례인데, 꼭 다시 만나고 싶은 아이다. 편의점 소년 하준이는 법정에서 처음 마주했을 때 다소 남루한 행색을 하고 있었다. 하준이의 눈동자는 순수하면서도 나이에 어울리지 않는 슬픔을 담고 있었다. 재판이 진행되는 도중, 찰나의 순간에 하준이와 눈빛을 교환했다. 그 눈빛은 절실하면서도 애절하게 말하는 듯했다.

'아저씨, 편의점에는 먹고 싶은 음식이 엄청 많아요. 구경하면서 맛있는 음식을 먹는 상상만 해도 행복하고 좋아요. 그중에서도 제가 먹고 싶은 것을 하나라도 먹을 수 있다면, 학교생활도 잘하고 친구와도 사이좋게 잘 지낼 수 있을 것 같아요. 그런데 그럴 수가 없어요. 우리 집은 너무 가난해서 사 달라고 할 수도 없고, 자꾸 떼를 쓰면 부모님 마음이 몹시 아플 것 같아요. 제가 돈을 벌 수도 없으니까, 500원짜리 아이스크림 하나 사 먹을 수 없어요.

아이스크림뿐 아니라 과자도 먹고 싶어요. 주인 몰래 과자를 훔쳐 먹는 것이 나쁜 행동인 줄 알고 있지만, 그날따라 과자를 너무 먹고 싶었어요. 저에게 조금만 관심을 주고 격려해 주신다면, 거기다가 맛있는 과자도 함께 주신다면, 우리 집 형편이 힘들어도 최대한 착하게 생활할게요.'

하준이는 자기 행동이 잘못됐다는 사실을 알고 있고, 다시는 같은 행동을 하지 않겠다고 말했다. 다양한 수사 자료와 조사 자료, 보조인 의견서 등을 참작한 소년부 판사는 1호 처분을 내렸다. 보호자 위탁 및 소년위탁보호위원 위탁 결정이었다. 보호처분에 대한 설명을 들은 하준이가 밝은 표정으로 법정을 빠져나간다. 내용을 정확히 이해하지는 못한 것처럼 보인다. 법정 밖으로 나가자, 소년조사관이 하준이와 보호자에게 다시 상세하게 설명해 준다.

소년위탁보호위원을 신중히 선정한 후, 전화를 걸었다. 하준이가 편의점 구경을 아주 좋아하니까 당분간 편의점에서 하준이와 만났으면 좋겠다, 거기서 하준이가 좋아하는 과자를 사 주었으면 한다고 부탁했다. 근황이 궁금해서 가끔 위탁보호위원에게 연락할 때면, 하준이가 편의점을 좋아하고, 음식을 아주 맛있게 골고루 잘 먹는다는 소식을 들려주곤 했다. 하루는 위탁보호위원이 하준이의 순수하고 맑은 눈동자가 특히 예쁘다고 덧붙이기도 했는데, 나는 더 이상 편의점 과자를 쳐다보며 힘들어하지 않을 하준이 생각에 가슴이 벅차올라 살짝 눈물을 훔쳤다.

하준이는 위탁보호위원과 함께 6개월간 위탁 보호 기간을 보내며 소중한 추억과 좋은 경험을 쌓았다. 그 이후에도 해맑게 잘 지낸다는 소식을 간간이 전해 들었다. 하준이를 둘러싼 환경 때문에 일어나는 문제는 당장 해결될 수 없고, 상당 기간 하준이를 힘들게 할 것이다. 하지만 위탁보호위원을 비롯해 사회 공동체의 어른들이 조금만 애정을 갖는다면, 하준이는 건강한 청소년기를 거쳐 반듯한 성인으로 성장할 수 있을 것이다. 이 과정을 지켜보며 그들의 미래를 기대할 수 있다는 데서 소년부 참여관으로서 행복과 보람을 느낀다.

법정 밖에서 만난 소년들

나도 소년부 참여관으로 일하게 되기 전까지는 소년재판을 받는 소년들을 보는 눈빛이 그리 따뜻하지 못했다. 소년부에서 일하기 전에도 나는 소년재판이 열리는 수요일 이른 아침이면, 창원지방법원에 온 부산소년원 법무부 호송차와 함께, 교복이나 사복을 입은 소년들이 주변을 서성이는 장면을 보았다. 그럴 때면 나는 '학교생활이나 열심히 할 것이지. 사고를 쳐서 벌써부터 법원을 들락거리면 성년이 돼서도 인생이 참 고달파지겠네'라며 혀를 차곤 했다.

나는 보호소년들이 다시는 나쁜 행동을 못 하도록 엄벌로 다스

려야 한다고 생각했다. 가끔 언론에서 자극적으로 보도하는 소년 사건 기사를 접하다 보니, 이런 생각이 더 굳어졌다.

소년부 참여관으로 일을 시작한 초기에도 내 시각은 크게 변하지 않았다. 사안이 다소 가벼워서 당사자끼리 잘 해결했다면 법원까지 오지 않았을 사건에 대해서는 안타까운 마음을 품었지만, 그렇지 않은 사건도 많았다. 특히 법정 밖에서 기초 생활을 지키지 못하는 장면을 보자, 더욱더 생각을 바꾸기 어려웠다.

코로나 방역이 완화되면서 창원지방법원 소년부도 미뤄 왔던 관내 청소년회복센터 및 각종 유관 기관 등을 방문하기로 했다. 새빛 청소년회복센터에서 만난 경호는 법정에서 본 모습과 달랐다. 같은 사람이 아닌 것 같았다. 푸석한 얼굴과 어두운 표정은 사라지고, 통통하게 살이 올라 밝은 표정으로 해맑게 인사해 왔다.

"안녕하세요."
"그래, 잘 지냈나? 니 얼굴 마이 좋아졌네."

경호는 비행 청소년과 어울려 거리에서 사고를 치고 다니던 때를 회상했다. 그러면서 그때는 왜 그랬는지 자기도 모르겠다고 말했다.

"요서(여기서)는 세끼 밥을 묵을 수 있어서 좋아요. 센터장님과 소장님이 밤마다 자라꼬 하는 잔소리도 좋고요."

경호를 보며, 편안하게 세끼 밥을 먹고 잠잘 수 있는 환경이 생기는 변화만으로도 아이들이 바뀌는구나 싶었다.

샬롬청소년회복센터에서 창수를 보면서도, 소망청소년회복센터에서 만난 은결이 얼굴에서도 비슷한 느낌을 받았다. 대전에 있는 6호 기관 효광원, 대구에 있는 6호 기관 늘사랑, 부산에 있는 6호 기관 디딤터에서도 마찬가지였다. 불과 몇 달 전 법정에서 본 아이들이 맞는가 싶었다.

법정에서는 울고불고하던 소년들이었다. 6개월 동안 열 곳이 넘는 기관을 돌며 직접 대화하고 생활환경을 살피다 보니, 기관 및 단체 관계자와 여러 차례 만나다 보니, 어느새 소년들을 향한 시각이 바뀌고 있었다.

소년범죄는 소년 개인보다 소년을 둘러싼 환경, 이를테면 가정 형편, 친구 관계, 사회 공동체 등에서 문제의 원인을 찾아야 할 수도 있겠다는 쪽으로 생각이 조금씩 바뀌었다.

걷기학교를 통해 발견한 희망

소년들을 향한 생각이 바뀌던 중, 가까이에서 더 깊은 이야기를 들을 기회가 생겼다. 2023년 창원지방법원 소년부에서 멘토와 멘티를 일대일로 연결해 지리산 둘레길을 코스로 걷는 2박 3일 '걷기학교'를 연 것이다. 나는 지원팀으로 합류해 소년들과 숙식을 함께 하며 걷는 시간을 보냈다.

멘토와 멘티는 서로 모두 별명으로 불렀다. 나는 태풍이라는 별명을 가진 정태와 많이 대화했다. 이혼한 부모로부터 보살핌을 받지 못해 세상에 대한 원망이 많았던 정태는 절도로 소년재판을 받아 청소년회복센터에 입소했다. 욕심껏 먹다 보니 몸무게가 100킬로그램이 넘었다. 살을 빼기 위해 걷기학교에 지원했다고 한다.

"지는 걷는 게 힘들어서 첨엔 걷기학교 오기 싫었어요. 근데 재판에서 판사님과 다이어트하기로 약속했거든요. 함 해 보자는 맘도 있고, 소장님이 참여하라 해서 오기는 했어요."
"잘했다."
"그래도 걷는 거 너무 힘들어요."

정태는 힘들다고 말하면서도 나와 보폭을 맞췄다. 꾸역꾸역 계속 걸었다.

"근데요, 계장님. 이제는 쫌 달라질까 싶기도 합니다."

정태는 다이어트를 시작한 후로 마음이 조금씩 바뀌고 있다고 했다. 2박 3일 정태와 걸으며 깊은 대화를 나눴다. 얘기를 들을 때 공감할 부분은 공감하면서 함께 지리산 둘레길을 무사히 완주할 수 있었다.

걷기학교가 끝난 후, 정태를 비롯한 아이들이 길 위에서 새로운 자신을 발견하며 흘린 땀방울이 앞으로의 인생에 밑거름이 되면 좋겠다고 진심으로 바랐다. 걷기학교 수료식 이후, 내 시각은 어느덧 소년범죄가 소년들 개인만의 문제가 아니라는 믿음으로 변해 있었다.

문제 속으로 직접 들어가면, 의외로 문제에 대한 해결책을 쉽게 찾을 수 있다. 나도 문제를 가까이에서 들여다보니 생각이 달라졌다. 소년들이 저지른 비행의 결과만을 탓하지 말고, 부모·어른·학교·사회가 비행에 이르게 된 근본적 원인이 무엇인지 함께 고민하면서 해결책을 마련해야 한다는 쪽으로 바뀌기 시작했다.

이렇듯 바뀐 눈으로 소년을 바라보고 지지와 지원을 보낸다면 긍정적인 변화가 일어나지 않을까. 창원지방법원 119호 소년법정을 찾는 소년의 수도 점차 줄어들지 않을까 하는 희망을 붙잡는다. 그런 마음으로 하루하루 소년부 참여관으로서 업무를 충실히 하고 있다. 물론 법정 밖 소년들의 기초 생활 질서 위반은 여전히 계속되고 있다.

청소년 비행은 모두가 살펴야 할 문제

소년은 정신적·육체적으로 계속 성장하는 과정에 있기에 인격

이 미숙하다. 하지만 소년의 비행은 성인 범죄와 비교했을 때 상습적인 정도가 약하고 개선 가능성이 크다. 이런 이유에서 청소년 비행을 다룰 때 일반 형사 절차와 병행하거나 특별한 처리 절차를 밟게끔 하는 게 세계적 추세다. 우리나라도 청소년 비행의 특수성을 고려해서 소년법을 두어 다양한 보호처분을 하고 있다.

소년보호사건은 기본적으로 소년의 잘못을 낱낱이 파헤쳐서 책임을 지우고 제재하는 데 목적을 두지 않는다. 가장 적절한 처우를 통해 갱생으로 이끄는 것이 목적이다. 개별 행위뿐 아니라 비행에 이른 원인과 가정환경 등을 전체적으로 파악해야 한다.

소년재판부를 중심으로 '비행 청소년 교정'이라는 공통 목표를 달성하기 위해 재판 시작 전부터 처분에 이르기까지 여러 기관과 개인이 관여하며 함께 힘을 쏟는다. 비행 청소년을 발견하여 법원 소년부로 보내는 대표적 기관은 경찰서장, 검사, 보호자, 학교장, 보호관찰소장 등이고, 다음으로 보호사건 조사와 심리 및 실시 단계에 관여하는 소년조사관, 국선보조인, 소년위탁보호위원, 심리상담전문가, 각종 소년보호 단체 및 의료 기관 등이 있다.

소년은 성인에 비해 반사회성이 굳어지지 않아서 교육적 조치가 중요하다. 소년 문제는 소년만의 문제가 아니라, 현재의 우리와 미래의 우리가 살펴야 할 모두의 문제라는 사실을 인식할 필요가 있다.

오늘도 소년들이 올바르게 성장하도록 이끄는 공통 목적을 달성하고자 기관별·개인별 담당자들이 노력하고 있다. 업무와 역할은 다르지만, 열악한 여건 가운데서도 각자의 위치에서 최선을 다하고 있는 소년부 관련 담당자들을 기억해 주길 바란다.

3장

극한 직업 소년조사관

전미연 정신병원에서 임상심리사로 근무하다가 우연한 기회에 창원지방법원 가사·소년조사관으로서 근무하게 되었고, 현재는 서울가정법원 아동보호조사관으로 일한다. 창원지방법원 소년부에서 함께한 걷기학교 당시 체득한 걷기 운동, 함께 책을 쓰며 익힌 한 줄 글쓰기 등을 실천하면서 인생의 경험치를 넓혀 가는 중이다. 40대 중반에 늦둥이 막내 딸아이를 출산한 덕분에 20년 넘게 육아만 했는데, 소년재판을 받는 아이들을 만나면서 인간을 사랑과 존중의 눈길로 바라볼 수 있게 되었다. 그런 아이들을 위해 훌륭한 조사관이 되려고 오늘도 수고를 다하는 중이다.

개명, 변장이 필요한 극한 직업

언젠가 임상심리학회 홈페이지에 접속했다가 법원에서 이혼 사건을 조사할 조사관을 모집한다는 공고를 보았다. 나는 조사관이라는 직업을 당시 유명했던 KBS 프로그램 〈부부클리닉 사랑과 전쟁〉에 등장하는 조정위원쯤으로 생각했다. 정년퇴직 후 노년의 멋진 부부 상담가가 되어 있는 모습을 꿈꾸며 법원 가사조사관에 지원했다. 얼마 지나지 않아 조사관이 맡는 업무가 상담이 아닌 조사라는 사실을 깨닫고 당황했던 기억이 난다. 그때가 벌써 20년 전이다.

법원 가사조사관은 가사사건 조사, 소년사건 조사, 아동 보호 사건 조사, 가정 보호 사건 조사 등을 맡는다. 법원 조사란, 재판 전에 당사자들을 소환하여 사실관계를 파악하고 정리한 후 재판장에게 보고해서 재판에 도움을 주는 일이다. 다른 사람이 하는 말에 공감하고 경청하는 상담과는 결이 다르다.

그래서인지 법원에서 조사 업무를 하다 보면 예상치 않은 항의를 받기도 한다. 사건 당사자들이 조사 보고서에 자기 진술이 잘못 기재되었다며 고쳐 달라고 요구하는 일도 있고, 조사 보고서 때문에 불리한 판결을 받았다며 찾아와서 따지는 일도 있다. '개명, 변장, 가발 착용은 기본'이라는 우스갯소리가 조사관들 사이에 떠돌 정도로 조사관은 극한 직업이다.

창원지방법원 소년조사관이 하는 일

특히 호통 판사로 알려진 천종호 판사님이 처음 소년부 업무를 시작해 '소년부의 메카'라고 불리는 창원지방법원에서 일하는 조사관의 근무 여건은 다른 가정법원보다 더 열악하다. 일반적으로 가정법원에는 조사관이 많이 배치되어 업무가 좀 더 세분되어 있다. 아직 독립된 가정법원이 없는 경남 지역에서는 창원지방법원이 가사사건과 소년사건을 같이 담당하고 있다 보니, 조사관 인력이 턱없이 부족하다.

똑같은 가사 조사 업무를 6년씩 하다가, 6년에 한 번 소년조사관 업무를 맡게 된다. 그럴 때는 가정보호조사관 업무와 아동보호조사관 업무를 같이 처리해야 한다. 게다가 13년 전 창원지방법원 소년부에서 처음 시작한 청소년회복센터도 관리해야 한다.

청소년회복센터는 1호 처분 기관이다. 보호력이 부족한 가정에서 지내 온 보호소년들의 신병을 인수하여 대안 가정 역할을 맡는다. 이 소년들은 이곳에서 생활하며 학교에 다니거나 직업훈련을 받고 검정고시를 준비한다. 청소년회복센터에 입소한 보호소년들이 경험하는 다양한 프로그램을 살펴보면, '우리 집 아이들도 저렇게 다양한 체험 학습 프로그램을 경험하기는 어렵겠다'라는 생각이 들 정도다. 독서, 미술, 축구, 킥복싱, 여름 캠프, 영어, 요리 등 다채롭고 유익한 활동이 준비되어 있다.

그래서인지 창원지방법원 소년부는 보호소년 재비행률이 낮기로 유명하다. 전국에서 1~2위를 다툰다. 따라서 창원지방법원 소년부에서 처분받는다면 보호소년들에게는 불행 중 다행일 수 있겠지만, 소년조사관 관점에서 보면 청소년회복센터를 관리하는 자리가 정말 만만치 않다.

소년조사관은 소년사건을 조사하면서, 청소년회복센터뿐 아니라 각종 소년부 유관 기관을 관리하고 행사에도 참여해야 한다. 정신없이 바쁘다는 말을 진정으로 실감할 수 있다. 그런데 창원지방법원 소년부의 소년조사관 업무를 더 힘들고 바쁘게 만드는 특별한 존재가 있었으니, 바로 소년부 판사님이다.

법정을 벗어났을 때는 때때로 아재 개그를 던지며 격의 없이 다가오는 소년부 판사님은 보호소년들을 위한 각종 활동과 행사를 마련하는 데 매우 적극적이시다. 그뿐 아니라 평소 근무시간에도 당신의 주특기는 간식 배달이라며, 동료 직원들이 먹을 빵을 손수 사서 직접 나누어 주신다. 빵을 한 아름 사 들고 법원 조사관실을 찾아오셨다가, 새내기 조사관이 민원인으로 착각하고 응대한 적이 있을 정도다.

이렇듯 성격 좋고 배려심 많은 판사님 덕분에, 해야 할 일은 점점 더 늘어난다. 상대 입장을 늘 헤아리려는 판사님이 소년재판부뿐 아니라 보호소년을 보호하는 각 기관의 요청을 모두 다 해결해 주려고 전전긍긍하며 배려해 주시기 때문이다. 그렇다고 내가 사려 깊은 분에게 '판사님 덕분에 일이 많이 늘어나서 더는 못 하겠다'라고 할 수는 없는 노릇이지 않은가. 그래서 나는 오늘도 바쁘다. 그것도 아주 바쁘다.

"우짜든지 자리를 만들어서 받겠심미더"

다섯 곳의 청소년회복센터와 수많은 유관 기관은 한 달에 한 번씩 보호소년들에 대한 집행 상황 보고서를 보내온다. 소년조사관은 매달 쏟아지는 집행 상황 보고서를 꼼꼼히 검토해야 한다. 재판 직후 청소년회복센터 처분을 받은 보호소년들과는 입소 면담을 진행해야 하고, 퇴소를 앞둔 소년들이 가정으로 복귀해도 안정적인 생활을 할 수 있을지 면밀히 검토하는 퇴소 면담에도 심혈을 기울여야 한다.

그래서 재판이나 소년부 행사가 없는 날이면, 사무실에서 전화기를 붙잡고 있기 일쑤다. 각 유관 기관에 전화해서 "거기 ○○센터죠? 수고 많으십니다. 창원지방법원 소년부 조사관인데요. 소년부에서 보낸 ○○○ 있지요? 퇴소 날짜가 얼마 남지 않아서 전화했습니다. 보내 주신 집행 상황 보고서는 잘 받아 봤는데요"로 시작하는 대화를 이어 간다. 그간 아이의 생활 상태가 어땠는지 파악한 후, 기간 연장 여부와 퇴소할 때 부모가 데려갈 준비를 하고 있는지 살펴본다. 보호소년이 기관에서 생활하는 동안 경각심이 생겨 아이를 잘 지도하려고 의욕을 보이는 부모님도 있지만, 아이가 좀 더 그곳에서 지내길 원하는 부모님도 있다.

영지는 어릴 때부터 보육원에서 성장했다. 사춘기를 심하게 앓아 사고를 많이 쳐서 6호 기관에 입소했다. 기관에서 6개월 생활하고 어느덧 돌아갈 때가 되었는데, 보육원에서는 영지를 받지 않겠다고 했다. 보육원은 그동안 영지가 사고를 쳐서 골머리를 앓다가, 6개월 동안 자리를 비우자 안정된 환경으로 바뀌었다. 영지는 십수 년간 생활했던 집과 같은 공간으로 돌아갈 수 없는 당황스러운 상황을 맞게 되었다. 보육원을 탓할 수는 없었다. 영지가 보육원 동생들을 데리고 다니면서 나쁜 영향을 많이 주었기 때문이다. 그렇다고 6호 기관에 계속 있으라고 할 수도 없었다.

결국 6호 기관 담당자와 함께, 영지가 퇴소한 후에 갈 수 있는 곳을 찾기 시작했다. 영지는 기관에 입소하기 전에 경남의 한 고등학교를 다니면서 명성이 자자했던 터라, 경남 지역 기관 중에 선뜻 받겠다고 나서는 곳이 없었다. 6호 기관 담당 선생님에게 연락이 왔다. 경기도에 있는 한 기관에서 영지를 받아 주겠다고 했다는 것이다. 그런데 줄곧 경남 지역에서만 살아온 아이를 낯선 경기도까지 보내야 할지 고민이 컸다.

소년부 판사와 이 문제를 의논하다가, 대구에 있는 한 기관에서 영지를 받을 수 있겠다는 소식을 접했다. 하지만 당시 그 기관은 건물 리모델링을 하고 있던 때라, 새로운 소년을 받기가 쉽지 않을 것 같아 보였다. 그래도 영지가 조금이라도 가까운 곳에서 생활할 수 있길 바라는 마음으로 전화를 걸었다.

"여보세요?" 시설장이 전화를 받았는데, 출장 중이었는지 주위가 소란스러웠다. 창원지방법원 소년부 조사관이라고 밝힌 뒤, 영지의 딱한 처지를 읍소하듯 설명하며 "갈 곳 없는 아이인데요, 혹시 받아 주실 수 있나요?"라고 물었다. 시설장은 가타부타 대답 없이 실무자 연락처를 알려 주었다. 이런 경우 연락하면, 거의 90퍼센트가 퇴짜를 놓는다. 거절당하리라는 생각이 머릿속을 스쳤지만, 다른 대안이 없어 실무자 전화번호를 눌렀다. 20~30대 정도의 젊은 여성 목소리가 들려 왔다.

그녀는 흔쾌히 "갈 곳이 없으믄 받아야지요. 리모델링 중이지만, 우짜든지 자리를 만들어서 아이를 받겠심미더"라고 답했다. 예상 외의 반응이었다. 나는 무언가에 홀린 듯한 기분이었지만, 아이가 갈 곳을 찾았다는 안도감에, 연신 고맙다고 인사를 했다. 혹 마음이 바뀌지 않을까 조바심도 나서, 쐐기를 박을 요량으로 이름과 전화번호, 학교 담임선생님 전화번호와 내 개인 전화번호를 남겼다. 재빨리 6호 기관에 전화해서 반가운 소식을 전했다. 이렇게 실무자 에리카와의 만남이 시작되었다.

보호소년의 워너비, 에리카

며칠 후, 시설장 이름과 주소를 확인하고자 에리카와 문자메시지를 주고받는 과정에서 뜻밖의 사실을 알게 되었다.

'제가 어릴 때 별난 행동을 많이 해서 창원지방법원 소년부에서 판사님께 10호 처분을 받은 적이 있습니다.'

창원지방법원 소년부 1호 기관 중 한 곳에서 오랫동안 생활해서 아이들 마음을 조금은 알고 있다는 메시지도 덧붙였다. 순간 내 눈을 의심했다. 직업병 때문에, 에리카가 재판받을 당시 소년부 판사의 이름과 1호 기관 시설 관장 이름을 확인하고 난 뒤에야, 그녀가 창원지방법원 소년부 10호 출신임을 믿을 수 있었다.

에리카는 "영지가 여기서 얼마나 적응을 잘할 수 있을지는 모르겠네요. 제가 얼마나 도와줄 수 있을지도 모르겠지만, 창원지방법원 소년부에 조금이라도 은혜를 갚는 뜻에서 영지를 받았습니다"라고 웃으며 말했다. 나는 보호소년 출신 아이가 잘 자라서 기관의 실무자가 되어 보호소년을 보살피는 드라마 같은 장면을 보는 행운을 얻은 셈이다. 나는 그제야 생면부지인 그녀가 오랜만에 만난 내 피붙이라도 되는 것처럼 '잘 자라 주어 고맙다'라는 말과 함께 감동의 눈물을 흘렸다.

그간의 이야기를 전해 들은 소년부 판사님은 에리카가 일하는 곳을 수탁 기관으로 지정하자고 했다. 기관 관계자들과 소년부 구성원들이 함께 만났다. 에리카는 밝은 성격에 자신감이 넘치는 30대 초반의 사회복지사였다. 석사학위도 갖고 있어서 소년원을 오가며 강의도 하는, 보호소년의 워너비(wannabe, 닮고 싶은 사람)였다. 아무도 묻지 않았지만, 우리의 궁금증을 해소해 줄 의무감이라도 있는 양, 에리카는 소년원에 입소할 수밖에 없었던 과거사를 들려주었다.

에리카는 강원도에서 태어나, 가정 폭력을 피해 가출했다가 연이어 사고를 친 경우였다. 어쩌다 경남 지역 한 기관에서 생활하게 되었고, 소년재판을 받아 소년원까지 갔다. 소년원에 가서야, '이렇게 살아서는 안 되겠다' 자각했다고 한다. 소년원 생활을 마친 뒤에는 기관으로 돌아갔는데, 거기 있던 선생님들이 노래 실력이 수준급이던 에리카를 데리고 오디션을 보러 다닐 정도로 잘 보살펴 주었단다. 소년원과 기관의 도움을 받아 대학원까지 진학했으며, 졸업 후 자신이 입소한 기관에 근무하며 지금까지 소년들을 돌보고 있다고 했다.

이야기를 들으며 에리카가 얼마나 거칠고 고단한 삶을 살아왔는지 충분히 공감할 수 있었다. 어려움을 극복하고 현재의 위치에서 생활하는 에리카가 더없이 자랑스러웠다. 이미 에리카는 수많은 보호소년에게 희망의 상징이자 수호천사 같은 존재로 성장해 있었다. 에리카와 만나면서 나는 내가 창원지방법원 소년조사관이라는 사실에 무척이나 자부심을 느꼈다.

이후로도 에리카와 가끔 연락을 주고받았는데, 영지의 말썽과 이탈 때문이었다. 하지만 에리카는 기관 선생님들이 자신에게 그랬던 것처럼 영지를 포기하지 않았다. 영지가 이탈했다는 소식을 전해 온 다음 날, 내게 문자메시지를 보내왔다.

'조사관님, 어제 영지 얘기 듣고 속상하셨죠? 영지는 반성하고 여기서 잘 지내기로 했어요. 너무 걱정하지 마세요. 우리 집에 왔으면 저희 아이인데, 고작 이런 일로 다시 보낼 수는 없지요. 영지가 도망가기 전까지는 최선을 다하겠습니다.'

나는 에리카를 통해 그동안 소년조사관으로 일하며 좀처럼 받지 못한 위안과 치유를 한꺼번에 얻었다.

희망의 수레바퀴를 돌리는 사람들

소년부에는 신병 불인수 위탁보호위원 처분이 있다. 소년의 비행 자체는 그리 무겁지 않으나 가정의 보호력이 약할 때 내려지는 처분이다. 위탁보호위원이 한 달에 1~2회 소년을 만나 보살핌을 주게끔 하는 것이다. 아이들과 일대일로 결연된 위탁보호위원들은 6개월 동안 멘토 역할을 한다. 한 달에 5만 원만 지급되므로 상담료는 고사하고 커피값이나 차비도 안 나올 정도이니, 거의 무료 봉사다. 그런데도 아이들 집까지 찾아가 청소해 주거나, 형편이 어려운 아이들을 위해 사비를 털어 간식을 사 주거나 용돈을 준다. 이런 위탁보호위원이 창원지방법원 소년부에는 아주 많다.

그중 가장 인상 깊었던 위탁보호위원은 매년 여름 사비를 털어

스킨 스쿠버 다이빙, 집라인 등을 체험하는 해양 캠프를 진행하시는 분이었다. 이 캠프는 소년재판부에서는 기념품 정도만 지급하고, 위탁보호위원회가 알아서 진행하는 뜻깊은 행사였다. 나도 몇 번 참석했는데, 다이빙 장비 차량 등이 준비되고 충분한 숫자의 안전요원이 배치되었으며 맛있는 간식과 식사까지 풍성하게 제공되었다. 이 해양 캠프는 소년들에게 '최애' 여름 행사로 손꼽혔다. 캠프가 열리는 날이면 안전요원 자격증을 소지한 자원봉사자들과 위탁보호위원들, 현직 경찰관들이 청소년회복센터 아이들과 한마음이 되어 함께 시간을 보냈다.

이분들 중 한 위원님은 소년부 판사님과 함께한 식사 자리에서 위탁보호위원을 맡게 된 계기를 말씀하셨다. 놀랍게도 부산소년원 10호 출신이라고 밝혔다. 점잖은 말투로 전화를 받으시던 위원님이 소년원 10호 출신이라니.

위원님은 어린 시절 나쁜 아이들과 어울려 사고를 쳐서 10호 처분을 받았다고 했다. 소년원을 나온 뒤로는 관계를 단절하고 기술을 배웠으며, 기반을 잡아 공장을 차리게 되었다. 경제적 여유가 생기자, 자신과 같은 아이들을 돕겠다고 마음먹었고, 그런 취지로 위탁보호위원을 시작했다는 이야기였다. 위탁보호위원 활동을 한 지 벌써 10년이 넘었다고 했다. 10호 처분으로 한 번도 사회에서 불이익을 받아 본 적이 없으시다며, 분명히 자신처럼 바뀔 수 있는 아이들이 있다고 믿기 때문에 이 일을 한다고 했다. 보호소년도 훌륭한 사회 구성원이 될 수 있다는 희망의 말을 많이 들려주셨다.

서부 경남에서는 이름을 대면 모르는 사람이 없다고 하는 여성 위탁보호위원 한 분이 떠오른다. 그 지역의 일진이 가출하거나, 기관에서 이탈한 아이들이 있다는 소식을 들으면, 밤낮없이 SNS를 통해 아이들을 설득하고 찾아내 자발적으로 위탁 시설에 들어가게끔 하는 일을 하셨다. 이분의 이런 종횡무진 활동을 아는 경찰관들이 종종 그녀에게 아이들을 찾아 달라고 부탁하는 때도 있을 정도다.

그 외에 아이들을 집으로 불러 밥을 해서 먹이는 위탁보호위원이 있는가 하면, 아르바이트하다가 산재를 당한 아이의 문제를 해결하기 위해 사업주를 직접 만나는 위탁보호위원도 있다. 이렇듯, 창원지방법원 소년재판부와 청소년회복센터, 위탁보호위원 등 수많은 구성원이 우리 아이들이 좀 더 나아질 것이라는 강한 믿음으로 작은 희망의 수레바퀴를 돌리고 있다.

4장

전쟁처럼 살아온 아이들에게 평안을

유수천 해군에서 정년이 될 때까지 36년간 복무한 후 사회에 이바지할 일을 찾다가 천종호 판사와의 인연으로 청소년회복센터를 1호로 개소했다. 샬롬청소년회복센터 센터장이자 창원지방법원 국선보조인으로, 청소년들에게 가정이라는 울타리 안에서 함께 나누고 배려하며 살아가는 법을 가르치고 있다. 아이들이 자신의 지나온 시간을 돌아보고 앞으로 나아갈 힘을 키우기를 바라는 마음으로 곁에서 함께해 왔다. 아이들과 함께하는 탁구 교실을 자체 운영하면서 탁구를 통해 사회생활의 규칙과 예절, 책임까지 일깨우며, 경쟁심이 아닌 성취감, 자존감, 공감 능력을 키워 주려 힘을 쏟고 있다.

'1호 청소년회복센터'의 시작

2010년 11월 1일. 역사적인 날이다. 청소년회복센터가 우리나라에서 첫걸음을 뗐다. 이날은 당시 오십 대 중반이던 부부와 1호 처분을 받은 보호소년 다섯 명이 처음 만난 날이다. 보호소년을 위한 대안 가정인 청소년회복센터는 분류심사원도, 소년원도 아니다. 폐쇄형 시설, 즉 6호 처분을 받은 보호소년이 생활하는 민간 아동복지시설과도 다르다.

우리 부부가 처음 시작한 청소년회복센터 이름은 '샬롬'이다. '평화', '평안'을 뜻하는 히브리어로, 인사말로 쓰인다. 가정, 학교, 사회, 친구 관계에서 전쟁 같은 삶을 살았던 아이들이 지친 몸과 마음을 회복해 평화롭고 평안한 일상을 선물받았으면 하는 마음에서 붙인 이름이다. 샬롬에 입소하면, "청소년은 대한민국의 미래요 자원", "New beginning"이라는 글귀가 아이들을 반긴다. 입소한 아이들은 "잘 먹고, 잘 자고, 잘 웃자"라는 구호를 외친다. 이 글귀와 구호에는 아이들이 마음의 안정을 찾아 상처가 치유되어 미래를 꿈꾸며 변화를 만들어 갔으면 하는 바람이 담겨 있다.

샬롬을 시작하여 보호소년 다섯 명과 처음 만났을 때, 서먹서먹한 가운데 어떻게 하면 좋을지 고민이 많았다. 서로 눈치를 보며 엉거주춤 앉았다 일어섰다, 괜스레 왔다가 갔다가 시간만 보냈다. 모든 처음이 어색한 시작이지 않겠는가. 당시에는 4층 빌라 중 3층 한 층을 사용했다. 35평 남짓한 공간이었는데, 칸막이로 방 세 개를 만들고, 부엌과 거실, 화장실 겸 샤워실이 있었다. 방 하나는 센터장 사무실 겸 숙직실, 나머지 두 방은 보호소년들이 사용하도록 했다. 다소 비좁은 공간에서 시작한 셈이다.

하룻밤을 같이 자고 다음 날 아침을 맞이하니, 이게 꿈인지 현실인지 묘한 기분이 들었다. 함께 밥을 먹으며 "잘 먹고, 잘 자고, 잘 웃자!" 크게 외치니, 어색한 분위기가 조금 나아졌다. 일과는 특별하지 않다. 대안 가정 역할을 하라고 하니, 같이 밥 먹고 자면서 생활하면 되겠다며 시작했는데, 낯선 아이들과 한 공간에 있는 것이 처음이라서 무엇을 해야 할지 막막하기도 하다.

보호소년 다섯 명은 금방 서로에게 적응한다. 밤늦도록 분류심사원에서 위탁 생활한 이야기와 소년보호재판 심리를 받기 전에 저질렀던 비행을 무용담처럼 주고받다 보니 늦잠을 자기 일쑤였다. 며칠 지나면서는 청소년기 특유의 집단행동을 보이고, 한두 살 차이에 민감하게 반응하며 부딪치는 모습도 나타난다. 2주가 지나, 세 명이 추가로 입소했다. 12월이 되면서 실내에서 생활하는 시간이 많아져 아이들의 몸부림도 거세진다. 어떤 아이는 새벽에 일어나 밥솥에 있는 밥을 혼자서 다 먹기도 한다.

처음이라서 힘들었던 나날들

보호소년 여덟 명은 다양하고 복합적인 비행에 연루되어 있었다. 그중 세 명은 본드의 맛을 알고 수시로 취해 본 경험이 있었다.

어느 날 세 명이 보이지 않아 전전긍긍하며 한참을 찾았다. 결국 찾지 못해 낙담하며 앉아 있는데, 방 안의 장롱에서 킥킥대는 소리가 났다. 장롱을 열어 보니 본드에 취해서 움츠린 채 눈이 풀린 아이들이 침을 흘리고 있었다. 본드에 취했다가 시간이 많이 지나 깨어나는 시간에 한기를 느끼며 실실 웃던 상황이었다. 그 후에도 세명은 수시로 밖에 나가 본드를 마시고 돌아왔다.

이 세 명은 항상 함께 다녔다. 옷에는 침 자국과 본드 흔적이 묻어 있었다. 12월 하순에 빌라 관리원이 찾아와 아이들이 지하주차장에서 떠들며 이상한 행동을 한다고 했다. 세 명이 본드에 취해 검은 비닐봉지를 들고 눈이 풀린 채 침을 흘리며 앉아 있었다. 신고를 받고 도착한 경찰이 아이들 인적 사항을 묻고는 내일 지구대로 와서 조사를 받으라고 했다. 이튿날, 아침을 먹인 후 지구대로 가려고 준비하던 중, 아이들이 잠깐만 나갔다 오겠다고 했다. 그러더니 이웃집 담을 넘어 그대로 이탈했다. 그 모습을 그냥 멍하니 쳐다보면서 보내고 말았다. 허탈했다. 이런 일을 처음 겪은 충격과 함께, 내가 왜 센터를 시작했나 싶은 생각도 들면서, 다른 아이들이 동요하지는 않을지 걱정스러운 마음이었다.

이 세 명은 보호처분 변경으로 샬롬을 떠났고, 새로운 보호소년 네 명이 입소했다. 한창 성장기를 보내는 열 명에 가까운 남자아이들과 생활하다 보니, 돈이 정말 많이 들어갔다. 끼니마다 해 먹이는 밥이며, 중간중간 챙기는 간식이며, 전기료·가스비 등 공공요금은 개인 가정과는 비교도 안 될 정도로 지출이 많다. 법원에서 아이들 교육비를 지원해 주지만 기초생활수급비보다 적은 액수다. 게다가 후불로 정산되는데 보통 3개월 밀려서 들어오니, 신용카드 돌려 막기로 가까스로 버티던 상황이었다.

그러다 엄동설한이던 2월 어느 날, 일이 터졌다. 난방이 되지 않았고, 따뜻한 물도 나오지 않았다. 알아보니, 도시가스 요금이 연체되어 가스가 차단됐다고 했다. 아이들 먹이는 일을 먼저 신경 쓰다 보니 미처 챙기지 못한 것이다. 냉방에서 자는 아이들을 보면서 미안한 마음도 들고, 우리 자신에게도 화가 났다. 감당하지 못할 일을 하고 있는 것은 아닌지….

우리 부부는 청소년회복센터를 처음 운영하면서 별도 인건비 없이 열정페이로만 견딜 수밖에 없는 상황이었는데, 이런 처지에 놓이니 너무 힘들었다. 그럼에도 어찌어찌 생활하던 중 3월 초, 아랫집 부부에게서 이사해 달라는 요청을 받았다.

"와 그라시는데예?"
"다 큰 애들이 밤낮없이 뛰고 시끄러버서 참을 수가 읎네예."

건물 1층은 어린이집, 2층은 어린이집을 운영하는 부부가 사는 가정집이었다. 덩치 큰 아이들이 한꺼번에 드나들어서 학부모들 항의도 많이 받았다고 했다. 무조건 떠나 달라고 한다. 3월이어도 아직 추운데 갑자기 나가라니 당황스럽다. 눈물이 난다. 이 아이들을 데리고 갑자기 어디로 간다는 말인가. 답답하고 한숨만 나온다. 어쩌겠는가. 이삿짐을 싸는 것 외에는 뾰족한 수가 없다.

이삿짐을 챙기다 보니 짐은 왜 이리 많아졌는지, 몇 번을 옮겨도 끝이 없다. 새 보금자리는 조금 낡았지만, 주택가에 있는 단독주택이라서 주인 외에는 별로 신경 쓰지 않아도 된다. 부엌도 넓고, 화장실 겸 샤워실도 크고, 뒷마당도 있었다. 생활하기에 넉넉한 크기였다.

이사를 하고 며칠 후 이른 아침에 경찰이 찾아와 묻는다. 어젯밤 동네에서 절도 사건이 일어났다며, 아이들 인적 사항을 캐묻고는 조사하겠다고 한다. 비행 청소년이라고 덮어놓고 의심하며 용의자로 몰아 조사부터 하겠다는 말에 마음이 아프다. 어젯밤에는 아이들 중 아무도 나가지 않았고, 그런 아이들이 아니라고 강하게 항변했다. 경찰은 마지못해 그냥 돌아갔다. 아이들도 이런 오해를 받으니까 너무 화나고 슬프다고 말한다.

쓸쓸함과 뿌듯함 사이에서

이사한 곳에서 생활한 아이들 중에서 승우와 승태는 형제가 함께 입소한 경우였다. 형 승우는 18세 자퇴생이었고, 동생 승태는 15세로 중학교 2학년생이었다. 동생이 먼저 심리를 받아 입소했고, 형도 뒤따라 입소했다.

부모는 형제가 다섯 살, 두 살일 때 이혼했다. 형제는 친할머니 손에 자라다가, 할머니가 돌아가시자 고모와 삼촌에게서 도움을 받으며 둘만 생활하게 되었다. 승우는 승태를 때리기 일쑤였고, 무엇이든지 시키려 했다. 형제는 약한 아이들을 때리고 돈을 갈취하는 등, 다반사로 교칙을 위반했다. 동네에서는 못 말리는 아이들로 소문이 자자했다.

먼저 입소한 승태는 처음에 분노가 충만했다. 자기 이야기를 들어 주지 않으면 욕설하며 대들었다. 승우의 심리기일이 다가오자, 형을 위한 편지를 써서 법정에서 읽기를 간절히 원했다. 판사님에게 허락받아, 심리기일에 법정으로 출석해 편지를 읽었다. 이제 헤어지지 말자 약속하며 함께 샬롬에서 생활하게 되었다.

형 승우는 샬롬에서 6개월 생활한 뒤 연장해서 총 1년을 보냈다. 퇴소 후에는 동생을 찾지도 않고 연락을 끊었다고 한다. 친엄마를 만나 가까운 도시에 살고 있다는 소식을 들어 수소문한 끝에 친엄마를 찾았다. 동생 승태도 함께 양육할 수 없느냐고 했더니, 얼굴조차 기억나지 않는다며 거절했다. 이후 다시는 연락되지 않았다. 씁쓸한 기억으로 남아 있다.

한편, 17세에 입소한 진원이는 친구들과 놀다가 다른 사람 카드를 주웠고, 그 카드로 편의점에서 김밥을 사 먹다가 경찰에 적발돼 심리를 받게 된 경우였다. 중학교 2학년 때 부모가 이혼해서 친할머니와 생활하게 되었다.

당시 한 번씩 아이를 보겠다는 부모의 욕심 때문에, 아빠 집과 엄마 집을 오가며 정서적으로 혼란스러운 시기를 보내며 방황했다. 다행히 엄마와 좋은 관계를 이어 가면서 크게 빗나가지는 않았다. 입소하기 전에는 무면허로 오토바이를 운전하는 등 비행이 있었지만, 샬롬에서는 말이 없고 순응하는 편이었다.

진원이는 입소한 뒤에 시스템 에어컨 설치 아르바이트로 용돈을 마련하고 기술을 익히며 미래를 준비하는 시간을 보냈다. 6개월 연장 처분으로 1년간 샬롬에서 생활했는데, 퇴소하자마자 시스템 에어컨 설치업을 하는 아빠 친구 사무실에서 일하게 되었다. 2년 후에는 에어컨 및 가전제품 이전 설치 사무실을 개업했고, 이제는 직원도 두어 열심히 살아가는 모습에 뿌듯한 마음이 든다.

샬롬을 거쳐 간 다양한 아이들

그 후 몇 년이 지나 입소한 선우는 공기업에서 근무하는 아빠와 금융권 회사에 다니는 직장인 엄마 밑에서 자랐다. 3남매로, 형과 여동생이 있었다. 사춘기를 심하게 겪은 선우는 바깥에서 비행성이 심한 친구들과 노는 데 푹 빠져 살았다. 친구들과 함께 사고를 치고 다녔는데, 그때마다 경제력을 어느 정도 갖춘 선우네 부모님이 합의하기 위해 적극적으로 노력하는 모습을 보였다. 그 때문에 친구들은 더욱더 선우를 데리고 다녔다고 한다. 결국 선우는 중학생인데도 차량 상습절도로 형사재판을 거쳐 집행유예를 받았다.

이후 선우는 고등학교에서도 적응하지 못해 자퇴했고, 소년재판에서 1호 처분을 받고 샬롬에 입소했다. 행동이 억세고 자기 고집도 있어서 다듬어지지 않은 감정선으로 종종 힘든 상황을 연출하기도 했지만, 영민하고 학습 능력이 높은 아이였다.

문제는 6개월 생활이 끝나자, 선우가 원치 않는데도 부모님이 샬롬 생활을 6개월 연장했다는 점이었다. 선우는 이 때문에 무단이탈을 비롯해 3개월 동안 반항을 지속하다가, 고졸 인정 검정고시를 준비하고 음악치료를 병행하면서 조금씩 안정을 되찾았다. 검정고시에서는 높은 점수를 받았고, 시간이 날 때면 음악치료에서 배운 곡을 악보 없이 피아노로 연주하며 즐겼다.

연장 처분 6개월까지 마친 선우는 대학에 진학했다가, 부모님이 연결해 준 피아노 전공 교수를 통해 음악적 재능을 발견했다. 체계적인 지도를 받기 위해 다시 예술고등학교에 입학했는데, 적극적으로 노력한 끝에 부모와 관계도 좋아지고 원하는 대학까지 들어갔다. 선우는 대학 선택을 앞두고 찾아와 감사 인사를 전했다.

경석이는 식당에서 일하는 엄마 밑에서 3남매 중 막내로 자라났다. 아버지는 오래전 출장 중 사고로 돌아가셔서 경석이가 아기일 때부터 한 부모 가정이었다. 학교에서 친구들을 괴롭히고 갈취하는 일을 반복적으로 저질러서 샬롬에 입소했다. 그때가 초등학교 6학년이었는데, 형 경수가 먼저 입소한 상황이어서 형제가 함께 생활하게 되었다.

엄마가 집에 잘 들어오지 않아 3남매만 생활할 때가 많았던 경석이네 집은 주변 지역에서 가출한 아이들이 먹고 자는 공간이 되고 말았다. 누나 친구들, 형 친구들은 집을 아지트처럼 사용하며 흡연과 음주를 이어 갔다. 이웃에서 신고해서 경찰이 올 때만 통제될 뿐이었기에, 이곳에서 지내던 경석이도 이미 담배와 술에 익숙한 상태였다.

형 경수는 1년을 생활하고 퇴소했는데, 경석이도 1년을 생활하고 중학생이 되어 퇴소했으나 보호관찰 중 공동 폭행으로 다시 입소했다. 경석이는 결국 샬롬에서 6개월 더 생활했다. 문제는 이후로도 연이어 사건, 폭행 등을 저지르며 지금까지도 계속 보호관찰을 달고 지낸다는 사실이다. 경석이의 비행은 아직도 끝나지 않고 있다.

샬롬에 입소할 때 몸무게가 120킬로그램까지 나갔던 진호는 전국구 차털이(남의 차를 뒤져서 물건이나 돈을 훔치는 일—편집자)로 유명한 아이였다. 셀 수 없이 많은 차를 털어서 얻은 돈을 먹고 자고 노는데 쓰면서 탕진했다. 진호는 초등학교 6학년 때 부모가 이혼해서 동생과 함께 보육원에서 자랐다. 어머니와는 연락이 끊겼다. 여러 사업체를 운영하는 아버지는 금전적 도움을 줬지만, 함께 살지는 않았다.

입소하고 4개월이 지났을 무렵, 여죄 사건이 많아 재처분을 받게 되어 샬롬에서 지내야 할 시간이 늘어나자 억울하다고 날뛰기도

했다. 또다시 여죄 사건으로 심리를 받게 됐을 때 판사님은 불처분과 함께 다이어트를 제안했고, 2개월 후 집행 감독으로 다시 만나자고 했다. 본래 게으르고 몸을 쓰지 않던 진호가 판사님과의 약속을 지키기 위해 식사량을 줄이고 닭가슴살과 채소 위주로 먹기 시작했다. 매일 저녁에는 탁구로 땀을 흘렸으며, 바리스타 교육 및 고졸 검정고시 준비를 병행하며 정해진 식단을 힘겹게 지켜 나갔다.

바리스타 자격증을 취득하고, 고졸 검정고시에도 합격하고, 자동차 면허까지 따는 등 사회에 나갈 준비도 제대로 했고, 퇴소할 때는 감량 목표인 90킬로그램을 달성하게 되었다. 보육 시설에서도 퇴소할 나이라서, 오랜 기간 떨어져 있던 아버지가 진호를 거두었으며, 이제는 중장비 면허 취득을 위해 학원에 다니며 비행 없이 생활하고 있다. 과거의 기억을 버리고 새로운 삶을 자신 있게 살아가는 진호의 모습은 지켜보는 것만으로도 보람을 느낀다.

새로운 이정표를 세우는 공간이기를

처음 이사해서 옮겨 간 두 번째 장소에서는 2년을 지내다 계약 기간이 끝나서 이삿짐을 쌌다. 세 번째 장소는 전체 면적이 더 넓었다. 교육장으로 사용할 작은 공간도 있었다.

청소년회복센터를 운영하다 보니, 아이들에게 맞춤형 교육으로 재능을 기부해 주는 사람들과도 연결이 되었다. 이렇게 헌신하는 사람들을 위해 '오지랖 봉사단'이라는 이름으로 마일리지를 제공해 보상을 주기도 했다.

매일 아침, 입주한 건물 주변 주택가 골목을 아이들과 청소하며 깨끗한 환경을 만들기 위해 노력하기도 했다. 덕분에 이웃들 시선도 많이 달라졌다. 주민센터를 통해 청소년회복센터를 홍보하며 지역 주민과 상생할 계기를 마련하고자 했다.

벽화 그리기 봉사를 받아 샬롬의 칙칙한 담벼락과 주변 골목 분위기가 활기차게 변화되었고, 주민센터가 주선해서 아이들이 인근 하천 청소를 하며 봉사할 기회도 제공받았다. 아이들은 환하게 바뀐 하천을 보면서 뿌듯해했다.

지금 샬롬청소년회복센터가 있는 공간은 이전 건물에서 8년을 지낸 끝에 옮겨 온 곳이다. 아이들 몸싸움이 생각보다 자주 벌어지다 보니, 더 넓은 공간의 필요성을 느끼게 되었다. 청소년회복센터가 법제화되면서 직원도 늘었고, 환경에도 변화가 필요했다. 주변에 다른 건물이 없어서 딱 좋은 4층짜리 건물로 이사할 수 있었다.

생활 공간, 교육장, 체육실, 식당을 별도로 사용할 수 있을 정도로 넓었다. 식당으로 사용됐다가 오랫동안 비어 있었던 건물이라서 대대적인 수리가 필요하기는 했다. 그럼에도 가까운 곳에 풋살축구장과 운동 시설을 갖춘 작은 공원도 있고, 산책로와 해안 도로가 자리해 여러 활동에 용이한 장소였다.

사춘기 아이들은 에너지가 많다 보니, 잘 발산해야 충돌을 줄일수 있다. 이를 위해 다양한 활동이 필요한데, 공간이 충분해서 프로그램 진행에 이점이 많았다. 사회적 기업에서 응모하여 선정된 프로그램을 제공하다 보니, 아이들이 좋아하는 활동이 많아졌다.

통기타 수업, 미술 수업, 공연과 전시, 독서 토론, 시화집 만들기 등 환경이 갖춰지면 아이들이 정서적으로 선한 영향을 받을 수 있다는 사실을 현장에서 톡톡히 경험하고 있다. 매년 검정고시를 준비할 수 있는 여건도 갖춰져 있어 더 높은 학업 과정을 추구하는 아이들도 많다.

샬롬의 아이들은 언젠가 독립해서 자기 자리로 돌아가야만 한다. 이곳에서 보내는 시간이 아이들에게 삶의 새로운 이정표를 세우는 날들이길 희망한다.

개인의 책임보다 환경적 원인 살펴야

지금까지 220명이 넘는 아이들이 샬롬을 거쳐 갔다. 샬롬을 운영하면서 아이들이 비행 행동을 하는 데 영향을 끼친 요인을 분석해 봤더니* 개인의 문제보다 환경의 문제가 훨씬 커 보였다.

아이들이 비행을 저지르는 데 가장 크게 영향을 끼치는 환경적

---

* 2010년부터 2022년까지 입소한 소년 220명을 기준으로 분석했다. 연령 분포는 14세 이하 3%, 14세 13%, 15세 22%, 16세 21%, 17세 21%, 18세 16%, 19세 4%였으며, 한 부모 가정 42%, 부모 가정 33%, 조부모 가정 14%, 가족 없음 6%, 주거지 없음 5%였다. 6개월 생활 중 이탈한 소년 비율은 14%였고, 그중 10%가 재비행에 연루되었다. 입소자 대비 재비행 비율은 21.4%로, 78.6%가 입소 후 재비행 없이 생활했다.

요소는 가정이다. 요즘에는 맞벌이로 아이들이 방치되는 경우가 많고, 스마트폰 발달로 아이들은 방치된 시간에 어른들이 만들어 놓은 환경에 쉽게 노출돼서 범죄 정보나 수법을 배우기가 수월하다. 이런 환경이 호기심 많은 아이를 유혹한다. 과잉보호, 방임 등의 양육 방식도 원인으로 꼽힌다.

'한 아이를 키우려면 온 동네가 나서야 한다'는 말이 있다. 이제 세상이 바뀌어, 한 아이를 내쫓기 위해 온 동네가 나서는 것만 같다. 아이들 상처를 싸매는 데 힘을 쏟는 경우는 별로 없다. 뉴스에서 접하는 자극적 보도에 휘둘려서 처벌을 높이라는 말만 반복한다.

청소년 비행이 이슈화되면 주로 처벌 위주의 여론이 형성되는데, 일부 자극적인 사건에만 집중하기보다 아이들이 왜 그렇게 됐는지 환경적 원인을 세심하게 살폈으면 좋겠다. 어른들에게 책임이 있다는 사실을 돌아보는 세상이 되길 바란다. 아이들은 어른들이 만든 사회구조의 피해자라는 사실을 잊지 말아야 한다.

5장

날 선 아이 승현이

박선옥 "잘 먹고! 잘 자고! 잘 웃자!" 외치며 아이들에게 넓고 큰 세상을 가르치는 샬롬청소년회복센터 소장. '지금은 비행 청소년이더라도 언젠가 평범한 어른이 될 것'이라는 믿음으로 아이들과 생활하고 있다. 어려서부터 초등학교 교사와 보육원 원장을 꿈꿀 정도로 아이들을 좋아했으며, 중학교 1학년 때부터 지금까지 교회학교 교사로 활동할 정도로 아이들을 오랫동안 만나 왔다. 길을 가다가도 아이들의 싸움을 보면 중재라도 해야 직성이 풀렸다. '아이들은 순수한 아이들일 뿐이다'라는 한결같은 태도로 아이들을 대하고 있다.

보호자가 없던 아이

남편과 내가 샬롬청소년회복센터를 시작한 지 14년이 지났다. 샬롬을 시작한 후로 사람은 청소년 시기에 누구를 만나느냐, 어떤 환경에 처하느냐에 따라 얼마든지 변할 수 있구나, 새삼 확인하곤 한다. 수많은 아이와 생활했지만, 12년 전 열다섯 살의 나이로 우리 부부와 처음 만나 지금까지 만남을 이어 오는 승현이 이야기를 해 보려 한다.

승현이는 어른들 말에 민감하게 반응하는 아이였다. 항상 날이 서 있었고, 욱하는 성미로 분노를 표출하곤 했다. 지금은 제대하여 어엿한 이 사회 구성원의 한 사람으로서 열심히 살아가고 있다.

승현이는 세 살 때 부모가 이혼해서 할머니 손에서 동생과 함께 자랐다. 그리고 초등학교 5학년 때 아버지가 두 아들을 양육하겠다며 멀지 않은 곳으로 이사를 갔다. 아버지는 직장생활과 양육을 병행하면서 지쳐 갔고, 일이 잘 풀리지 않으면 스트레스를 음주로 해결하곤 했다. 술에 취해서 집에 들어오면 잔소리와 욕설을 퍼붓기 일쑤였다. 신세 한탄을 하던 아버지는 모든 책임을 아이들에게 돌리며 가정 훈육이라는 이름으로 폭력을 행사하기 시작했다. 승현이에게 특히 심했다.

승현이는 학교 폭력, 상습 공갈, 특수 절도, 집단 폭행 등을 이유로 학교에서 징계받아 유예 처리되어 학교 밖 청소년이 되고 말았다. '비행 청소년'이라는 낙인으로 사회와 부모로부터 유령 취급을 받으며 마음에 날카로운 가시를 키워 왔는데, 내가 승현이와 만난 때는 돈 벌러 간다고 집을 비운 아버지에게서 8개월째 연락이 없던 시점이었다.

승현이는 폭력 행위로 소년재판을 받고 분류심사원에서 4주간 준법 교육을 받은 후 나와 만났다. 법정에서 판사님이 샬롬청소년회복센터 감호 위탁 결정을 내려 데려가라고 했다. 보통 결정 시간이 지나면 보호자가 보호관찰 시 주의 사항을 듣고 보호관찰소에 신고해야 하는데, 승현이는 보호자가 없었다.

다른 모든 재판 일정이 끝날 때까지 승현이는 법정 밖에서 기다렸고, 결국 내가 승현이와 함께 보호관찰소를 들러서 신고하고 샬롬으로 향했다. 승현이는 샬롬으로 오는 길 내내 울면서, "내일 집에 좀 갔다 오면 안 됩니까" 하고 물었다.

"와 그라노? 무슨 일 있나?"
"집에 초등학교 6학년 동생이 혼자 있어예."

다음 날, 승현이와 함께 동생이 혼자 있다는 집으로 갔다. 부엌이 딸린 단칸방, 보증금 100만 원에 월세 10만 원으로 사는 형편이었다. 아버지가 떠난 뒤 월세를 내지 못해 8개월 치가 밀려 있었다. 미납된 월세는 보증금에서 나갔고, 남은 보증금은 회수할 수 없는 형편이었다. 집 안은 동네 아이들 놀이터 겸 피난처 같았다. 술병이 널브러져 있고 담뱃재가 가득한 재떨이로 엉망에다가, 청소하지 않은 지도 오래돼 보였다.

동생이 다니는 초등학교를 찾아가 담임선생님과 상담하며 한 달만 있으면 방학이 와서 졸업할 수 있으니 형제가 샬롬에서 함께 생활하면 좋겠다고 전했다. 그동안 동생을 지켜본 담임선생님이 보호가 필요한 시기라며 동의했고, 학교 허락을 받아 동생을 데려올 수 있었다. 동생을 데려오는 과정 중 경찰서에 유괴범으로 신고되어 경찰이 출동하는 촌극이 벌어져 해명하는 일도 겪었다.

동생은 아직 초등학생이라서 낯선 곳에서 많은 형들과 함께하는 생활을 어색해했다. 승현이도 동생까지 데려온 처지라 미안해하는 모습을 보였다. 샬롬에서 먼저 생활한 아이들에게 사정을 설명하고, 동생까지 잘 챙겨 주라고 당부했다. 1년을 함께 생활하고, 동생은 다음 해에 샬롬 근처 중학교에 입학했다.

승현이는 4월에 치를 중학교 졸업 검정고시를 준비하던 시기였다. 재능 기부자에게 수업받으며 국어·영어·수학 기초 수업과 기출 문제 풀이 등을 이어 가고 있었다. 그즈음 승현이의 말이 거칠어지고 사사건건 시비조로 일관하더니, 때때로 폭력적인 행동도 보이기 시작했다. 숨은 반항심이 드러난 걸까 염려했으나, 다행히 심각한 일은 일어나지 않았다.

하지만 감정 기복이 심했던 승현이는 폭발성을 지니고 있었다. 매사에 부정적인 태도를 보이더니, 어느 날 보호관찰소 출석일에 늦게 깨웠다고 아침부터 욕설을 내뱉기 시작했다. "이제 고마해라" 나무랐더니 오히려 계속 욕설을 쓰더니 칼까지 들었다. 승현이는 자기를 죽이라며 칼을 들이대면서 말했다. "×발, 내 이탈할 기다. 보호처분 변경 신청 할라믄 해요."

아침부터 승현이가 야단법석을 떨며 샬롬을 뛰쳐나가 이탈하는 모습까지 보고 나니, '내가 왜 이 일을 하고 있지?' 하는 생각과 함께 회의감이 한꺼번에 밀려왔다. 온종일 안절부절못하면서 시간을 보냈다.

일단 보호처분 변경 신청을 해야겠다고 마음먹었는데, 승현이를 보내면 승현이 동생은 어떻게 해야 하나 싶은 생각이 불현듯 떠올랐다. 잠시 시간을 두고 고민해 보기로 했다. 승현이는 분노를 표출하거나 거친 행동을 보였지만, 동생은 착하고 말이 없는 편이었다.

동생을 위해 엄마 품으로 돌아가다

사람에게는 두 가지 특성이 있다고 생각한다. 기질적 특성과 환경적 특성이다. 기질적 특성은 개인이 태어나면서부터 가지고 있는 성질이다. 자극이 올 때 민감성과 특정한 유형의 정서 반응을 보여주는 성격적 소질이다. 환경적 특성은 사회적 환경, 가정적 환경, 친구 관계 등 개인이 성장하는 시간 동안 만나는 모든 것이다. 기질적으로 나쁜 성격도 있지만, 사람은 누구나 환경에 따라 넘어질 수도 있고 일어설 수도 있는 존재다.

승현이가 보여 준 분노와 폭력성은 어디서 왔을까? 기질적 특성일 수 있지만, 부친에게 욕설을 듣고 폭력을 당하는 과정에서 체득한 자신을 방어하기 위한 수단, 환경적 특성이 아니었을까. 학교 폭력은 사랑받지 못한 증거이자 제대로 배우지 못한 결과로 볼 수 있다. 힘들 때 자신을 안아 주는 엄마 품이 없는 아이는 스스로 자신을 지키려 한다는 말도 있다.

고민 끝에 보호처분 변경 신청은 하지 않기로 했다. 승현이도 몇 시간 지나지 않아 샬롬으로 돌아와 죄송하다고 사과했다. 여러 상황이 있었지만, 승현이는 중학교 졸업 검정고시에 응시해 합격했고, 8월에 진행되는 고등학교 졸업 검정고시에도 응시하기로 약속했다. 동생은 어엿한 중학생으로 잘 적응하고 있었다.

시간이 지나면서 마음의 날카로운 가시도 조금씩 깎이는 듯했다. 승현이는 변화하기 시작했다. 열심히 노력해 고졸 학력을 인정받을 수 있었다. 덕분에 자신감과 자존감도 회복한 모습이었다.

어느덧 승현이가 동생과 함께 퇴소해야 할 때가 찾아왔다. 막상 갈 곳은 없었다. 아버지에게서도 소식이 없고, 승현이도 아버지를 만나고 싶어 하지 않았다. 정말 난감한 상황이었다. 승현이와 동생을 계속 데리고 살 수는 없는 형편이었기 때문이다.

승현이와 의논한 끝에, 오래전 소식이 끊긴 엄마를 찾기로 했다. 수소문하여 동사무소에 사정을 이야기해 엄마의 주소를 확인했다. 전주에 살고 있었다. 승현이 아버지와 이혼한 지 10년이 넘었기 때문에 승현이 엄마가 혹시 재혼이라도 했는지 알아봐야 했다. 동사무소에서 확인해 보니, 법적으로 미혼이어서 연락해 보기로 했다.

우여곡절 끝에 연락이 닿았으나, 이혼 이후로 세월의 골이 깊었다. 엄마 입장에서 승현이야 세 살일 때 헤어졌으니 어렴풋이 기억하지만, 동생은 기억에 없다고 했다. 지금까지 아이들이 살아온 과정을 설명하니, "잘사는 줄 알았는데, 와 인제 와서 연락하노"라며 원망을 담은 대답이 돌아왔다. 그러면서도 배 아파 낳은 자식들이 오갈 데 없는 처지라는 사실을 알게 된 엄마는 아이들을 거두어 주겠다고 말했다. 너무 어린 나이에 헤어져 기억조차 희미한 아이들은 '엄마'라는 말도 못 했다. 아이들과 엄마는 서먹한 분위기에서 식사만 하고 헤어졌다.

승현이는 고졸 인정을 받았으니 대학도 가야 했고, 동생은 2학년으로 올라가기 전에 다른 중학교로 전학을 가야 학교생활에 자연스럽게 적응할 수 있는 상황이었다. 엄마는 차일피일 미루다가 2월에 최종적으로 돌보겠다고 연락해 왔다. 승현이는 자신들을 버린 엄마를 인정하고 싶어 하지 않았으나, 동생을 위해서라도 같이 살겠다고 했다.

아이들을 엄마 품으로 돌려보내며 한편으로는 안심이 됐지만, 다른 한편으로는 매우 걱정스러웠다. 많은 시간 엄마와 떨어져 그 존재조차 잊고 살았던 긴 시간의 틈을 어떻게 좁히고 치유할 수 있을지 마음이 답답했다.

이후 승현이는 엄마와의 관계를 서먹하게 여기기도 했지만, 동생은 잘 적응하고 있다는 소식을 들을 수 있었다. 승현이는 처음에 우리 부부를 향해 섭섭한 마음을 내비쳤다. 자신들을 쫓아서 보내려 했다고 자조 섞인 원망도 늘어놓았다. 대학 입학 후에도 불만과 불평이 많았다. 동생은 엄마와 잘 어울리며 안정을 찾았다.

승현이는 직업군인의 길을 꿈꿨다. 노력한 끝에 해군 부사관으로 지원해서 1차 필기시험과 2차 신체검사에도 합격했는데, 3차 면접 및 신원 조회에서 낙방하고 말았다. 그에 따라 세상을 향해 불만을 터뜨리며 욕설로 원망하는 모습도 보였다. 중학교 생활기록부에 학교 폭력 딱지가 남아 있어 꿈을 이루지 못한 것이다. 우리는 1년이 지나면 그 내용이 삭제되는 줄 알았으나, 학교에서 처리하지 않아 승현이는 군인의 꿈을 접을 수밖에 없었다.

이후 집으로 복귀해서 대학교 1학년을 마친 뒤 휴학하고 육군에 입대했는데, 왜 그렇게 군대 생활에 불만이 많은지….

지금도 지우고 싶은 '아버지'라는 이름

제대할 때가 다가오자, 그때부터는 승현이도 제법 남자로서 기틀이 섰다. 날이 선 모습도 잘 보이지 않았다. 휴가 때면 샬롬을 찾아와 가족처럼 지냈다. 특히 나에게 껌딱지처럼 붙어서 작은 일이라도 도와주며 아이들에게 본을 보였다. 어느새 승현이는 솔선수범하는 청년으로 성장해 있었다.

승현이는 제대 후에도 한 달여간 샬롬에서 생활했다. 취업을 고민하다가 일본에서 직거래 판매업을 하는 친척을 만나 일본에서 일을 시작했다. 1년 후에는 서울 사무소에서 일하게 되어, 학점 은행제로 학사 학위를 취득해서 지금까지 직장생활을 잘하고 있다. 승현이는 어린 동생을 자신의 화풀이 상대로 여겨 함부로 대하기도 하고 곧잘 구박했는데, 이제는 그런 행동을 반성하여 동생에게 져 주면서 든든한 지지자로 버팀목이 되고 있다.

그리고 동생은 대학교 진학을 미루고 공사(公社) 시험 준비를 하다가 입대했고, 군 복무를 무사히 마친 뒤 직장을 다니며 시험에 재도전한 끝에 합격할 수 있었다. 지금은 공사에서 근무하는 멋진 청년이다.

승현이는 지금도 내면에 있는 '아버지'라는 이름을 지우고 싶어 한다. 아버지가 지금까지 자신과 동생에게 해 준 것이 없다는 원망의 마음을 응어리로 갖고 있다. 그런 모습을 볼 때마다 안타깝다. 내가 이 아이에게 해 줄 수 있는 건, "니 뿌리는 부모고, 니 생명도 부모에게 받은 거 아이가. 니가 부모 없이 이 땅에 존재할 수는 없지 않겠나"라는 말과 함께 부족한 위로밖에 없다. 부모의 이혼에도 네가 모르는 또 다른 이유가 있을지 모른다며 달래 줄 뿐이다.

거의 모든 아이가 어릴 때 그 품에서 자란 부모, 그중에서 특히 어머니의 영향을 가장 많이 받는다. 어머니는 아이의 백지 같은 마음에 글을 쓰는 작가요, 그림을 그리는 화가이다. 무엇을 쓰고 그리느냐는 전적으로 어머니에게 달려 있다.

　나무는 다른 어떤 땅에서보다 처음 싹을 틔우고 뿌리를 내린 그 토양에서 영양을 더 잘 공급받아 튼실하고 무성하게 자란다. 나무와 같은 존재가 바로 아이들이다. 그 생명을 받고 처음 자라나는 어머니의 품을 세상 무엇보다 좋아한다. 그 품에서 가장 영향력 있게 교훈을 받고 성장한다. 나는 아이의 인생이 부모에 의해 좌우된다는 말을 오늘도 절감하며 살고 있다.

2부

지금도 너희를 기다려

6장

새로운 빛을 기다리며

손예진 누나에서 선생님으로, 보호소년들과 함께 성장해 온 새빛청소년회복센터 사무국장이며 보호상담원 일도 겸하고 있다. 새빛청소년회복센터는 스무 살 되던 해 부모님이 시작한 곳이다. 대학생 시절 주말마다 부모님 일을 도우며 아이들의 '누나'로 첫걸음을 내디뎠고, 이후 정식 선생님이 되어 올해 6년 차를 맞았다. 부모님의 헌신과 사명을 소중하게 품고서, 그 뜻을 겸손히 이어 가기 위해 한 걸음씩 나아가는 중이다. 아이들과 울고 웃는 과정에서 결혼도 하고 아내와 엄마가 되어 새빛의 이야기를 함께 만들어 가고 있다.

새빛의 '유일한 휴일' 풍경

새빛청소년회복센터에 허락된 유일한 휴일은 일 년에 단 두 번이다. 설날과 추석. 고유의 명절이다 보니, 입소한 아이들도 외박으로 집에 간다. 일 년 내내 평일 주말 없이 24시간 아이들과 함께하던 우리도 맘 편히 쉴 수 있는 유일한 시간이다. 매일 아침 늦잠을 자며 일어나기 힘들어하던 아이들도, 외박을 받아 집에 가는 날이면 새벽 네 시부터 스스로 일어나 준비를 한다.

'애들아, 새벽 네 시에 일어나는 이런 마음가짐이면 무엇이든 할 수 있지 않겠니?'

마음만 먹으면 할 수 있는 아이들의 가능성을 이렇게 확인하기도 한다. 동시에 조금 더 행복하고 긍정적이고 희망이 있는 쪽으로 마음먹을 수 있도록 기도하고, 기다리고, 응원해 줘야지 하고 다짐한다.

밤낮 북적이던 센터가 아침 일찍부터 적막강산이다. 매일 아이들 열 명과 밀고 당기느라 조용할 틈 없던 공간에 찾아온 고요가 낯설다. 평소에는, 단독주택인데도 시끄럽다는 인근 주민들 신고로 경찰이 한 번씩 찾아온다.

"애들아, 쫌 조용히 해라."

"그만 뛰고, 가만히 좀 있어."

"아이고, 조심 쫌 해라."

한창 뛰어도 여전히 힘이 남아도는 아이들에게 잔소리하지 않는 날이 없다. 막상 아이들 없는 센터에 홀로 앉아 있으니 마음이 허전하고 그리움이 차오른다. 아이들과 함께할 때면 정신은 없어도 활력은 넘친다. 아이들과 함께하는 생활이 주는 묘한 매력이다.

"띵동 띵동." 벨 소리가 조용한 센터를 깨운다. 모처럼 고요한 시간을 누리나 싶었는데, 별수 없이 주섬주섬 일어난다. 명절을 보내러 집에 갔던 민기가 센터 문 앞에 서 있다. 민기처럼 명절 중간에 돌아오는 아이들이 더 있다.

"아빠한테 맞았어요."

"큰아버지가 그냥 센터로 돌아가라 하데예."

"집에 아무도 없어 가꼬 심심해서 빨리 왔어요."

마음 한편에서 '모처럼 휴식 시간인데 너무한 거 아닌가…'라는 생각이 올라오지만, 명절 외박이라고 기분 좋게 나갔다가 이리도 빨리 돌아올 수밖에 없는 아이 마음은 어떨까 생각하니 가슴이 미어진다.

새벽부터 일어나 잔뜩 기대하는 마음으로 명절 외박을 나갔지만, 막상 집에서 마주한 현실은 냉담하고 달갑지 않은 얼굴들뿐이라니…. 우리 아이들이 느낄 수 있는 명절의 설렘은 없는 것일까. 가족들과 둘러앉아 갓 부친 따끈한 동그랑땡을 먹고, 친척 어른들에게 용돈을 받으며, 오랜만에 만난 사촌들과 게임을 하며 노는 것이 명절에 누릴 수 있는 소소한 기쁨 아니던가. 속상한 마음을 털어 내고 새빛에서라도 명절 기분을 조금이나마 느낄 수 있도록 얼른 앞치마를 두르고 동그랑땡을 부친다.

때로는 퇴소한 아이들이 명절이라고 센터를 방문하기도 한다. 조금 있으면 군대에 간다고, 대학에 입학했다고, 고등학교를 졸업했다고 찾아들 온다.

퇴소하고 한참 소식이 없던 연수가 연락해 왔다. 센터가 이사한 사실을 몰라서, 예전 장소를 찾아간 모양이었다. 페이스북 메시지로 연락해 오더니 센터까지 찾아왔다. 두 손에 무겁게 든 20리터 종량제 봉투가 터질 듯하다. 라면, 달걀 한 판, 김, 참치, 과자 등이 가득하다.

"별 건 아니고 그냥 보이는 대로 담아 왔어예. 제가 센터에서 먹은 게 몇 낀데예."

새빛에서 먹었던 식사들을 잊지 않고 감사한 마음을 봉지가 터지도록 가득 담아 왔다. 남들은 거창한 것이 아니라고 할 수 있지만, 곁들인 말이 참 고맙고, 듬직하게 자란 연수가 대견하기 그지없다. 가끔은 밑 빠진 독에 물 붓기 같지만, 새빛에서 같이 먹었던 한 끼를 기억하고 이렇게 찾아오는 아이들이 있어 또다시 힘을 낸다. 새빛의 문은 이런 아이들을 위해 명절에도 활짝 열려 있다.

새빛 BTS

사단법인 만사소년은 천종호 판사님과 함께 전국에 있는 청소년 회복센터를 지원한다. 만사소년에서 여는 행사 중에 '통통통 캠프'가 있다. 센터 아이들은 대부분 학교를 제대로 다니지 않아서 수학여행 경험이 없다. 통통통 캠프에서 아이들은 수학여행 때처럼 역동적인 체험과 장기 자랑도 한다. 무뚝뚝하고 뻣뻣하기만 한 남자 아이들을 데리고 장기 자랑이라니, 막막하기만 하다. 아이들과 머리를 맞대 본다. 그래, 나 혼자보다는 좋은 아이디어가 나오겠지.

"대충 한 명 나가서 노래 부르면 뒤에서 박수 치고 있겠습니다."
"그냥 막춤이나 추까예?"

내가 너무 지나친 기대를 한 건가…. 자치 회의를 해 보자며 함께 자리에 앉았지만, 이야기는 산으로만 간다. 성의가 없는 아이들의 모습을 보며 애가 타고 속이 답답했지만, 지금 필요한 것은 당근 같다.

"얘들아, 장기 자랑에서 1등 하면 너희가 가장 좋아하는 외박 보내 줄게!"

금세 아이들 눈이 반짝인다.

"각자 유튜브 참고해서 장기 자랑 할 수 있는 거 하나씩 찾아 온나."
"네!"

나이와 체형, 성향뿐 아니라 지역과 성장 환경도 다른 아이들이 함께 생활하며 하나 되기란 쉽지 않다. 각자 고집하고 주장하는 바가 너무 강하다. 배려하고 양보하면 진다고 생각하기도 한다. 아이들이 지나온 세상이 너무나도 거칠었기 때문일까.

장기 자랑 준비를 통해 주제 선정부터 연습하고 발표하는 시간까지 한 명도 빠짐없이 적극적으로 참여하며 함께 어우러지는 방법을 배우길 간절히 바랐다. 140킬로그램이 넘는 아이, 집중력이 낮은 아이, 우울증이 심한 아이… 단 한 명도 빠짐없이 공연에 참여하며 함께하는 힘을 느끼길 바랐다.

생각한 것보다 아이들이 가져온 아이디어는 다채롭고 신선하며 새로웠다. 새로운 가능성을 확인했다. 이렇게 통통 튀고 밝은 아이들을 옆에서 조금씩 응원하며 뾰족했던 것들을 동그랗게 만들어

간다.

애기를 나누다 보니, 이왕이면 제대로 해 보고 싶어 하는 아이들 마음을 알게 되었다. 아이돌 노래를 찾아보았다. BTS 춤을 추자는 의견이 나왔다. BTS…? 내가 아는 그 BTS…? 장기 자랑 얘기가 나온 뒤로 아이들 스마트폰에서, 센터 텔레비전에서 아이돌 노래만 울려 퍼지고 있다.

유튜브로 BTS의 〈고민보다 GO〉를 거울 모드로 재생하며 연습했다. 각자 역할을 정한다.

"제가 뷔 할게요."
"그럼, 제가 지민 할게요."

인원 구성도 딱이다. 새빛 BTS! 그래, 한번 해 보자!

그나마 쉬워 보이는 춤이라고 골랐지만, 연습을 시작하자마자 바로 포기하겠다는 아이들이 나온다. 나도 몸치라 할 말이 없다. 하지만 포기하지 않도록 옆에서 계속해서 응원한다. 멋있다, 할 수 있다, 실력이 조금씩 늘고 있다…. 비디오를 초 단위로 쪼개 보면서 연습한다.

아이들은 자기가 맡은 파트를 수십 번, 수백 번 반복해서 본다. 장기 자랑 당일 수많은 사람 앞에서 공연하면 긴장할까 봐 운동장과 바닷가로 나가 연습하기도 한다. 연습한 동영상을 반복해서 보여 준다.

"멋지다! 와 이리 잘하노. 느그들 완전 BTS 같다!"

나는 춤 연습에 빠져 있는 아이들 옆에서 목이 터져라 외치고 또 소리친다. 자신감 없던 아이들이 연습을 거듭하면서 정말 BTS라도 된 듯 멋진 표정도 지어 보인다. 이제 내 눈에는 새빛 아이들이 BTS보다 멋져 보이기 시작한다.

통통통 캠프 당일. 내 옷은 물론 여기저기서 옷을 빌려 우리 아이들 기죽지 말라고 아이돌처럼 멋지게 입혔다. 공연 전 다시 한번 아이들에게 응원의 목소리를 높인다. 떨지 말고 연습한 대로! 즐겁게! 자신 있게 하자! 다른 회복센터 아이들을 비롯해 수많은 사람 앞이라 긴장했지만, 내 생각보다 훨씬 더 공연을 즐기면서 멋있게 춤추는 아이들을 보면서 울컥했다. 떨지 말라고 목이 쉬어라 소리 지르며 응원했다.

오랫동안 아이들이 한 바가지 땀을 흘리며 준비한 장기 자랑의 결과는 1등이었다. 열심히 노력한 성과가 나타나니 아이들은 환호성을 지르며 날아갈 듯이 기뻐했다. 정말 한 명도 빠짐없이 자기 역할을 잘해 주었다. 아이들 모두 하나 되어 기뻐하는 모습을 보니 뭉클했다. 날카롭고 뾰족했던 아이들 얼굴이 빛나게 변해 있었다. 쉽게 포기하고 꿈꾸지 못하던 아이들이 '잘한다', '할 수 있다' 말

한마디에 이렇게 변한 것이다.

2019년 통통통 캠프 장기 자랑에서 1등을 한 우리 새빛은 코로나로 멈추었다가 다시 열린 2023년 통통통 캠프 장기 자랑에서도 1등을 차지했다. 세월이 지나 아이들은 바뀌었지만, 나는 여전히 아이들 옆에서 칭찬하고 힘차게 소리 질러 응원하고 있다.

"얘들아, 너그들은 뭐든 할 수 있는 아이들이야!"

내 동생 준표

180센티미터가 넘는 키에 체중도 100킬로그램이 넘고 양팔에는 문신까지 가득하며 인상도 매우 좋지 않은 아이가 다가온다. 법원에서 지원받아 새빛 아이들과 마산야구장에 갔던 날이다. 준표는 소년재판에서 10호가 나올 줄 알았는데, 청소년회복센터 처분을 받았단다. 부모님과 함께 새빛을 방문했다가 모두 야구 보러 갔다고 해서 야구장까지 찾아온 것이다. 폭행, 절도, 사기…. 수많은 사건에 연루되었다는 선입견에 나도 모르게 인상을 찌푸리고 예민하게 아이를 바라보았다. 혹여나 다른 아이들에게 안 좋은 영향을 미칠까 봐 걱정이 태산이다.

준표는 센터에 입소하자마자 기강을 잡으려고 행동했다. 나이는 적은 편이었지만, 본인과 코드가 맞는 몇 명을 자기편으로 만들어 바로 무리를 지었다. 약하고 만만하다고 생각하는 아이들에게는 거칠게 말하고 함부로 행동했다. 입소하기 전 집에서, 학교에서, 또래들 사이에서 하던 행동이었다. 그러다 한 살 많은 동윤이와 몸 싸움이 벌어져 둘을 떼어 놓고 개별 면담을 진행했다. 준표와 마주 앉았다. 한참을 씩씩거리던 준표는 어느새 차분해져 있었다.

"준표야, 니 와 그라는데?"
"지도 잘 모르겠어예. 그냥 남한테 무시당하고 싶지 않고…."

더 묻지 않고 가만히 준표의 눈을 바라보았다. 그간의 행동에 많은 이야기가 담긴 것처럼 보였다. 준표는 쭈뼛거리며 입을 열기 시작했다.

준표는 남해안에서 뱃일하시는 아버지와 식당을 운영하는 어머니 그리고 형과 함께 자랐다. 겉보기에는 안정적인 가족 구성이라는 생각도 든다. 하지만 오랫동안 뱃일을 하시던 아버지는 거칠었다. 어머니도 작은 식당을 힘겹게 운영하느라 삶에 여유가 없었다. 키가 크고 덩치가 있는 데다 인상이 좋지 않았던 준표는 비행성 있는 또래들 사이에서 표적이 되었다. 그냥 길만 걸어 다닐 뿐이었는데 시비에 자주 연루되었다.

가만있기만 하던 준표는 억울했다. 하지만 억울한 목소리를 들어 주는 사람은 없었다. 아버지도 어머니도 선생님도 모두 준표를 탓했다. 결국 준표는 살아남기 위해 싸움꾼이 되기로 마음먹었다.

가출하고 문신을 새겼다. 자신처럼 겉보기에 날카롭고 강한 또래들과 어울리며 수많은 사건과 엮였다. 그렇게 새빛에 입소하게 되었다.

나 또한 처음에 '10호 갔어야 할 아이', '거친 아이', '인상이 좋지 않은 아이'라는 말을 듣고 선입견을 품고 준표를 바라보았던 사실을 후회했다. 미안한 마음이 들었다. 마음을 열 것 같지 않던 아이는 그냥 자기 속마음을 들어 줄 사람이 필요했던 것이다. 그저 들어 주었을 뿐인데, 속에 있던 것을 폭포수처럼 쏟아 냈다.

거칠었던 준표는 자기 이야기를 털어놓은 뒤 새빛에 없어선 안 될 멋지고 소중한 아이로 변했다. 나이가 어렸음에도 또래뿐 아니라 형들에게도 큰 영향을 끼쳤다. 이전에는 부정적인 영향이었다면, 이제는 긍정적인 영향을 미쳐 센터 분위기를 주도한다. 센터 생활이 즐겁고 재밌다는 준표 말을 들으며 다른 아이들도 자연스럽게 그렇게 생각하게 되었다.

어른들에게 마음을 닫았던 준표가 만나는 어른들에게 공손히 인사하고 진심으로 감사하게 생각하며 대한다. 어느 순간 새빛 아이들은 참 예의가 바르다는 소리를 듣게 된다. 한 아이의 영향은 단체 생활에 매우 중요하다. 그러니 무슨 색깔로 물드는지 세심하게 바라보고 예쁜 색깔의 물감을 건네줘야지.

준표는 입소 전 사고 쳤던 기록이 많아 입소 후에 여러 번 경찰 조사를 받고 법원에도 출석했다. 판사님이 우리 센터에 위탁 처분

하셨을 때는 마지막 기회로 지켜보겠다는 마음이었다. 그런데 판사님도 소년재판 때마다 조금씩 변화하는 준표를 확인하셨다. 많았던 사건이 마무리될 때쯤 법관 인사이동 시기가 되었다.

판사님은 후임 판사님이 사건만 보았을 때는 준표에게 높은 처분을 할 것 같다며 특별히 신경을 써 주시기로 했다. 센터에서 생활을 계속 잘할 것을 약속받으시고는, 발령받아 가시기 전날 모든 사건을 종결하여 새빛청소년회복센터로 재처분해 주셨다. 준표는 자신을 믿어 주신 판사님 마음을 알았고, 그 믿음을 실망시키지 않겠다며 센터 생활을 더욱 모범적으로 잘했다.

이런 준표의 근황을 부모님께도 전달했다. 예전에 준표가 가출해서 사고를 많이 칠 때 부모님 전화기에는 경찰과 법원에서 오는 연락들이 울렸다. 마음을 굳게 닫았던 부모님은 준표가 센터 생활을 잘하고 있다는 사실을 믿지 않았다. 시간이 가면서 부모님 또한 준표 마음을 이해하고 듣기 시작했다.

예기치 못한 슬픔

코로나로 많은 프로그램이 중단되어 센터에서만 지내던 어느 날, 바람이라도 쐴 겸 아이들을 데리고 남해안으로 향했다. 목적지 없이 사람이 많이 없는 공원과 바닷가로 가다 보니 어느새 준표 집 앞에 도착하게 되었다. 갑작스러운 연락이었지만 준표 부모님은 선뜻 센터 아이들 모두를 집으로 오라 하셨다.

준표는 오랜만에 보는 부모님 앞에서 쭈뼛거리면서도 내심 변화된 모습을 보여 주고 싶어 하는 것 같았다. 부모님도 모든 반찬을 아낌없이 꺼내 주시며 센터 아이들에게 풍성한 식사를 대접해 주셨다. 아버지는 많은 말씀이 없었지만, 집 안 가득 퍼지는 호탕한 웃음소리로 웃으시곤 했다.

10개월이 지나 준표의 퇴소 날이 다가왔다. 부모님 얼굴은 센터 입소 날과 달리 밝고 평안한 상태였다. 준표는 다이어트 약속도 지켰다. 입소 전 불규칙한 생활로 120킬로그램이 넘었던 체중을, 헬스를 통해 퇴소 날까지 20킬로그램 넘게 줄였다. 센터에서 너무도 든든했던 아들로, 남동생으로 함께해 준 준표가 퇴소하는 날, 함께 기쁨의 눈물을 흘렸다. 부모님도 우시며 감사하다고 놀러오면 꼭 연락하라는 기분 좋은 말씀과 함께 떠나셨다.

그 후 준표가 떠나고 오래되지 않은 어느 날 이른 아침, 전화 한 통이 걸려 왔다. 나는 반가운 마음에 전화를 받았다. 무슨 좋은 소식을 전하려고 이른 아침부터 연락했을까. 하지만 전화기 넘어 울음 가득한 목소리가 들려왔다.

"누님 저 어떡해요. 어떻게 해야 할지 모르겠어예. 지는 진짜 어떻게 해야 합니꺼…."

심장이 내려앉는 것 같았다. 무슨 일일까. 또 어떤 일에 연루된 것일까.

"생각나는 기 센터 어머니랑 누님밖에 없어서 전화했어예. 아버지가 갑자기 돌아가셨어요. 등교했는데 갑자기 엄마 전화가 와서 아버지가 돌아가셨대요. 아침에 아버지한테 학교 다녀올게요, 인사하고 나왔는데 갑자기 돌아가셨어예. 저 진짜 부모님 속 많이 썩인 것 같아서 센터 퇴소하고 진짜 효도하면서 지내려 했는데예, 저 때문에 돌아가셨나 봐요. 저는 이제 어떻게 해야 됩니꺼…."

통곡하는 준표의 목소리에 나도 함께 울면서 정신없이 달려갔다. 퇴소 날 밝게 웃으시며 "앞으로 아들래미랑 시간도 마이 보내믄서 잘 지내 볼라꼬예. 걱정 마이소" 말씀하시던 준표 아버지의 얼굴이 선명해서, 너무 충격적이고 안타까웠다.

아버지는 뇌출혈로 아침에 갑자기 돌아가셨다. 장례식장에서 나를 보고 왈칵 울음을 쏟는 준표를 말없이 토닥여 주었다. 내가 할 수 있는 것은 옆에서 함께 울어 주는 일뿐이었다. 다른 센터 선생님도 모범적 태도를 보인 준표를 알고 계셔서 SNS에 소식을 전하며 함께 위로해 달라고 부탁드렸다. 소식을 접한 천종호 판사님도 장례식장까지 찾아오셨다. 많은 사람이 준표를 위로하고 함께해 주었다. 본인을 탓하고 절망하던 준표가 조금이나마 위로받기를 소망했다.

한걸음에 달려와 주신 많은 분에게 감사하다는 인사를 전한 준표는, 가슴 한편에 아버지를 품고 앞으로 더욱 자랑스럽고 멋진 아들로 살아야겠다고 마음먹었다. 이후로는 학교도 잘 다니고 아르바이트를 치열하게 하면서 열심히 살고 있다는 소식을 전해 주었다. 그렇게 세상을 살아가며 많은 사람에게 선한 영향을 미치는 건강한 아이로 하루하루를 보내고 있다.

기다리고 또 기다릴게

새빛청소년회복센터는 2024년 올해로 11년 차를 보내고 있다. 내가 이곳에서 일한 시간도 6년이 되었다. 11년 동안 2백 명 가까운 아이들이 센터에서 생활하고 떠나갔다. 퇴소한 뒤로 꾸준히 연락하며 안부를 전하는 아이들도 있다. 일부는 재비행하여 법원에서 다시 마주하기도 한다. 무소식이 희소식이겠거니 하며 소식을 모른 채 지내는 아이들도 있다.

수많은 아이와 함께 생활하면서 눈에 보이는 변화가 없는 것 같아 마음이 무너지고 답답했던 적이 한두 번이 아니다. 변화하길 바라는 조급한 마음으로 아이들을 기다려 주지 못하고 닦달하기도 했다. 하지만 센터에 입소하고 6개월 동안 눈에 띌 정도로 바뀌기를 바라는 것은 어른들의 과한 욕심이 아닐까. 수많은 사건을 안고 입소했지만, 6개월 동안 새로운 사건에 휩싸이지 않고 안전한 울타리에서 생활하는 것만으로도 아이 한 명에게, 그 가족에게, 우리 사회에 도움이 되지 않을까.

아이들의 시간을 그들 곁에서 기다려 줘야지 다짐한다. 혐오하거나 불신하지 말고, 아이들의 충분한 가능성을 바라보고 기대하며 기다려야지 마음먹는다. 새빛 아이들 이름을 한 명 한 명 부르며 기도한다.

'이 아이들을 만나게 해 주셔서 감사합니다. 새빛에서 생활하는 6개월이 우리 아이들 삶에 새로운 빛이 될 수 있기를 소망합니다. 그리하여 적정한 때에 새빛으로 반짝이는 아이들이 되게 해 주세요.'

7장

현민이의 아픈 성장담

박현숙 소망청소년회복센터 센터장으로 주택가 한가운데서 보호소년들과 함께 생활하면서 이 아이들이 세상과 이어질 수 있는 연결 고리를 찾기 위해 노력하고 있다. 미운 오리 새끼 같은 아이들이 이곳에서 함께 어울려 살면서 각자의 연약함을 인정하며 배려와 사랑을 배워 가는 일상을 가꾸고자 날마다 힘을 쏟는다. 때로는 이웃의 불편한 시선과 편견을 느낄 때도 있지만, 아이들에게 인사성을 강조하고 골목길도 청소하도록 독려하면서 좋은 이웃이 되는 법을 가르친다. 보호소년들의 엄마로서 언젠간 이 아이들이 백조가 될 수 있으리라 믿으며 비전을 심어 주고 있다.

눈이 댕그렇고 귀여운 아이

"미친년, 갑자기 전화해 갖고 용돈 줄까 해서 그냥 꺼지라! 하고 전화 끊었어요. 아빠를 배신하기 싫었습니다."

2021년 중학교 3학년 때 입소한, 눈이 댕그렇고 귀여운 현민이가 갑자기 욕설을 뱉으며 말했다. 앞뒤 설명도 없이 엄마 이야기를 꺼냈다. 시간이 지나 현민이 아빠를 통해 띄엄띄엄 알게 되었다. 현민이 아빠는 중국집을 운영한다. 밤에 술에 취해 아주 가끔 전화한다. 속상한 마음을 풀기 위한 넋두리다.

"현민이가 장남인데 내 씨가 아닙니다. 차남은 친자가 맞고예. 막둥이 셋째는 장애가 있는데, 야도 내 씨가 아니라예."

엄마는 바람이 나서 집을 나가 버렸다고 한다.

"현민이가 하는 말은 다 거짓말인 기라요. 모든 게 지 에미를 닮았다 아임미꺼. 외모도 성격도 똑같십니더. 현민이가 지 엄마에게 돈 받아 낼라꼬 자꾸 전화해 대니까는, 그놈이 대신 받아서 한 번만 더 이런 전화하면 쥑이 삔다 했다 아임미꺼."

현민이 아빠는 친자식인 줄 알고 유아 야구단부터 초등학교 야구부까지 뒷바라지하며 적지 않은 돈을 쏟아부었다. 그러다 현민이가 초등학교 6학년 때 친자식이 아니란 사실을 알게 되었고, 야구부 감독과도 문제가 생기면서 뒷바라지하고 싶은 마음이 싹 사라졌다.

현민이는 야구부를 그만두었다. 아빠가 친아빠가 아니라는 사실은 인정하고 싶어 하지 않았다. 자신은 친아들이 맞는데, 엄마가 집을 나가자 화가 난 아빠가 애먼 화풀이를 한다고 생각하고 있었다. 그러다 중학교 2학년이 되었을 때 아빠가 자신을 버렸다고 생각해 빗나가기 시작했다. 아빠에게 돈 내놓으라고 바락바락 악을 쓰기도 했다. 욕설이나 빈정거리는 말투는 일상이 되었다.

아빠는 키운 정 때문에 아이에게 끌려다녔다고 한다. 그러다 소년재판을 통해 청소년회복센터에 들어가면 아이들이 정신을 좀 차린다는 말을 듣게 되었고, 가정에서 도저히 현민이를 키울 자신이 없다며 재판 과정 중 청소년회복센터 처분을 바란다고 했다.

적응력 갑, 맹랑한 센터 생활

현민이의 첫 이미지를 떠올리면, 여간 맹랑한 게 아니었다. 한 살 많은 형들이 잠시라도 틈을 보이면 우위를 점하려 했다. 자기애가 꽤 강하고, 어떻게든 한 살 많은 형들과 어울리길 좋아했다. 형들과 지낼 때는 그냥 둬도 괜찮은데, 동생들은 인형처럼 다루려 할 때가 종종 있어 세심하게 관찰하고 제지해야 한다. 집에서도 두 동생을 엎드려뻗쳐 시키고 허리띠와 방망이로 때렸다는 말을 들었던 터라 꽤 엄하게 훈육했다. 다행인 건 자기 미래를 위해 다시는 사고 치지 않을 것이라 큰소리치는 점이다.

시간이 지날수록 현민이의 생활 적응력은 갑이다. 신나 하는 모습이 눈에 보인다. 코로나로 많은 프로그램을 하지 못했지만, 소망의 모든 일상이 재미있어 죽겠다는 표정이다.

아빠와 상담하던 도중, 현민이가 할머니의 사랑을 많이 받고 자랐다는 말을 들었다. 가족과 지낼 때 현민이가 할머니와 아빠, 동생들을 좌지우지해 왔다고 한다. 가정에서 학대받지 않았고, 가족들 모두가 현민이에게 휘둘렸다는 말이었다.

소망에도 그 성향을 그대로 가져와 선을 넘는 일이 있었다. 일요일 오후 자유 시간에 근처 공원에서 동갑내기 석호와 둘이 술을 마셨다. 아무 일 없었다는 듯 들어왔지만, 술을 전혀 못 하는 나의 후각을 비껴갈 수는 없었다.

"이리 와서 앉아 봐라. 이제 우짤래?"

"한 달간 휴대폰 안 할게예."

"그럼 내가 잘 보관하꾸마."

"청소도 하고예."

"그래, 밤마다 정리 정돈하면 되겠다."

둘이 자청한 일에 더해 '날마다 일기 형식으로 반성문도 작성하면 어떻겠냐'고 하니까 좋단다. '감사-반성-다짐'의 형식으로 쓰면 좋겠다고 하니 할 수 있다고 한다. 매일 쓴 반성문을 첨삭해 주니 신이 나서 더 열심히 쓴다. 이건 벌인지 글쓰기 교실인지 헷갈린다.

금요일마다 만사소년FC에 참석한다. 코로나 시기에 제한되었던 운동량을 늘리고 에너지를 발산할 좋은 기회. 드넓은 운동장에서 내가 쩌렁쩌렁 응원하며 뛰어다니니까 소망 아이들 모두 누구보다 열심히 한다. 축구에 진심이라는 걸 보여 주려는 듯.

그 무렵에는 축구나 야구를 하는 소망 멤버가 많아 제법 칭찬받으면서 다들 신나게 참여했다. 현민이는 '메시'라는 별명을 얻었다. 대부분 수비수나 골키퍼, 미드필더인데 현민이만 유일하게 공격수다. 상대 팀의 빈틈을 귀신같이 파악하고 골인시킨다. 축구를 통해 아이들끼리 더 친해진 듯하다.

다시 소망으로

현민이가 소망에서 생활한 지 6개월이 다 되어 갈 때 연락이 왔다.

"센터장님, 저 연장할까예?"

현민이 아빠도 현민이가 소망에서 지내며 많이 좋아졌다고 연장해 달라고 한다. 나는 지금 모습처럼 집에 가서도 잘 생활할 수 있을 거라고 현민이를 격려했다. 집에서 고등학교도 다녀 보면 좋겠다고 말하며 퇴소시켰다.

퇴소 당일, 현민이는 끝내 눈물을 보였다. "아, 잠깐만예. 이런 기분 너무 오랜만인데…" 하면서 나에게 안겨 엉엉 운다. 1년 있다가 가는 아이들이 우는 모습은 봤지만, 6개월 만에 우는 아이는 거의 없어 내 마음도 뭉클했다.

안타깝게도 현민이는 4개월 만에 다시 소망으로 돌아왔다. 집으로 간 직후에는 잠시 잘 지내는 것 같았으나, 얼마 못 가 밤마다 집을 나가서는 새벽까지 들어오지 않았다. 잘 다녀 보겠다며 진학한 고등학교에서도 말썽이 끊이지 않아, 현민이 아빠는 선도위원회가 열린다는 연락을 여러 번 받았다.

결국 아빠가 도저히 못 키우겠다면서 법원에 '통고'(通告) 절차를 밟았다. '통고 제도'는 소년 사건에서 보호자나 학교장 등이 수사 기관을 거치지 않고 법원 소년부에 재판을 통한 직접 문제 해결을 요청할 수 있는 제도를 말한다. 결국 현민이는 또다시 소년법정에 섰고 4주간 소년원에 위탁해야 했는데, 코로나 양성반응이 나와 일단 집으로 돌아갔다. 다행히 집에 있는 동안 반성에 반성을 거듭했고, 혼자서는 자신이 없다며 다시 소망청소년회복센터에 가게 된다면 정말 잘해 보겠다고 다짐했다.

공교롭게도 선규도 같은 날 위탁 없이 소망에 입소했다. 선규는 절도를 비롯한 사건·사고가 많이 쌓여 몇 차례 소년재판을 거친 후 청소년회복센터 처분을 받아 소망에서 생활한 적이 있는 아이다.

그때는 6개월 동안 무난하게 생활하고 퇴소했으나, 가정으로 돌아가서 6개월도 안 되어 다시 사고를 치고 돌아다녔다. 엄마 혼자 선규를 키웠는데, 가정환경이 여러모로 불안정했다. 2021년 소년재판에서 6호 보호시설 위탁 처분을 받고 대전 효광원에서 6개월 동안 문제없이 지낸 후, 퇴소할 때 가정으로 돌아가지 않고 소망에서 생활하기로 한 것이었다.

선규도 친아빠 밑에서 자라지 않았다. 이런 공통점 때문인지 현민이와 선규는 비슷한 성향은 아니었지만, 같이 마음을 나누고 위로를 주고받았다. 둘은 서로 자기가 센터장님 아들이라면서 경쟁하기도 했다. 각자 상대방 잘못을 짚어 가며 자기가 조금 더 낫다는 식이었다. 잘하는 모습을 보이면서 경쟁하면 좋으련만….

불량 학생의 낙인을 벗다

현민이는 고등학생이 된 후 예전 모습에서 벗어나기 위해 좀 더 노력하려는 태도를 보였다. 그러나 학교에서 이미 불량 학생으로 낙인찍혀서 좀처럼 인정받지 못하고 있다. 억울한 부분이 있어도 가만있다가, 참다 참다 "이건 아니잖아요"라고 대꾸하면 버릇없는 애라는 말을 듣기 일쑤였다.

하루는 센터 승합차로 현민이를 교육 장소인 마산YMCA로 데려다주는 길이었다. 오전 9시까지 가야 했는데, 현민이와 스피커폰으로 통화하는 담임선생님 목소리가 크게 들렸다.

"현민아, 마산이 아니다. 창원YMCA로 가야 해! 9시까지야."

창원YMCA로 가기 위해 급히 유턴했다. 늦으면 안 되니까. 가는 도중에 다시 전화가 왔다. 장소가 또 바뀌었다고 한다.

"다시 마산으로 가거라. 아니다. 마산YMCA는 오후 1시까지 가면 되니까, 지금 학교로 와라. 등교했다가 오후에 가면 되니까."

운전하던 내가 통화 중간에 끼어들었다.

"잠시만예. 선생님, 저 소망 센터장입니다. 그러면 현민이가 시내버스 기다리고 등하교하는 시간에다, 학교 갔다가 다시 교육장에 가는 데 걸리는 시간까지 따져 보면, 현민이 밥은 언제 먹나요?"
"원칙대로 해야죠. 등교시켜 주세요."
"아니, 우리 애 밥 멕여서 교육장 보낼 테니까는, 제가 다시 센터로 데려갔다가 창원YMCA로 시간 맞춰 보내겠습니다."
"그건 아니죠. 학교로 보내 주세요."

"제가 밥 멕여서 보내겠습니다!"

옆에서 듣고 있던 현민이는 신나 보이는 표정이다.

"보세요. 담임 쌤은 내 말을 들으려고도 안 한다니까요."

이번에는 무어라고 말을 못 하겠다고, 나는 속으로만 생각한다. 도로에서 우왕좌왕 시간을 다 보내고 다시 센터로 돌아왔다. "퍼뜩 밥 묵으라, 델다 주꾸마" 하니, 현민이는 신이 나서 "네!"라고 대답한다.

현민이가 밥을 먹는 동안 다른 방에서 담임선생님에게 전화를 걸었다. 오늘 일어난 불합리에 관해 질문하고, 앞으로는 이런 일이 재발하지 않았으면 좋겠다고 정중하게 건의했다. 그 후로 담임선생님은 내 의견을 많이 존중해 주었고, 현민이와도 사이가 좋아졌다. 선생님이 받아들이고 수정해 주니, 현민이도 적극적으로 학교생활에 임해서 반 분위기를 올려 주었다.

교복 입는 시절을 오롯이 누리길 바랐는데

현민이가 소망에서 보낸 두 번째 생활이 다 채워지기 전에 법원 소년조사관에게 퇴소 상담을 받았다. 나에게는 다시 연장할 테니 받아 달라고 말했는데, 조사관에게는 퇴소하겠다는 의사를 비쳤다니…. 그럼 퇴소해야지.

현민이 아빠는 비상이 걸렸다. 현민이가 울고불고하더니, 다시 연장하겠단다. 원래 연장할 생각이었으나, 아빠와 거래하기 위해 퇴소하겠다고 말했다는 것이다. 뭔가 얻은 게 있는 듯하다. 무서운 자식! 센터에서의 생활이 당연한 권리가 아니라고 전하며, '잘하겠습니다. 조금만 더 도와주세요' 하는 마음가짐이 필요하다고 일렀다.

현민이와 선규 둘 다 소망에서의 생활을 6개월 연장했다. 현민이는 고등학교 2학년이 되어 조금 철이 들기는 했다. 그랬기에, 이제 아빠가 짊어진 가장의 무게를 생각해 보자는 얘기를 꺼냈다. 현민이는 소망청소년회복센터 근처 조개구이를 파는 식당에서 아르바이트를 시작했다. 학교가 끝나면 식당에서 일하고 밤 10시까지 소망에 복귀하는 원칙을 정했다.

일을 시작한 지 얼마 지나지 않아 현민이는 귀가할 때마다 '오늘 받은 팁'이라며 돈을 꺼내 보였다. 잘난 외모와 높은 텐션, 손님을 보는 안목 덕분인지 매일 팁으로 받은 돈을 몇만 원씩 탁자에 올려놓는다. 월급보다 팁이 많은 아르바이트생은 처음이라며 사장님도 신기해하신다고 한다. 주식이나 투자로 이 돈을 불려 달라고 부탁해 오는 현민이에게 차분히 얘기했다.

"현민아, 일단은 이 돈과 월급은 없다 생각하고 은행에 맡기는

기 좋겠다. 돈 욕심 내지 말고, 팁도 없다고 생각하고 성실히 학교와 알바에 집중해 보자는 얘기다. 니 알바 월급과 팁 합치면, 센터 시설장 월급보다 더 많은 돈이야. 그러니까 이제 아빠에게 경제적 도움을 받지 않는 거를 감사히 생각하자."

학교를 마치고 아르바이트를 한 뒤 집에 가면, 잠자기 바쁘니 갈등도 줄어들 것이다. 다행이다 싶다. 현민이는 남은 시간을 무사히 보내고 퇴소했다. 퇴소한 뒤로 거의 매일 SNS 메시지로 연락이 왔다. 삶이 힘들다며 우울한 표정을 짓고 있는 사진을 주로 보낸다. 또다시 소망에서 지내고 싶다고, 진심이라고.

가정에서 잘 버텨야 할 텐데, 현민이에게는 가혹한 시간이다. 고등학교 다니면서 대학 진학을 고민했다가, 몇 번씩 번복하기도 한다. 그렇게 아프게 성장하는 현민이를 응원한다.

'네 잘못이 아니야. 그러니까 힘내….'

2023년이 저물어 가던 날, 현민이에게서 전화가 왔다.

"쌤, 죄송해요. 고등학교 2학년을 몬 마치고 자퇴했어예."
"개안타."

현민이가 교복 입고 다니는 시절을 오롯이 누리길 응원했지만, 속상할 틈이 없다. 국제금융고등학교에 학업 연계가 가능한지 빠르게 알아보았다. 다행히 입학할 수 있었다.

2024년 이곳을 졸업한 학생 중 여섯 명이 소망에 위탁되어 함께 생활한 아이들이다. 이 중 두 명은 대학에 진학했는데, 사회복지학을 전공으로 택한 아이가 훗날 사회복지사가 돼서 소망에서 함께 일하고 싶다고 했다. 현민이도 자신의 진로를 찾아가길 응원한다.

따뜻한 시선, 애정 어린 관심으로 자라는 아이들

소망을 퇴소한 아이들은 가끔 반가운 소식을 전해 온다. 결혼한다며 예비 신부와 함께 찾아오는 아이도 여럿이다. 철이 들어 평범한 가장으로 성장해 가는 아이들을 보면 정말 기특하다. 이런 아이들 모습을 볼 수 있다는 사실이 소년부 국선보조인이자 소망 센터장으로서 누리는 기쁨의 보너스다.

좋은 직장에 취업한 아이도 있고, 자수성가해서 오피스텔 대출금을 다 갚았다고 연락해 오는 아이도 있다. 사회에 무사히 안착한 아이들이 대견하다. 이런 기쁨은 누가 알아주지 않아도 계속 아이들 곁을 지켜야겠다는 마음을 이어 가는 힘이 된다.

소망이 그리워 가슴앓이하는 아이가 많다. 소망을 그리워하지 않고도 따뜻한 마음으로 세상을 살아갈 수 있도록 이 아이들에게 관심을 두는 어른이 많아지면 좋겠다. 소년재판을 받고 청소년회복센터가 아닌 집이나 사회로 돌아가는 처분을 받아도 걱정할 일 없는 사회가 되면 좋겠다. 그러려면 아이들을 향한 더 많은 관심과 도움이 필요하다.

　따뜻한 시선, 관심 어린 손길이 잠시 방황하는 아이들을 바로잡아 준다는 사실을, 이 일을 묵묵히 해 나가는 소수의 사람이 있다는 사실을 누군가 알아줬으면 한다. 그리하여 우리 모두의 아이들에게 함께 손 내밀어 주시길 바란다.

8장

나는 오늘도 소녀들을 기다린다

조정혜 청소년 지원 시설 로뎀의집 책임자로, 26년째 위기 청소년들과 울고 웃으며 살아왔다. 함께한 세월에 비추어 누구보다 아이들을 잘 이해하는 줄 알았는데, 시간이 흐를수록 10대의 언어와 생각이 낯설게 느껴지기도 한다. 청소년들이 '내일'보다 '지금 여기'를 더 중요시한다는 사실을 자주 경험하고 있으며, 국선보조인 활동이 힘들어 한동안 접었다가 2년 전부터 다시 참여하고 있다. 비행 청소년을 향한 기성세대의 변함없는 편견과 고정관념을 바꾸기 위해 작은 행동이라도 필요하다는 생각 때문이었다. 청소년을 바라보는 인식이 점차 개선되길 바라며, 공감을 끌어내고픈 마음을 담아 이 글을 썼다.

소녀들을 위한 쉼터, 로뎀의집

내가 위기 소녀들을 만나 함께 생활한 지도 25년이 지났다. 이곳 로뎀의집은 오랫동안 유해 환경에 노출된 10대 소녀를 위한 생활 시설이다. 2022년부터는 창원지방법원 소년부 1호 시설로 지정되었고, 소년재판에서 1호 보호처분을 받은 보호소녀들이 온다. 이들에게 대안 가정을 제공하고 대안 교육을 하는 장소가 로뎀의집이다.

유해 환경에 노출된 소녀들은 사소한 일부터 스스로 하기가 쉽지 않아 모든 과정이 기다림의 연속이다. 외출 전에는 인사 나누길 기다리고, 저녁에는 별 탈 없이 돌아오길 기다린다. 내가 연락하길 기다렸다고, 돌아오길 기다렸다고 전하면, 아이들은 어김없이 "왜요?" 하고 되묻는다. 소녀들은 조손 가정, 재혼 가정, 한 부모 가정, 다문화 가정, 아동 양육 시설에서 성장한 경우가 많은데, 누군가 자신을 기다리는 상황에 대한 경험이 적기 때문이다.

로뎀의집 소녀들은 그동안 생각해 보지 않은 것들을 고민하기 시작한다. '내가 하고 싶은 일은 무엇일까?', '나는 미래에 어떤 사람이 될까?' 이 아이들이 자립을 위해 자격증을 취득하거나 학교생활을 잘 마칠 수 있도록 우리는 학습을 지원하고 상담을 병행한다. 창의적 활동과 문화 체험으로 꿈을 향해 다가서는 기회를 마련해 주고, 소소한 일상을 함께 보내며 대안 가족으로서 격려와 지지를 쌓아 간다. 또한 내면의 깊은 상처는 전문 치료를 통해 서서히 치유되도록 돕는다.

보호소녀들이 이곳에서 웃음꽃을 피우고, 자신을 사랑하고 옆 친구를 사랑하며, 서로 배려하고 화목하게 지내는 법을 익히길 바란다. 다섯 가지를 얻어 갔으면 하는 마음에서 소녀들이 머무는 방에 이름을 붙였다. '웃음', '사랑', '화목', '성장', '자립'. 이 방에서 보내는 나날이 충전의 시간이 되어 소녀들에게 행복을 가져다주면 좋겠다.

옹벽 틈 제비꽃 같은 소녀들

괜스레 부산스러운 아침이었다. 여전히 물씬거리는 낯선 느낌을 안고 차에 시동을 걸었다. 설렘과 긴장을 품고서, 마산어시장을 거쳐 회산다리를 따라 언덕바지에 있는 로뎀의집을 향한다. 주차 공간이 부족한 동네인데, 근처 담벼락 옆에 주차하는 행운을 얻었다.

차에서 내리자, 여리고 가냘픈 제비꽃이 눈에 들어왔다. 옹벽 틈 사이, 비좁고 힘든 공간에 피어난 제비꽃이 대견스럽고 사랑스러웠다. 오늘 만나는 소녀 모습이 아닐까 생각하며 〈제비꽃이 핀 언덕〉을 흥얼거리며 로뎀의집으로 들어간다.

"제비꽃이 핀 언덕에 / 햇볕 따스히 모일 때 / 제비꽃 맑은 이슬에 / 어머니 눈빛이 맴도네 / 제비꽃이 핀 언덕에 / 바람 얌전히 고울 때 / 제비꽃 가는 손목에 / 어머니 목소리 감기네…"

"띵동." 벨 소리에 나가 보니, 교장선생님과 함께 현관문 앞에 서 있는 소녀가 보였다. 솜털도 채 가시지 않은 중학교 2학년, 단발머리에 하얀 피부, 순한 눈빛은 서럽다 못해 그냥 눈물이 터질 것 같다. 수희와 처음 만난 순간이었다.

'수희야. 넌 내가 어릴 때보다 더 예쁜데, 왜 여길 왔어? 널 지켜 줄 사람이 없었구나. 그런 거야?'

수희는 어릴 적 엄마와 함께 살았던 기억이 별로 없다. 항상 다른 사람들 손에서 장난감처럼 취급되어 어린 나이에 큰 고통을 겪고 내게 선물처럼 왔다. 수희는 나만 보면, 엄마에게 받지 못한 사랑을 받길 원했다. 가끔 사정없이 안을 때는 내 가슴을 후려쳤다.

수희는 밤이면 악몽 같은 고통이 떠올라 불을 끄지 못한다. 태아처럼 웅크린 채 잠을 잔다. 한 번도 캄캄한 데서 몸을 펴고 잔 적이 없다. 몸서리치며 힘들어하는 수희에게 이불을 살포시 덮어 주고 방을 나서면 눈물이 흐른다. 학교에 적응하고 새 친구를 사귀는 것도 쉽지 않다. 수희는 온통 긴장된 상태에서 하루를 보내고, 온몸이 파김치가 돼서 돌아온다.

로뎀의집을 거쳐 가는 소녀들 숫자가 나날이 증가하고 있다. 그만큼 많은 아이가 가정에서 나와 방황하고 있다는 말이다. 가출 한 번 생각해 보지 않고 청소년기를 건너온 사람은 없다. 사춘기를 맞아 가정에서 갈등이 생기면 충동적으로 가출할 수도 있다. 그럴 때 울타리를 쳐 주는 부모라도 있다면, 부모가 나를 기다린다는 믿음으로 집에 돌아와 방황의 시간을 멈출 수 있다. 진심으로 자신을 기다려 주는 어른이 없다면, 가출을 멈추기 어렵다.

'우리 집에는 아무도 없어요. 내가 바깥에 있어도 찾는 사람이 없어요.'

절망은 분노가 되어 소녀들은 자기 몸과 마음, 꿈을 스스로 짓밟기 시작한다. 어린 나이에 부모에게 버림받는 것보다 더 힘든 일은 없기에, 소녀들은 스스로 비행에 가담하고 거리의 아이들이 된다. 그 아이들이 소년재판을 받고 로뎀의집에 들어와 제비꽃처럼 옹벽 틈새에서 살아남으려 몸부림치고 있다.

법원에서 처음 만난 현미를 로뎀의집으로 데려와 하룻밤을 재웠다. 다음 날 사무실에서 업무를 보고 있자, 현미가 고개를 내밀어 인사한다. 내가 이곳에서 자신을 아는 유일한 사람이기 때문인지 살갑게 대한다.

"관장님, 뭐하세요?"
"응, 어제가 첫날이었을 낀데, 푹 잤나?"

잠깐 대화하던 중 보인 행동에서 이곳 생활에 대한 불편한 감정이 느껴진다. 이럴 때 나는 이름을 부른다. 그러면, "어떻게 제 이름을 기억하세요?" 하며 미소와 함께 고마워한다. 소녀들은 자신이 잊힌 존재가 아니라는 사실을 확인하려 든다. 그래서 나는 늘 아이들 이름을 외우고 칭찬거리를 찾아 나선다.

변화는 존중에서 시작된다

리더십 이론 전문가 스티븐 코비 박사가 쓴 《성공하는 사람들의 7가지 습관》에서 기억에 남은 문장이 있다. "참된 변화는 내면에서부터 시작되어야 한다." 이 책에서 스티븐 코비가 강조하는 첫 번째는 자신의 삶을 주도하라는 것이다.

자기 주도적인 생활이란, 자기 스스로 원칙을 세우고 스스로 관리·통제를 하면서 실천하는 삶을 말한다. 소녀들이 알아듣든지 못 알아듣든지, 훗날 희미한 기억으로 남아도 자신을 소중히 여기며 살아갈 수 있는 긍정적인 힘을 얻을 수 있도록, 자기 주도적인 생활을 하면 좋겠다고 늘 일러 준다.

책상 위에 적힌 소녀들 이름을 조용히 불러 본다.

'하윤, 수희, 현미, 지수, 희연, 영지, 가현, 혜지…'

이 중 며칠 동안 얼굴을 못 봐서 이름을 불러 주지 못한 소녀가 눈에 들어온다. 때때로 헷갈리는 이름도 있다. 시대의 유행 때문인지 ○지·○경·○현 등이 25년간 제일 많이 부른 이름들이다. 지금도 헷갈려서 '08년 ○지', '11년 ○현' 같은 식으로 전화번호를 저장한다.

소녀들은 자기 이름을 정확히 불러 주지 않으면 토라진다. 토라진 채로 1주일이나 간다. 그래서 소녀들의 정체성인 이름을 틀리지 않으려고, 늘 환대하면서 부르려고 노력한다.

이름은 이야기를 나눌 중요한 소재이기도 하다. 이름을 어떻게 지었느냐고 물어보면, 어릴 적 부모와 여행 갔던 이야기를 시작으로 많은 추억을 털어놓는다. 어떨 때는 한참을 이야기하다가 멈춘다. 그러고는 갑자기 불안한 표정을 짓고는 말한다.

"소용없어예. 이제 내 옆엔 아무도 없잖아요."
"에이, 괜히 물어봐 가꼬…. 다시는 이야기 안 할 거예요."

왁자지껄한 점심시간, 입소한 지 한 달도 안 된 희연이는 첫날부터 지금까지 거친 눈빛과 태도로 많은 담당 선생님을 힘들게 만들었다. 자신이 저지른 잘못을 반성하는 기미도 없고, 로뎀의집에 들어온 것이 억울하다는 표정이다. 이럴 때 최고의 대화 기법은 귓속말이다. 아주 작은 목소리로 살짝 귓속말을 건넨다.

"희연아, 잘 지냈나?"

아이는 놀란다. 두 눈을 똑바로 바라본다. 나는 금세 알아차린다. 내 말을 듣고 있다는 사실을. 서서히 곁으로 다가가기 시작한다. 거친 눈빛과 태도는 사실 다음과 같은 외침이다.

'나를 알아주세요. 일대일로 만나 대화하길 원해요. 나를 특별하게 대우해 주세요.'

갑자기 온 시설에 고함 소리가 울려 난리다. 선생님들은 소리의 진원지를 찾아 2층, 3층으로 올라간다. 하윤이가 고함을 지르며 난동을 부리고 있다.

"답답해서 이대로는 못 살겠다고요! 차라리 나가서 담배도 피우고, 핸드폰도 쓰고 맘대로 살다가 다시 재판받아 10호 갈 거라고요!"

하윤이와 일대일로 마주 앉았다. 야단치거나 잔소리하지 않고, 그저 마주 보고 앉아 조용히 기다린다. 소녀들은 조용한 시간을 견디지 못한다. 그렇게 시간이 조금 지나자 거친 한숨만 내쉬다가 스스로 힘든 상황을 털어놓기 시작한다.

"여기 들어오기 전에는 하루에 한 갑 반을 피웠어요. 담배 생각 때문에 아무것도 할 수가 없어요. 그리고 우리 나이에 핸드폰을 안 하면 어떻게 살아요. 여기가 10호 시설도 아니잖아요."

당돌하게 말한다. 끝까지 다 듣고 나서, 어떻게 로뎀의집에서 잘 적응할 수 있을지 설득하고 또 설득한다. 오랜 대화를 통해 생각과 마음을 교정해 주고, 주어진 환경에 적응하며 새로운 생각을 갖도록 힘쓰는 것이 내 일이다. 어떨 때는 소녀들을 보호하고 교육하면서 담배와 핸드폰 때문에 발생하는 갈등을 지혜롭게 헤쳐 나가기가 힘에 부친다.

때때로 소녀들과 얘기할 때 도움을 청하기도 한다. 또래들 사이에서 은밀한 힘으로 군림하는 아이가 존재하는데, 힘을 분산하기 위해 부탁을 하는 것이다. 힘 있는 소녀에게 새로운 친구들이 잘 적응할 수 있도록 도와 달라고 말한다.

이럴 때마다 느끼는 게 있다. 자신이 신뢰받고 있다는 생각이 들면, 잠깐이라도 잘하려 한다는 사실이다. 신뢰의 약효가 바로 다음 날 끝나더라도, 매일매일 나무 한 그루 심는다는 마음으로 소녀들과 함께 하루하루 살아간다.

나는 소녀들과의 사적 만남을 아주 중요시한다. 이 만남을 위해, 소녀들이 잠자리에 든 밤늦은 시간에 사무적 업무를 마무리해야 할 때도 있다. 소녀들에게 끊임없이 시간을 내어야 한다. 변화는 스치는 말 한마디, 걱정하는 마음이 담긴 진심 어린 눈빛, 강하지만 솔직한 지적, 공정한 칭찬 등을 통한 존중에서 시작된다는 사실을 안다.

무엇보다 그들이 어른들에게 존중받고 있다고 느껴야 한다. 로뎀의집이 "있는 그대로 사랑하고, 처음 사랑 끝까지"를 모토로 삼고, 이를 매일매일 적용하려 노력하는 이유다.

외양간에서 생활한 소녀

지수는 자기 이야기를 잘 꺼내지 않았다. 항상 가녀린 미소를 띠고 있었는데, 그 뒤에 자리하고 있을 슬픔이나 고통을 가늠하기 어려웠다. 그래서 생각한 것이 글램핑이었다. 지수와 함께 글램핑을 가기로 했다.

지수는 차창 밖 풍경이 자신이 자랐던 장소와 비슷하다고 했다. 어릴 적 소 외양간에서 생활했다는 엄청난 이야기를 웃으면서 꺼내는데, 우리는 모두 충격에 빠질 수밖에 없었다. 어떻게 어둠 속에서 소와 함께 생활할 수 있는지, 어떻게 외양간에서 생활한 일을 웃으면서 이야기할 수 있는지⋯ 약간 두렵기도 했다.

글램핑은 난생처음이라고 말하던 지수가, 너무 좋아서 그런다며 감정을 추스르지 못했다. 숲속 소나무들 사이로 아름다운 보름달이 떴다. 지수는 갑자기 울기 시작한다.

"나도 좋은 부모님 만났으면, 이런 곳에 엄마 아빠와 함께 왔을
건데…."

한참 훌쩍인 뒤에야 진정된 지수는 새벽 3시가 넘도록 우리를
재우지 않았다. 그제야 지수는 우리 사이에 누워 지나온 삶의 이야
기를 조금씩 풀어놓았다.

"할아버지가 소를 키웠어요. 엄마와 아빠가 헤어지면서 아무도
나를 키우려 하지 않아 할아버지에게 맡겼대요. 할머니는 맨날 저에
게 '화냥년의 딸이다. 웬수 덩어리다'라고 했어요. 할아버지가 제가
눈에 띄는 것이 싫다고 해서 소 외양간에서 잤어요. 할아버지는 소
가 새끼를 낳는지 잘 보라고 하면서 소 외양간에서 자라고 했어요.
  소는 새끼를 낳으려 하면 울어요. 그러면 저는 어미 소의 배를
만져 주면서 '울지 마'라고 해요. 저는 동물이 좋아요. 동물들은 제
마음을 알아주거든요. 외양간에서 많이 울기도 했어요.
  저는 어른들이 싫어요. 특히 남자 어른들이 싫어요. 어른들은 다
저를 이용만 하거든요. 저에게 '몸사'(몸을 찍은 사진)를 보내면 돈을
준다고 해요."

아침에 눈을 떠 보니 지수가 보이지 않았다. 자주 자해를 해서,
혹시나 하는 마음에 놀라서 바닷가를 비롯한 주변 일대로 모두 흩

어져 정신없이 찾아다녔다. 나쁜 생각이 온통 머릿속을 지배하고 있었다.

경찰관과 함께 순찰차를 타고 세 시간 정도 샅샅이 뒤졌다. 택시 기사와 주변 사람들에게 수소문했다. 아무래도 아직 어리니, 자신이 자랐던 곳에 간 것 같다는 예감이 들었다. 우리의 애간장을 태운 이 귀여운(?) 소녀는 잠옷 바람으로 근처 외양간에 서 있었다.

손 내밀어 주는가, 상처만 안기는가

유해 환경 조사차 청소년들이 모이는 번화가를 돌아본 적이 있다. 추운 날씨 탓인지 인파가 넘치지는 않았다. 길거리에서 유독 눈에 띄는 10대 소녀들이 있었다. 스모키 화장을 한 소녀들은 몸에 달라붙는 레깅스를 입은 채로 높은 구두를 신고 있었다.

딱 봐도 어른들 흉내를 내는 모양새였다. 늦은 밤인데도 귀가하지 않고 거리를 배회하는 소녀들을 보며 생각했다. 저 소녀는 어떤 가정환경에서 자라 왔을까, 부모가 이혼했을까, 지금은 누구와 함께 살고 있을까, 학교생활에는 잘 적응하고 있을까….

지금까지 수많은 가출 청소년을 만났는데, 이들의 부모를 생각하면 가슴이 답답해진다. 경제적 문제를 비롯한 가정생활의 어려움을 모르는 게 아니다. 그럼에도 부모답지 않은 부모들 때문에 아이들은 눈물을 흘리며 상처투성이로 사춘기를 보내게 된다. 그렇게 방황의 질곡에서 허우적거리는 소녀들을 수없이 보았다.

소년재판을 받는 청소년들을 보면, 부모가 이혼했거나 자녀를 제대로 돌보지 않는 경우가 대부분이다. 이혼한 부모의 자녀는 대부분 비행 청소년이 된다는 말이 결코 아니다. 자녀 양육에 대한 책임감을 기대할 수 없거나 스스로 감정을 통제하지 못하는 미성숙한 부모는, 그들을 의지하고 살아가는 아이들에게 불안과 상처만 남긴다. 그래서 소년재판은 소년이 저지른 비행보다, 비행을 일으키는 환경에 초점을 맞춰 진행된다. 부모에게 올바른 자녀 양육을 훈계하고, 가정생활과 주변 환경에 관심을 쏟아 달라고 주문한다.

청소년들에게 좋은 환경을 제공하기 위해 노력하기보다, 청소년들을 돈벌이 대상으로 이용하면서 유해 환경을 만드는 어른들이 있다. 여기에는 술, 담배, 성 문제가 얽혀 있다. 아이들의 행복을 바란다면, 주변 환경부터 깨끗하게 만들어야 한다. 모두가 유해 환경 감시자가 되어야 한다.

유해 환경에 노출되는 청소년이 많으면 많을수록 미래가 어두울 수밖에 없다. 우리는 지금이라도 부모로서, 어른으로서 걸맞게 행동하고 있는지 스스로 돌아봐야 한다. 아무 생각 없이 청소년들에게 유해 환경을 제공하고 있지는 않은가 반성해야 한다.

나는 오랜 세월 청소년들과 함께 울고 웃으며 생활해 왔다. 지금도 청소년들과 열심히 추억을 만들고 있다. 그런데 함께 생활하는 아이들에게 진심으로 미안해질 때가 있다. 기관이나 시설에 도움을 요청하는 사연을 듣다 보면, 어른들이 원인을 제공한 문제가 허

다하기 때문이다.

교육 현장에서도 교사가 내세우는 가치와 교육관이 청소년의 꿈보다 우선시된다. 넘어졌다 일어나기를 수없이 반복할 청소년들에게 기회를 제공하는 일에는 인색하다. 실수나 실패에 관용을 베풀지 못한다. 청소년들은 가정과 학교에 기댈 자리가 없을 때 어른들의 사회로 흘러 들어온다, 이들이 저지르는 일탈과 비행을 막아 주지는 못하더라도, 무책임한 영리성 상업 행위로 유해 환경의 늪으로 밀어 넣는 일은 하지 말아야 한다.

우리는 아이들에게 손을 내밀고 있는가? 바람직한 청소년을 키워 내기 위해 우리 어른들은 자신부터 돌아봐야 한다. 부모로서, 이웃으로서, 인생의 선생으로서 우리는 얼마나 당당하고 떳떳한가. 청소년들이 우리를 거울처럼 닮아 갈 수 있도록, 깨끗하고 맑은 모습으로 인생을 비춰야 할 것이다.

나는 오늘도 소녀들과 씨름한다. 사랑하고, 인내하며 그들을 기다린다.

9장

엄마가 된 스님

최윤희 승려로 30년 넘게 작은 절을 운영하던 중, 청소년을 위해 힘이 되어 줄 어른이 필요하다는 천종호 판사의 권유로 두 아이의 위탁 보호를 맡은 일이 계기가 되었다. 교육비 지원은 마다하면서도 '좋은 일은 마다하지 말자'는 일념으로 경남 함양군 소재 자비사 암자에서 청소년 위탁 보호를 시작했다. 이후 경남 거창에 정식으로 연지청소년회복센터를 열었고, 센터장으로서 아이들과 지금까지 함께 지내면서 더불어 살아가고 있다.

예기치 않은 시작

2010년 마지막 월요일 창원지방법원 소년재판 법정에서 천종호 판사님을 처음 뵈었다. 경남 진주에 살던 젊은 신도의 중학교 2학년 조카 문제로 법정에 들렀을 때였다. 조카는 자전거 절도를 여러 번 저질렀고, 아이 엄마인 신도의 언니는 함께 죽자며 아들을 데리고 저수지까지 간 적도 있다고 했다.

사정이 딱해 보였다. 그동안 자녀 문제로 어려움을 겪는 신도들을 상담하고, 아이들도 더러 만난 적이 있어서 데려와 보라고 했다. 대화를 나눠 보니, 새 자전거만 보면 훔치게 되었다고 한다. 팔아 치우지는 않았으나 아는 형이나 친구에게 가져다주었다는 사연이었다. 앞으로 한 번만 더 이런 일이 벌어지면 용서할 수 없다고 경고한 후 다짐을 받아 냈다.

재비행하지 않도록 아이와 면담한 이야기를 하나하나 담아 선처를 바라는 마음으로 판사님께 탄원서를 전달했다. 당시 소년부를 담당했던 천종호 판사님이 선처해 주셨고, 덕분에 이 아이는 나중에 대학까지 무사히 졸업하고 대기업에 입사해 직장생활을 하며 착실히 살게 되었다. 그 재판 이후 천종호 판사님에게서 직접 만나고 싶다는 연락이 왔다.

처음 만난 자리에서 판사님은 여자아이들을 맡아 줄 수 없겠냐고 부탁해 오셨다. 소년재판을 받을 때 법정에 보호자가 같이 나오기는 해도 가정에서 제대로 관리되지 않는 불쌍한 아이들이 여럿 있다고 했다.

소년원에 보내기에는 비행의 정도가 가볍고, 집으로 돌려보내자니 부모와의 관계가 회복되지 않아 계속 밖으로 돌면서 여러 범죄에 노출된다는 말이었다. 그래도 남자아이들은 맡아 줄 사람이 있는데, 여자아이들은 맡아 줄 사람이 아무도 없다고 하셨다.

부탁을 수락하고 처음 아이들을 맡게 된 날, 소년재판 법정에서 심리를 마친 두 여자아이를 집으로 데려와 보호하게 되었다. 그렇게 연지청소년회복센터를 시작했다. 당시에는 센터로 정식 등록을 하지 않았다. 법원에서 나오는 교육비도 받지 않았고, 아이들만 보살폈다.

그러다 처음 청소년회복센터를 만드신 천종호 판사님이 부산지방법원으로 발령받아 가셨고, 문보경 판사님이 소년부를 맡게 되었다. 문보경 판사님은 1호 처분으로 연지에 아이들을 보내려는데 정식 등록이 되어 있지 않다며 무슨 일이냐고 물으셨다.

당시만 해도 내가 운영하는 사찰의 형편이 괜찮아서 교육비를 받지 않아도 아이들을 충분히 보살필 수 있었다. 그래서 천종호 판사님에게 법원 교육비는 계속 안 받겠다고 말씀드렸는데, 인수인계할 때 전달되었는지 문보경 판사님은 센터로 등록하라고 권하셨다. 교육비를 꼭 받아서 아이들 옷이나 신발도 사 주고, 병원비 등에도 보태 쓰라는 말이었다.

거듭 거절했으나 무등록 시설에 아이들을 위탁했다가 사고라도 나면 법원이 책임져야 한다고 강력히 말씀하셔서서 따르기로 했다. 그렇게 2013년부터 정식 등록되어 창원지방법원 소년부에서 여자 아이들을 위탁받아 지금까지 보호하고 있다.

측은지심으로 보살핀 경선

처음 데려온 아이 중 한 명은 당시 중학생이던 경선이였다. 엄마는 경선이가 아기일 때 가출했고, 어느 유흥업소에서 음악을 하던 아빠는 경선이가 여덟 살 때 간암으로 세상을 떠났다. 이후 경선이와 남동생은 할머니 손에서 자랐지만, 경선이가 초등학교 6학년일 때 할머니마저 교회 새벽예배를 다녀오시다가 뺑소니차에 치여 돌아가시게 되었다.

결국 경선이가 한 살 아래 남동생의 보호자가 되었다. 중학교에 입학해서 함께 잘 살아가는 듯했지만, 동생이 학교 폭력을 당했다는 소식을 듣게 되면서 사건이 발생했다. 경선이는 유일한 혈육인 동생을 때린 가해자를 찾아가 직접 뺨을 때리며 폭행했고, 결국 소년법정에 서게 된 것이다.

나는 경선이를 측은지심으로 가족처럼 보살폈고, 경선이는 퇴소할 때까지 단 한 번도 말썽을 부리지 않았다. 퇴소 후 살던 지역으로 돌아갔고, 재비행 없이 잘 생활했다. 나는 이 경험으로 천종호 판사님이 나에게 어떤 역할을 기대했는지 조금이나마 이해할 수 있었다.

경선이는 7년 전 사랑하는 사람을 만나 결혼했다. 가족이라곤 남동생과 결혼하지 않은 큰아버지 한 분뿐인데, 큰아버지가 알코올 의존증이 심해서 경선이는 나에게 결혼식 당일 혼주석에 앉아 달라고 부탁했다. 흔쾌히 승낙한 후 날짜를 기다리는데, 경선이 시어머님에게서 따로 연락이 왔다. 시댁이 천주교 집안이라, 스님이 신부 측 혼주석에 앉으면 곤란하다며 한복을 입어 주면 고맙겠다는 부탁이었다.

나는 경선이를 생각해 알겠다고 답한 뒤 신도들이 입는 옷으로 갈아입고 대구로 향했다. 대구 계명대학교 동산병원 인근에 가발 전문점이 많다는 이야기를 들었기 때문이다.

모자를 눌러쓰고 가게 안으로 들어가 마음에 드는 가발 하나를 골랐다. 주인이 씌워 주겠다며 모자를 벗으라 해서 벗었더니 민머리가 드러났다. 주인은 당황하여 "손님, 항암 치료는 잘 끝났습미꺼?"라고 물었고, 나도 덩달아 당황해 "아, 네. 다 끝났습니다"라고 얼버무렸던 기억이 난다. 경선이 덕분에 일어난 재밌는 촌극이었다.

가발을 사고 한복을 빌려 입고 결혼식장 신부 측 축의금 받는 곳에 서 있었다. 하객들과 계속 인사를 주고받으며, 혹시나 가발이 흐트러질까 봐 얼마나 마음을 졸였는지 모른다. 경선이와는 피 한 방울 섞이지 않았지만, 하객들이 연신 "따님이 엄마를 닮아 아주 예쁩니다"라고 덕담해 주어, 경선이 결혼식에 엄마로 참석하길 잘했다는 생각이 계속 들었다.

현재 경선이는 아들과 딸을 낳고, 세무직 공무원인 남편과 함께 즐겁게 살고 있다. 지금까지도 매년 돌아오는 내 생일이면, 잊지 않고 선물을 보내온다.

착실하고 총명한 아이 정아

17세에 입소한 정아는 무속인 엄마 그리고 여동생과 함께 살았다. 남매는 엄마가 무속인이라는 사실이 싫어서 자주 가출했다. 급기야 중학교 2학년 때 학교를 그만두고 품행이 안 좋은 친구들과 어울리다 폭행으로 소년재판을 받았고, 연지로 들어오게 되었다. 입소 후 점점 안정을 되찾은 정아는 퇴소 후 가정으로 돌아가면 다시 예전 친구들과 어울리게 되리라고 느꼈는지 기간을 연장했다.

이 무렵 정아와 함께 연지에서 생활하던 네 명이 국제금융고등학교에 입학했다. 정아는 2년 내내 1등을 놓치지 않았다. 정아가 열심히 공부하는 모습에 자극받은 네 명도 상위권 성적을 유지했다. 고등학교를 졸업한 정아는 대학교에 입학했고, 다른 아이들도 모두 대학에 진학하는 결과를 얻었다.

정아는 대학교에 들어간 뒤로 2학년 초까지 나와 연락을 주고받을 때마다 학교를 그만두고 싶다고 말했다. 또래 아이들보다 기초 학습이 부족한 탓에 진도를 따라가기 어렵다는 말이었다. 정아가 스스로 자괴감에 빠질 때마다 나는 이런 말을 해 주었다.

"정아야, 니가 연지에 오기 전까지 여대생 돼서 공부하는 꿈이라도 가져 봤나?"

"새롭게 태어난 마음으로 매사에 임하고 살아가야 한다."

"어렵더라도 학교에 제대로 출석하는 걸 목표로 해 보면 어떻겠노? 꾸준히 하다 보면 졸업은 할 수 있을 테니까, 친구들과 잘 지내면서 열심히 해 봐라."

수시로 조언해 준 덕인지는 모르겠으나, 정아는 기특하게도 무사히 대학을 졸업했다. 지금은 병원 간호사로 착실하게 살아가고 있다. 기쁘고 감사할 따름이다.

생명을 소중히 여긴 미혼모 윤서

임신 4개월에 접어들 때 분류심사원에서 소년재판을 받고 온 윤서는 이도경 교수님이 국선보조인을 맡은 아이였다. 이도경 교수님과 분류심사원에서 면담할 때 낙태하지 않고 꼭 아이를 낳겠다고 고집을 부렸다고 한다. 미혼모 시설을 권하니, 죽어도 가기 싫다고 해서 결국 교수님이 내게 연락하신 것이다.

나는 윤서가 연지에서 생활하는 것을 흔쾌히 승낙했다. 생명이 소중하다는 사실을 아는 윤서가 기특했다. 연지에서 새 생명을 맞이한다는 설렘도 있었다. 입소 후 윤서를 2주에 한 번씩 산부인과로 데리고 다녔다. 임신 8개월에 접어들었을 때는 1주에 한 번씩 검진을 갔다.

초음파 사진으로 처음 아기를 마주한 이후로 윤서는 매주 초음파 사진을 찍고 싶어 했다. 초음파는 의료보험이 안 돼서 매번 5만 원 이상 써야 했고, 진료비도 따로 냈다. 적지 않은 비용을 사비로 충당해서 부담스러웠으나, 기뻐하는 아이를 보며 도저히 만류할 수 없었다.

출산 예정일이 20일 앞으로 다가오자 가진통이 시작됐다. 윤서는 진통이 올 때마다 빨리 병원에 가자고 졸라 댔다.

"스님! 너무 아파요. 아이가 금방 나올 것 같아요. 지금 택시 불러서 병원에 가면 안 되나요?"

나는 가진통이라는 사실을 알고 있었다. 예정일이 많이 남았으니 조금만 참으라 했는데, 첫 진통 이후로 하루가 멀다고 병원에 가자고 졸랐다. 그러자 다른 아이들이 웅성거리기 시작했고, 비난을 쏟아 내기도 했다.

"스님이 너무하시네. 너무 비정해."
"스님은 아이를 낳아 본 적 없으니까 뭘 모르나 보네."
"진짜 피도, 눈물도 없다."

그렇게 1주일을 더 버틴 끝에 병원으로 데려갔다. 담당 전문의는 예정일이 2주나 남아 있다면서 입원을 허락하지 않았다. 돌아가서 안정을 취한 뒤에 다시 오라는 말이었다. 윤서는 두려웠는지, 혹은 출산하다 아기가 잘못될까 봐 걱정됐는지 연신 울기만 했다. 결국 윤서를 데리고 병원 응급실까지 갔으나 돌아오는 답변은 마찬가지였다.

완강한 답변에 포기하고 연지로 돌아온 후 출산 예정일을 1주일 남기고 계속 다니던 병원에 입원했다. 자연분만하기로 했다가, 결국 예정일이 지나 제왕절개를 해야만 했다. 문제는 수술 동의서에 보호자가 사인을 해야 한다는 점이었다.

엄마는 애초부터 연락 두절이었고, 다른 도시에서 일용직을 하며 생활하는 아빠는 제대로 연락이 되지 않았다. 긴급한 상황에서 계속 연락이 되지 않자, 다급한 마음에 당시 소년부를 맡은 오용규 판사님께 전화해서 사정할 수밖에 없었다. 그렇게 도움을 받아 보호자로 사인해서 무사히 수술할 수 있었다.

오후 네 시가 넘도록 긴 수술이 끝나길 가슴 졸이며 기다리는데, 청천벽력 같은 소식이 들려왔다. 태아가 엄마 배 속에서 태변을 먹어 매우 위험한 상황이라는 것이었다. 나를 비롯해 연지에 입소한 아이 여섯 명, 담당 보호관찰소 소장님 등 여러 사람이 간절한 마음으로 윤서와 아기 모두 무사하길 바랐다.

천만다행으로 아기는 무사히 태어났다. 그리고 무럭무럭 자라서 제주도에서 100일 잔치를 하게 되었다. 이제 일곱 살이 된 아이는 윤서 품에서 행복하게 잘 자라고 있다.

가족의 사랑이 고팠던 가은

중학교 2학년 때 입소한 가은이는 천종호 판사님이 부산으로 전근 가시기 전 마지막 재판에서 만난 아이다. 엄마는 가은이가 첫돌일 때 암으로 세상을 떠났다. 아빠는 부두 어판장에서 생선 중매인으로 일했다. 새엄마가 있기는 했지만, 친오빠에게만 잘해 줄 뿐 가은이에게는 매우 냉정했다. 초등학교 6년을 다닐 동안 소풍 한 번가 본 적 없었고, 도시락 없이 학교에 보냈으며, 용돈을 주거나 과자를 사 준 적도 없었다.

툭하면 새엄마에게 맨발로 집 밖으로 쫓겨나곤 했다. 그때마다 옆집 할머니가 가은이를 불쌍히 여겨 자기 집으로 데려가서 밥을 먹이고 재워 주었다. 가은이가 중학생이 되자 처지가 비슷한 친구들과 어울리면서 학교에 계속 결석하다 가출까지 하고 말았다.

소년재판 심리기일 때 가은이 아빠와 새엄마가 함께 왔다. 새엄마는 법정 바깥에서 크게 소란을 피웠다. 가은이가 다시 집에 오면 자신이 집을 나가겠다고 했다. 새엄마 주장을 정리하면 이랬다.

가은이를 챙겨 주던 옆집 할머니 아들은 세상을 떠난 생모의 상간남이고, 가은이 또래인 아들 둘이 있는 그 상간남이 친부라는 말이었다. 가은이가 남편의 친자식이 아니라는 유전자 검사 결과도 있다고 했다.

천종호 판사님이 가은이 아빠에게 물었다.

"지금까지 15년을 키워 온 가은이가 친딸이 아니라면 어떻게 하실 겁니까?"

가은이 아빠는 조금 망설이다가 나지막하게 답했다.

"그래도 계속 키워야지예."

순간 가은이는 두 손으로 얼굴을 감싼 채 통곡했다. 법정에 있던 모든 사람이 가은이가 처한 사정을 듣고 무척 안타까워했다. 가은이를 연지로 데려오면서 진정시키느라 애를 먹었다. 가은이는 마음의 갈피를 잡지 못해 밤낮없이 이탈하려고 발버둥쳤지만, 3년간 잘 데리고 있었다.

그 이후 부산에 있는 친구에게 놀러 간다며 외박을 간 가은이는 2년여 만에 전 남자친구와 다시 만났는데, 임신한 채로 돌아왔다. 남자친구 엄마가 찾아와 가은이를 데려갔는데, 가은이는 아들을 출산했다. 그다음 해에 또 임신하더니 이번에는 딸을 낳았다는 소식을 들었다.

가족이라는 울타리가 없던 가은이는 스스로 가족을 만들어서 이제는 잘 살고 있다. 나는 지금도 가은이를 딸처럼 여긴다. 가은이 시어머니와 시할머님은 1년에 한두 번은 꼭 연지를 다녀가신다. 올해도 고구마 두 박스와 직접 농사지어 얻은 수확물을 보내 드렸더니, 고맙다는 인사를 받았다. 딸들을 키운 보람이 있다.

그만두고 싶었던 위기의 날들

보람도 느끼고 기쁨과 감사의 순간도 있지만, 연지를 운영하는 일이 순탄치만은 않았다. 위기 상황을 몇 차례 겪었는데, 연지를 운영하고 몇 년이 지났을 당시 맡은 아이 일곱 명이 유독 힘들게 했다.

아이들이 기타를 배우고 싶다고 해서, 없는 돈으로 기타 세 개를 사고 네 개를 후원받은 후 음악학원 원장님께 보내 일주일에 두 번씩 지도받게 했다. 어느 날 아이들이 너무 덥다며 원장님께 아이스크림을 사 달라고 졸랐다고 한다. 원장님은 한 사람당 만 원까지 사 먹으라며 신용카드를 건네주었다.

무슨 생각인지 아이들은 한 사람당 10만 원어치씩 과자와 아이스크림을 사서 결제 내역에 67만 원이 찍혔다. 원장님은 크게 호통을 치며 전부 환불받아 오라고 했다. 하지만 아이스크림은 이미 녹은 상태였고, 과자는 아이들이 일부러 봉지를 뜯어 놓아서 환불이 불가능했다.

원장님은 배신감이 매우 커서 상심한 채로 아이들을 돌려보내면서, 동반자 선생님에게는 아이들이 어떤 행동을 저질렀는지 말하지 않고 더 이상 수업할 수 없다는 말만 전해 왔다. 영문을 몰랐던 나는 1주일 동안 계속 연락을 드려 겨우 연락이 닿은 선생님을 통해 무슨 일이 있었는지 들을 수 있었다. 아이들을 혼내고 67만 원을 변상한 뒤 아이들 반성문까지 학원에 전달했으나, 끝내 원장님을 직접 만날 수는 없었다.

이 일이 있고 2주가 채 지나지 않아, 기초 화장품을 사야 한다는 말에 아이들을 올리브영으로 데리고 나갔다. 한두 개씩 골라서 결제하고 돌아왔는데, 3일이 지나 매장에서 연락이 왔다. CCTV에 아이들 절도 장면이 찍혔다는 말이었다.

다섯 명이 둘러서 화장품을 고르는 척하면서 태그를 뗀 뒤 품 안에 감추는 장면이 고스란히 찍혔다. 피해액은 30만 원 정도. 매장 주인은 전문 절도범 수준인 아이들을 왜 데려왔느냐 호통치면서 무조건 경찰에 연락하겠다고 으름장을 놓았다. 나는 또다시 아이들이 재판을 받을까 봐 당연히 배상해 드리겠다고, 연신 잘못했다고 고개를 숙였다.

결국 아이들 부모에게 연락을 돌릴 수밖에 없었는데, 의외로 무심한 반응을 보여 놀랐다. 그중 한 아이 엄마는 배상하면 그만이지 얼마 안 되는 돈으로 한참 크는 아이들 자존심을 상하게 했다며 노발대발했다. 아이를 기죽이고 망신 주었다며 매장 주인과 나를 묶어 청와대에 민원을 넣겠다는 협박까지 했다.

이대로는 도저히 아이들을 돌볼 수 없었다. 돌보고 싶은 마음이 없어져서, 당시 소년부 정상철 판사님께 자초지종을 설명하니 아이들 전원을 법정으로 불러들이셨다. 판사님은 아이들 전원에게 모두 센터장님께 무릎 꿇고 용서를 빌라고 하셨다. 그러자 모두 거짓 울음으로 크게 "스님! 잘못했습니다. 다시는 나쁜 짓 안 하고, 스님 말씀 잘 듣겠습니다!" 하며 매달렸다.

일련의 사건으로 많이 지친 나는 정말 그만두고 싶은 심정이었다. 이 아이들을 계속 데리고 있다가는 오히려 내가 이탈할 것만 같아서, 며칠간 휴식 시간을 보냈다. 며칠 뒤 판사님 설득으로 돌아왔지만, 혼자 아이들을 돌보기에는 벅찬 상황이었다. 결국 출가 전에 낳은 아들에게 연락해서 사정을 전하며 연지를 함께 운영해 보자고 요청했다. 개인 사업을 하고 있던 아들이 다행히 수락해서 지금까지 연지가 이어지고 있다.

포기하지 않도록 도와준 사람들

두서없는 말을 주절주절 늘어놓다 보니, 가슴으로 낳은 예쁜 딸들 이야기를 모두 담지 못했다. 당장 기억나는 사례들 중심으로 옮겼는데, 아프고 슬픈 사연만 쓴 것 같다.

연지에서 생활하면서 미래가 바뀌고, 나로 인해 포기하지 않고 살아가게 됐다는 아이들도 있었다. 그런 고마운 아이가 열 명 중 한 명만 나와도 이 일은 충분한 가치가 있다. 혹 주변에 말썽을 피우거나 속을 썩이는 아이가 있다면, 단편적으로 드러난 모습보다 차분히 속을 들여다보며 헤아려 준다면 그 아이는 사소한 계기로 인생이 바뀔지도 모른다.

이 일을 해 오면서 혼자였다면 포기했을 순간들이 있었다. 하지만 주변의 많은 도움 덕분에 힘든 순간들을 버틸 수 있었다. 천종호 판사님을 비롯해 창원지방법원을 거쳐 간 소년부 판사님들, 소년부 참여관님·조사관님·실무관님들 덕을 참 많이 봤다. 노고에 진심으로 감사드린다.

10장

미워도 다시 한 번

반경민 청소년과 전혀 관련없는 일을 하다가 서른한 살에 연지청소년회복센터 직원으로 근무하기 시작해 이제는 어느덧 7년 차를 맞은 연지청소년회복센터 사무국장. 생각지도 못한, 비행 청소년과 함께하는 일이 처음에는 부담스럽고 어렵기만 했지만, 점점 더 이 일에 가치를 느끼며 아이들과 부대끼며 살아가는 하루하루를 소중히 여긴다. 이 과정에서 달라진 생각과 삶의 변화를 글로 풀어내 이 책에 담았다. 2019년 청소년복지시설 운영성과보고대회 공모전 우수사례에서 여성가족부 장관상을 수상했으며, 현재 창원지방법원 소년부 국선보조인이자 위탁보호위원으로도 활동하고 있다.

어머니의 어려움 때문에 시작한 발걸음

나는 사회복지나 청소년복지를 전공하지 않았다. 전혀 무관한 업종에서 사업을 하고 있었다. 나를 낳은 후 출가하신 비구니 스님인 나의 어머니는 호통 판사로 유명한 천종호 판사님의 권유로 2010년부터 연지청소년회복센터를 운영하며 법원에서 위탁받은 아이들을 보호하는 일을 해 오셨다. 나는 이 아이들이 어떤 아이들인지, 모친이 어떤 수고를 하는지 잘 알지 못했다.

그러던 어느 날, 6~7년간 센터를 운영해 온 어머니에게서 센터 운영을 전부 포기하고 싶은 마음이 들었다는 연락을 받았다. 아들이 되어 무심했나 하는 마음에 왜 그런 생각을 하셨는지 여쭈었다.

그동안은 측은지심으로 부모 역할을 대신하는 것만으로도 아이들은 감사하다 했고, 이 사실만으로도 어머니는 뿌듯해하며 겨우겨우 센터를 꾸려 왔다. 이제 아이들과 나이 차이도 더욱 벌어진 데다가, 최근 들어온 아이들이 사람을 잘 믿는 어머니의 성정을 이용해서 힘들다고 하셨다. 앞에선 잘하는 것처럼 믿게 만들고, 뒤로는 말썽을 피워 틈만 나면 사건·사고를 일으킨다는 얘기였다.

"경민아, 니가 엄마 좀 도와주면 안 되겠나?"

어머니는 아들인 내가 함께 일하며 도움이 되어 주기 원했고, 훗날 이 일을 이어 가길 바라셨다. 나는 아들로서 도움을 드리겠지만,

전적으로 연지를 맡아 이어 갈 생각은 없다고 말씀드렸다. 준비도 충분하지 않았고, 스스로 그리 훌륭한 어른이라 생각하지 않았기 때문이다. 방황하는 아이들을 위해 해 줄 수 있는 게 그리 많지 않을 것이라 여겼다.

시작은 운전부터였다. 행사 때마다 아이들을 태워 주는 가벼운 일이었다. 오가는 길에 자연스레 나누던 대화가 어느새 상담이 되었고, 아이들에게 마음이 가기 시작했다. 어머니의 어려움을 조금이라도 덜어 드리려 했던 발걸음이 점차 센터와 아이들 중심으로 들어갔고, 벌써 7년째에 접어들고 있다. 지금은 센터 아이들을 돌보는 일이 나의 소중하고 가치 있는 직업이다.

비행 청소년을 향한 시선이 달라진 이유

근 몇 년간 비행 청소년, 위기 청소년에 대한 사회 인식이 아주 좋지 않다. '촉법소년'이라 불리는 청소년들에 대한 자극적인 뉴스가 잊을 만하면 나오는데, 혀를 내두를 정도로 대범한 비행을 드러내는 일도 있기 때문이다. 촉법소년 비행을 막기 위한 강력하고 단호한 엄벌 조치가 필요하다는 논의도 자주 보도되고 있다.

내 생각도 크게 다르지 않았다. 그런데 센터에서 일하고부터는 비행 청소년을 엄벌해야 한다며 날이 서 있던 입장에서, 어떻게 하면 아이들이 더 나빠지지 않을 수 있는지 고민하는 방향으로 바뀌었다. 국가가 왜 세금으로 비행 청소년을 돕는지 이해하지 못했는데, 내가 너무 안이하게 생각해 왔다는 사실을 깨달았다. 그리하여 국가가 어떻게 도와야 재비행을 막을 수 있을지 고민하게 되었다.

점차 생각이 바뀐 이유는 의외로 단순하다. 사회 규범을 어긴 아이들을 보면, 그럴 수밖에 없는 환경에 처한 경우가 많았기 때문이다. 어리고 철없는 생각으로 저지른 범죄에 대해 옳지 않다고 알려주는 어른도 주변에 별로 없었다. 무엇보다 무책임한 비난만으로는 아이들을 바꿀 수 없다는 사실을 알게 되었다. 누군가가 주변의 비행 청소년에 관심을 두고, 한 사람이라도 바른길로 인도하기 위해 애정을 쏟아야 한다는 것을 자각했다.

물론 그저 재미를 위해 사고를 치거나 범죄를 저지른 아이들도 있다. 하지만 잘못을 저질렀다고 너무 쉽게 범죄자로 낙인찍고 비난하면서 사회에서 격리하면, 아이가 돌이킬 가능성이 점점 줄어든다. 더 나쁜 방향으로 내몰려 성인 범죄자의 길을 걸을 수도 있다.

적어도 잘못을 저지른 아이들이 무엇을 잘못했는지 알도록, 피해자가 얼마나 아팠을지 깨닫도록, 전과 같은 행위를 반복하지 않도록 반성하게끔 곁에서 도와주는 어른이 필요하다고 늦게나마 깨달은 셈이다. 그래서 내가 맡고 있는 창원지방법원 소년부 정신심리전문가 국선보조인과 청소년회복센터 종사자의 일이 정말 중요하고 꼭 필요하다.

나도 아이들이 좋게 변하길 바라며 참 많은 방법을 썼다. 응원으로 일관하기도 하고, 강하게 야단도 쳤다. 나는 MBTI(심리성격유형)에서 'T(Thinking, 이성형)'이지만, 감정에 호소한 적도 셀 수가 없이 많다. 그런데도 아이들에게 뒤통수도 맞고, 앞뒤가 다른 모습을 보며 실망한 적도 한두 번이 아니다. 힘써 노력한 결과가 허무한 실패로 돌아온 경우도 많았다는 말이다.

하지만 "좋았다면 추억이고 나빴다면 경험"이라는 말도 있듯이, 좋은 사례는 추억 삼고 안 좋은 사례는 경험 삼아 나아가니 어느덧 노하우가 쌓였다. 조금씩 변하는 아이들을 보며 보람도 느끼면서 다시 달릴 힘이 생겼다. 아홉 명에게 실망해도, 한 명이 자신을 믿어 줘서 고맙다고 말해 주면, 안 좋았던 기억은 잊어버리고 아이들을 다시 믿으며 앞으로 나아간다.

오늘도 아이들에게 '왜'를 묻는다

국선보조인은 소년재판 전에 비행 청소년들과 보호자들을 만난다. 재판부의 보호처분 결정에 도움을 주는 의견서를 제출하기 위한 면담이다. 가정환경, 범죄를 저지른 경위, 심리 상태, 주변 교우 관계 등 아이의 내면과 주변 환경을 종합적으로 파악한다.

내가 아이들과 면담할 때는 '왜'에 집중한다. 왜 가출했는지, 왜 오토바이를 무면허로 운전했는지, 왜 친구를 괴롭혔는지, 왜 물건을 훔쳤는지…. '왜'에 집중하는 이유는 두 가지다. 잘못한 결과만 놓고 이야기하는 것은 아이들이 비행을 반복하지 않도록 하는 데별 도움이 되지 못하며, 아이들이 살아온 환경과 범죄를 시작한 계기가 천차만별이기 때문이다.

비행에 이른 이유는 각양각색으로, 그럴 수밖에 없었던 각자의 사정이 있다. 배가 고파서, 재밌으니까, 누가 시켜서, 친구들도 하니까, 인터넷에서 알려 줘서…. 면담하면서 이유를 파악하지 못하면, 아이 스스로 잘못을 반성하지 않고 비행을 반복하게 될 여지가 있다. 이유를 물어보는 것이 면담에서 항상 반복하는 루틴이다.

흔히 비행 청소년을 교활하거나 영악한 아이로 생각하겠지만, 막상 부딪혀 보면 무던하고 단순한 사고방식을 보이는 경우가 훨씬 많다. 처음 '왜'라는 질문을 던지면 대부분 "그냥요", "몰라요"처럼 성의 없는 대답이 돌아온다. 속마음은 '아직 당신을 신뢰하지 못하니 털어놓을 수 없어요'일 것이다. 이럴 때면 참을성을 갖고 계속 신뢰를 주면서 설득하려고 노력하는 편이다. 허무맹랑한 이유일지라도 최대한 귀 기울여 들으려 한다.

왜 그랬는지 털어놓기만 했을 뿐인데 스스로 자신의 행동을 자각하고 반성까지 나아가는 경우도 종종 있다. 왜 시작했는지 이유를 잊고 무의미한 비행을 반복하는 아이에게 질문을 던져 답하게 만들면 스스로 고민하기 시작하면서 잘못을 깨닫는 것이다. 마음이 뿌듯해지는 순간이다. 아이들은 간혹 해답도 스스로 찾아낸다. '내가 처음에 이런 상황에서 나쁜 마음을 먹어서 여기까지 왔구나. 그때 나쁜 마음을 먹지 않으면 사고 치지 않겠구나.' 잠시일 수도 있겠지만, 스스로 생각했다는 사실만으로도 기특하다.

물론 스스로 알았다고 무조건 용서하거나 봐주지는 않는다. 다시 예전 친구들과 어울리거나 보호력 약한 가정으로 돌아가면, 언제 뉘우쳤느냐는 듯 비행의 자리에 설 수 있다. 소년법과 소년재판의 보호처분은 매우 체계적으로 자리 잡혀 있다. 나아질 아이에게는 기회를 주고, 사회와 잠시 떨어져 반성할 필요가 있으면 과감하게 위탁 시설로 보낸다.

나는 오늘도 아이들에게 '왜'라고 묻는다.

사춘기 여자 '조카'들과의 생활

내가 국선보조인 역할을 시작한 시점은 2018년이다. 동시에 '사법형 그룹홈' 연지청소년회복센터 사무국장으로 시설 종사자 일도 시작했다.

청소년회복센터는 주변 환경을 고려했을 때 재비행 가능성이 높은 아이들을 위탁받아 시설장과 종사자가 부모 대신 보호해 주며 함께 생활하는 1호 시설이다. 시설이긴 하나 소년원처럼 폐쇄적이지 않다. 대안 가정 색깔이 강해 아이들 호칭도 시설별로 다양하다. 부부가 운영하는 곳이 많아, 입소한 아이들은 시설장과 종사자를 '엄마', '아빠'라 부르기도 한다.

나는 미혼인 데다가 비교적 젊어서 아빠 역할을 할 수 없다고 생각해 '삼촌' 호칭을 쓰게 했다. 처음엔 정말 어색했다. 중·고등학생 나이인 여자 조카가 몇 명이나 생겼으니 말이다. 생각과 달리, 어색한 느낌은 금방 사라졌다. 이제 '선생님'이라고 부르면 서운할 지경이다.

사춘기 여자아이들이라서 처음에는 매우 조심했다. 경솔한 말에 상처받지는 않을지 걱정했고, 혼낼라치면 금세 눈물을 쏟는 아이들에게 당황한 티를 내지 않으려 애쓴 적도 많다. 아이가 무엇을 말하고자 하는지 전혀 눈치채지 못하고, 상황과 장면에만 집중하다 기 싸움만 하고 소득 없이 끝난 면담과 상담도 수십 회였다.

사람은 적응하는 존재라고 했던가. 이제는 본의가 아닌 실수로 상처를 줘도 진심으로 사과하게 되었고, 아이들이 울면 눈물 뒤에 있는 마음이 무엇일지 고민하게 되었다. 덕분에 눈빛만 봐도 아이들 생각을 조금이나마 읽을 수 있게 되어, 나쁜 생각을 하는 것을 미리 눈치채서 사고 치지 못하도록 사전에 막기도 한다. 다른 아이들과 연결된 문제라서, 혹은 여러 다른 사정으로 미처 말하지 못하는 부분도 이해하고 은근슬쩍 도와줄 여력도 생겼다.

내가 현재의 모습이 되기까지 많은 아이가 연지를 스쳐 갔다. 때로 나를 울리고, 웃게도 했던 아이 중 기억에 남는 몇 명에 관한 이야기를 해 볼까 한다.

진짜 가족이 되어 간다고 믿었다…

2019년과 2020년은 천국과 지옥을 오간 해였다. 2019년에는 내가 하는 일의 가치를 깨달으며 원동력을 얻었고, 2020년에는 이 일을 지속할 용기가 꺾일 정도로 좌절했다.

2019년 1월, 연지에서 함께한 지 햇수로 2년째에 접어들던 추운 겨울에 한 아이가 입소했다. 처음 본 순간 들었던 생각은 '이 아이가 정말 가출해서 이렇게 많은 사고를 쳤다고?'였다. 앳되고 선한 얼굴의 연주는 열다섯 살이었는데, 가출을 반복하면서 성인 남자들과 어울리는 위험한 상황이었다. 중학교에서 유예되어 우범을 우려해 '통고 제도'를 통해 연지에 들어왔다.

가족은 어머니뿐이었다. 어머니는 탈북한 뒤 중국에서 연주를 낳아 기르다 한국으로 오게 된 경우였다. 정부 지원을 받아 김해에 터를 잡았지만, 어머니는 종종 새터민 커뮤니티가 형성된 경기도 쪽에 일하러 가곤 했다. 그럴 때마다 혼자 남은 연주는 비행을 저지르는 친구들과 어울렸고, 가출과 비행에 재미를 붙였다가 연지로 오게 되었다.

입소 초반, 연주는 사회에서 받은 상처가 많고 연지에서 막내 나이라 주눅 든 모습도 보여 더욱 눈에 밟혔다. 하지만 이내 적응한 연주는 사소한 일도 열심히 하려고 했다. 글짓기나 댄스에 소질을 보이는 등 재주가 많아 스님과 삼촌, 언니들에게 사랑을 받다 보니 점점 나아졌다. 똑똑하고 총명한 아이로 한 해 만에 중졸·고졸 인정 검정고시에 모두 합격했으며, 연지에서 지내는 동안 독후감 대회와 공모전 등에서 여러 차례 상을 받았다.

마침 중학교 댄스 동아리에서 활동한 윤지도 비슷한 시기에 입소하면서, 아이들이 모두 센터 프로그램 중 하나인 치어리딩에 적극 참여할 수 있었다. 윤지의 도움을 받아 창작 안무를 만들어 '걸스 힙합' 장르로 무대에서 춤출 수 있게 되었다. 아이들이 함께 열심히 연습하여 만사소년 통통통 캠프에서 대상을 받았고, 기세를 몰아 지역 예술제 댄스 부문 군수상도 받았다. 이후 다른 지역 행사에서 찬조 공연을 할 정도로 발전했다.

처음에는 무대에 오르는 것은 고사하고 남 앞에 서는 일조차 부끄러워하던 아이들이었다. 아이들은 어느새 수많은 군중 앞에서 자신들이 준비한 무대를 자신 있게 선보이고 환호성과 박수에 자신감을 얻으면서 많이 밝아지게 되었다.

나 또한 아이들 못지않게 성장해 갔다. 아이들이 오를 무대를 찾고, 함께 머리를 맞대어 안무에 변화도 주었으며, 개인이 만든 영상물을 공모하는 UCC(User Created Contents) 대회에서 상을 타는 등 함께할 다양한 활동을 고민했다. 그 결과 전국 청소년복지시설 공모전 종사자 우수 사례로 뽑혀 장관상도 받는 영광을 얻었다.

당시 연주와 윤지를 포함한 다섯 명이 연지에서 생활했는데, 이 아이들과 함께라면 무엇이든 해낼 수 있을 것만 같았다. 아이들을 더 올바른 길로 이끌 수 있다는 자신감도 생겼다. 아이들이 생기 넘치는 얼굴로 미래를 그릴 때면 나까지 10대로 돌아간 기분이었다. 정말로 이 일이 주는 감동과 가치를 제대로 깨달은 나날이었다.

아이들은 나를 '진짜 삼촌'으로, 나는 아이들을 '진짜 조카'로 받아들이며 하나의 가족이 되어 가는 과정이었다고 해도 결코 지나치지 않을 것이다. 꿈같은 날들을 보내고 2020년이 되자, 스무 살이 되어 자립해야 하는 아이들을 제외한 네 명이 스스로 연장 결정을 해서 연지에 남게 되었다. 한 해 동안 좋은 추억을 많이 쌓은 아이들도 그렇고, 자녀가 성장하는 모습을 본 부모들도 그렇고 간절히 연지에 남길 바랐던 마음이 컸다.

방황한 시간 때문에 중학교 3년 학교생활을 거의 못 한 아이들이었다. 길을 가다가도 교복 입은 학생들을 보면, "부럽다", "학교 가고 싶다" 말하는 아이들 모습이 신경 쓰였다. 인생에 한 번뿐인 고등학교 생활이라도 제대로 경험하길 바랐다. 아이들, 부모님들과 상의해 입학하기로 하고 지역 고등학교를 전부 돌아다니며 받아 줄 수 있는지 알아보았다.

일곱 번 거절당하고 여덟 번째 고등학교에서 받아 준다고 했다. 그렇게 미리 다닐 학교도 구경하고 축하 파티까지 마친 뒤 입학만 앞두고 있던 어느 날이었다. 믿기 어려운 일이 벌어졌다. 네 명 중 세 명이 센터를 이탈했다. 전날까지만 해도 같이 저녁을 먹으며 고등학교 생활을 걱정하는 아이들에게 응원과 격려를 보냈는데, 밤 사이에 사라진 것이다.

센터가 시 외곽에 있어 CCTV로 동선을 파악했다. 밤 12시 30분경 건물을 벗어나 가로등 없는 찻길을 세 시간 걸어 시내에 도착한 이후 행방이 묘연했다. 아이들이 잘못되면 어떡하지 하는 마음에

미친 듯 걱정하며 온갖 감정에 사로잡힐 때쯤 급하게 갈겨쓴 편지들을 발견했다. 요지는 이랬다.

'우리는 삼촌 때문에 이탈하는 것이다. 삼촌이 너무 과격하게 혼내서 우리는 주눅 들었으며, 연지 생활은 감옥과도 같았다. 며칠간 자유를 누리다 잡혀서 소년원에 가는 길을 택하는 한이 있어도, 연지에서 단 하루도 지내고 싶지 않다.'

충격적이고 힘든 시간 속 감사의 이유

당시 청소년회복센터에서 생활하는 아이들 사이에서 센터장이나 직원 때문에 못 견뎌서 이탈한다고 하면 큰 벌을 받지 않는다는 소문이 돌기는 했다. 하지만 왜? 정말 가족 같은 마음으로 잘 성장하길 바랐던 아이들이 나에게, 굳이 이런 편지를? 도무지 이해할 수 없었고, 거짓말로만 느껴졌고. 허망한 마음에 분노도 일어나지 않았다.

밥은커녕 물조차 마실 수 없었다. 온 마음을 준 만큼 허탈감과 상실감이 컸다. 무엇보다 잘 생활하던 아이들이 이탈한 원인이 나라고 하니 견딜 수 없이 괴로웠다.

남은 한 명과 새로 입소한 다른 아이에게 전날 밤 상황을 물어보았다. 두 아이의 말인즉, 진실 게임을 하면서 감성적인 대화를 나누다 보니 문득 고등학교를 비롯한 앞으로의 생활이 견딜 수 없이 갑

갑하게 느껴져 다 같이 이탈하자는 말이 나왔다는 것이다. 가볍게 장난으로 하는 말이라고 생각해 잠들었는데, 세 명이 실제로 실행해 버린 상황에 이른 것이다.

　법원에는 이탈 사실을 알렸고, 경찰에는 실종 신고를 끝마친 상황이었지만, 아이들 소식은 들려오지 않았다. 나를 저격하고 이탈한 일은 이미 뒷전이었고, 걱정만 커져 갔다. 여자아이들이 단돈 10원 없이 나갔으니, 성범죄에 노출될 수도 있는 상황이었다.

　백방으로 수소문하던 중 이탈 3일째 아침에, 앞서 사회로 나간 한 아이에게 연락이 왔다. 이탈한 아이에게 SNS 메시지를 받았다는 얘기였다. 그래서 그 아이에게 내 말을 대신 전해 달라고 부탁했다.

　"나 삼촌인데, 지금이라도 위치를 알려 주면 바로 데리러 갈게. 이탈 책임도 묻지 않을게. 센터 생활 연장도 원치 않는다면 취소해 줄게. 그냥 무사히 돌아오기만 하렴."

　아이들은 순간적인 감정으로 아무 대책 없이 이탈했으나, 막상 돌아가자니 무서웠을 것이다. 전해 온 삼촌 말도 100퍼센트 믿을 수는 없는 혼란스러운 상황이었을 것이다. 읽을지 말지도 모르는 메시지를 온종일 보냈다.

　진심이 닿았던 걸까. 마침내 저녁에 통화할 수 있었다.

"삼촌… 저 예빈인데요…, 정말 저희 벌 안 주실 거예요? 약속 지켜 주시면 위치 알려 드릴게요."

즉시 법원 소년조사관님, 판사님과 상의했다. 아이들 안전이 우선이고, 3일 만에 스스로 돌아오겠다고 했으니 큰 벌을 주지는 않겠다고 하셨다. 아이들에게 이 사실을 알렸고, 부산 인근이라고 해서 데리러 갔다. 겁에 질린 채 차에 탄 아이들에게 다른 말은 하지 않았다.

"무사해서 다행이다."

돌아가는 차에서 그간의 행적을 들을 수 있었고, 센터에 도착할 때쯤 아이들이 울면서 나와 스님에게 용서를 구했다. 나는 지난 3일간 일어난 크고 작은 사건을 뒷수습하느라 며칠을 보냈다. 아이들은 분류심사원 단기 위탁을 끝으로 사회 내 처분을 받고 원가정으로 돌아갔다.

몇 달 뒤 우연히 연락이 닿은 한 아이에게, 왜 그때 있지도 않은 일을 편지에 써 놓고 나갔느냐고 물었다. 큰 처벌을 받지 않을 것 같아 어린 마음에 그랬다고 했다. 내가 '더 나쁜 짓 안 하고 데리러 와 달라고 해서 고마웠다'고 말하자, 아이가 울면서 그 일이 아직까지 마음의 짐이었다며 죄송하다기에 괜찮다고 거듭 용서해 주었다.

충격적이고 힘들었지만 즐겁고 뿌듯하고 감사한 시간이 더 많았기에 진심으로 아이들의 행복을 빌어 주고 있다. 최근 그때 이탈한 다른 아이에게 SNS로 연락이 왔다.

'삼촌, 저 기억하세요? 이제 7개월 된 아이의 엄마가 됐어요. 그동안 염치가 없어서 연락 못 드렸어요. 그래도 그 뒤로는 사고 한 번 안 치고 성실하게 지냈고, 시집도 빨리 가서 가정도 꾸렸네요. 저 장하죠? 힘들 때 연지 생각 많이 했어요.'

'그래, 장하다. 일찍 결혼한 것도 너답다. 얼굴 보고 얘기하고 싶다. 삼촌이 돼서 아기 선물은 해 줘야지. 가까운 시일에 만나자.'

놀랍고 기특했다. 마무리가 안 좋았어도, 연지를 생각하며 힘든 시기를 견뎌 주었다는 말이 고마웠다. 이런 말 하나로도 자부심을 품고 이 일을 계속할 동력을 얻게 된다.

회의감보다 더한 감정을 느낄 줄이야

이 일을 하면서 아이들 때문에 속상한 일은 이제 익숙해져서 그러려니 하는데, 어른들 때문에 받는 마음의 상처는 좀처럼 익숙해지지 않는다. 분명 아이들이 범죄와 비행을 저질러서 소년재판이 열린다. 하지만 아이들은 아직 어려서 미성숙하고 배울 것이 많을 수밖에 없다. 곁에서 잘잘못을 일러 주며 올바른 길로 가도록 도와 주는 보호자가 꼭 필요하다.

요즘은 일반적인 가정도 생계를 책임지면서 아이를 양육하기 버거운 경우가 많다. 거기다 다문화 가정, 이혼 가정, 재혼 가정, 한 부모 가정 등에서 충분한 관심을 받지 못하고 성장하는 아이가 적지 않다. 사정이 이렇다 보니 바빠서든 무관심에서든 알아서 잘하겠거니 방임하기 시작하면, 어느새 아이들은 흥미에 끌려 가슴을 짜릿하게 하는 비행에 빠지고 만다.

자녀가 비행을 저지르게 되면 매우 놀라서 가정 내에서 재비행하지 않도록 관심과 애정을 쏟는 부모도 많다. 심지어 일탈에 빠진 자녀를 위해 직장을 그만두면서까지 노력하는 사례도 봤다.

반대로, 자녀가 비행을 저질러 분명한 피해자가 발생했는데도 '그럴 수 있지' 하는 생각으로 일관하는 부모도 만난다. 내가 국선 보조인으로서, 혹은 자녀를 위탁받은 연지의 사무국장으로서 최대한 도움을 주려 하면 "왜 우리 애를 범죄자 취급하느냐", "우리 애가 나쁜 짓을 했지만, 이것은 주변의 잘못 때문이다"라고 반응하는 부모도 있다. 이럴 때는 '회의감'이라는 단어로 형용할 수 없는 기분이 된다.

잘못을 저지른 아이를 제대로 꾸짖지 않고 주변 환경 탓만 하며 감싸 주기만 한다면, 아이는 자기 잘못을 깨닫지 못하고 비행을 반복할 가능성이 매우 커진다. 이것이야말로 아이의 비행을 키우는 무책임한 태도 아니겠는가. 아이 잘못을 무작정 덮어 주는 부모, 내가 하지도 않은 말을 지어내 트집 잡고 공격하는 부모, 예전 같으면 법원까지 오지도 않을 일이라면서 따지는 부모….

백번 이해하려 해도 이해하기 어려운 논리에 맞서 몇 시간씩 설득해도 제자리로 돌아오는 일이 반복되면, 출구 없는 곳에 갇힌 느낌이 든다. 그런 면담 이후에는 속상한 마음이 온종일 가시지 않는다. 어른들에게 입은 상처는 쉽게 회복되지 않는다. 그때마다 내 노력으로 어른들은 바꾸지 못할지언정, 아이들은 변화될 가능성이 있지 않을까 생각하며 마음을 다잡는다.

무엇보다 힘들고 지쳐도 계속 앞으로 나아갈 수 있는 것은, 나와 함께 이 일을 묵묵히 감당하는 훌륭한 분들이 곁에 있기 때문이다. 창원지방법원 소년부에는 부장판사님을 필두로 참여관님, 조사관님, 국선보조인 동료들이 있다. 가치 있는 일을 함께하는 멋진 분들이 곁에 있으니, 포기하지 않고 감사한 마음으로 이 일을 해 나갈 수 있다.

3부

곁에서, 곁이 되기

11장

더 나은 마무리를 위하여

이수봉 창원지방법원 지정 수강 기관인 경남아동청소년상담교육센터 소장으로,
지역사회에서 소외되고 보호받지 못하는 아동·청소년에게 관심을 쏟고 있다.
이학 박사로 여러 대학에서 가족복지론, 아동복지론 등을 강의하면서, 창원지방
법원 소년부 국선보조인이자 위탁보호위원, 화해권고위원으로 비행 청소년들의
멘토 역할을 12년째 이어 오고 있다. 국선보조인으로서 보호소년들과의 오랜 상
담 경험을 통해, 따끔한 훈계 이전에 따뜻한 돌봄이 늘 선행해야 한다고 믿으며
오늘도 아이들 목소리에 귀를 쫑긋 세운다.

사단법인 경남아동청소년상담교육센터는 창원지방법원 지정 수강 기관이다. 소년재판에서 보호처분을 받은 보호소년을 상담하고, 환경 조사와 면접 관찰을 통해 법원의 심리 결정 전 조사를 수행한다. 다양한 소년이 연평균 약 2백 명씩 이곳을 다녀간다.

시간이 지나도 안부를 전하는 마음

대부분 초범이지만 재범 이상인 소년도 있다. 홀쩍 자란 모습 때문에 4~5년 전 초등학교 때 상담받은 재범 소년을 몰라보기도 한다. 초등학생 때 온 적이 있다고 먼저 이야기하는 아이도 있지만, 그 사실을 숨기고 싶어 하는 아이도 있다.

초등학교 5학년 때 시외버스터미널에서 한 어린아이의 과자를 뺏어 먹었다가 신고로 소년부에 송치된 후, 7년 동안 매년 수강하러 오는 지호 같은 아이도 드물게 있다. 대부분은 한 번 교육을 받은 후 다시는 비행에 연루되지 않는다.

많은 소년이 방문하다 보니, 관계 맺는 모습이 천차만별이다. 전화로 안부를 묻거나 입대 소식 혹은 취업 소식을 알려 오기도 하고, 양손에 커피를 사 들고 찾아오거나 밥을 사 달라고 찾아오기도 한다. 보호자 중에서도 상담 이후 아이가 좋아졌다며 음료수를 사 오시거나 늦가을에 단감과 사과를 보내 주시는 분이 계신다. 모두 여러 방법으로 안부를 전해 온다.

어느 날, 사과가 택배로 왔다. 보내신 분을 확인하니 과수 농사를 하시는 선재 아버지였다. 전화로 고맙다는 인사를 드리니, 감사를 전할 방법이 직접 농사지은 사과뿐이라고 하셨다. 선재가 몰라보게 달라져서 학교생활을 잘하고 있다고, 모두 선생님 덕분이라며 고마운 마음을 거듭 전해 오셨다.

독실한 기독교 신자인 선재 부모님은 선재를 아들로 입양해서 키웠다. 선재는 중학교에 진학하고 나서야 자신이 입양되었다는 사실을 알게 되었다. 이후 선재가 시작한 일탈 행동은 점점 걷잡을 수 없게 되었고, 결국 서울에서 지방으로 이사하게 되었다. 귀농한 부모님은 과수원을 매입해서 사과 농사를 지으며 선재를 바르게 키우려 애를 썼다. 전학을 온 뒤로 잘 지내는가 싶던 선재는 PC방 여자 화장실에서 휴대전화로 촬영하다 적발되었고, 소년재판 과정에서 상담 조사를 받은 적이 있었다. 그런데 잘 지낸다니 되레 내가 고마웠다.

해병대에 입대한다며 오랜만에 연락해 온 병철이는 공동 폭행, 공동 상해 등으로 분류심사원에 몇 차례 위탁된 전력이 있었다. 당시 학교생활에 적응하지 못하던 모습을 안타깝게 여겨 국제금융고등학교에 입학하도록 권유했다. 다행히 무사히 졸업해서 부산에 있는 한 대학의 자동차과에 합격하게 되었다. 이제 휴학하고 입대한다며 소식을 전해 온 것이다.

입대하기 전에 점심 식사를 같이하자고 했더니, 다음 날 센터로 찾아왔다. 선생님 덕분에 고등학교를 거쳐 대학에 입학할 수 있었다고 감사를 표하던 병철이가 휴대전화에 저장된 이름을 보여 주었다.

'진정한 멘토 선생님'.

가슴이 뭉클했다. 전역 후 다시 오겠다는 말과 함께 식사를 마쳤다. 병철이를 무척 아꼈던 이호정 실장이 나 몰래 준비한 봉투를 살짝 내밀면서 잘 다녀오라고 격려했다.

10호 처분으로 소년원에 갔던 대희도 몇 년 만에 소식을 전해 왔다. 소년원 생활 중 고졸 인정 검정고시에 합격한 후 자격증을 취득해 수시 전형으로 대학에 합격했다는 것이다.

면회를 다녀온 대희 어머니가 음료수를 들고 찾아와 전해 준 이야기였다. 전화하지 말고 직접 찾아가서 소식을 전해 달라고 어머니에게 특별히 부탁했다고 한다. 대희는 어머니를 통해 '만약 10호 처분을 받지 않았다면 변함없이 사고만 치고 있었을 것'이라는 말을 전하며 감사를 표했다.

자기 자식만 편드는 부모

보호소년들을 상담하다 보면, 당사자인 아이들은 대부분 비행 사실을 인정하고 반성하려 한다. 그런데 보호자인 부모들이 여러 변명을 늘어놓으며 억울하다고 하소연하는 경우를 왕왕 마주하곤 한다. 특히 아이들이 학교 폭력에 연루되어 공동 폭행 사건으로 오게 될 때가 그렇다. '우리 아이는 그냥 옆에만 있었다', '우리 아이는 말렸다고 한다', '절대로 그런 행동을 할 아이가 아니다', '상대 학생이 맞을 만한 행동을 했다'라는 식으로 강변하는 모습을 자주 보인다.

은주는 자신에 대해 뒷담화했다는 이유로 피해 학생을 지인이 사는 자취방으로 불러 일곱 시간 감금하고 공동 폭행을 저질렀다. 이 사건은 뉴스에 보도되어 공분을 일으켰다. 공범 네 명 중 두 명은 구속 기소되었고, 은주와 다른 한 명은 소년부로 송치되었다. 은주는 재비행으로 심리기일이 정해졌는데도 또다시 폭행 사건에 연루된 상태였다. 심지어 학교 폭력으로 강제 전학 처분까지 받고 무단가출한 후 비행 소년들과 일탈 행동을 이어 가던 와중이었다.

은주 어머니는, 국선보조인이 상황을 이미 알고 있다는 사실을 인지하고서도 은주에게 전혀 잘못이 없다는 말을 반복했다. 피해 학생이 먼저 뒷담화했기 때문에 일어난 일이라며, 억울하다고 계속 주장했다. 아버지가 없어서 다른 아이들보다 불리한 처분을 받는다고까지 하서서 답답할 지경이었다. 자식을 옹호하고 싶은 마음이 이해는 되지만, 정도가 있는 법이다. 결국 은주는 6호 처분을 받았다.

규민은 여러 차례 보호처분을 받은 상태였다. 몇 년 전, 지역에서 벌어진 패싸움에 참여한 공범 중 한 명이었다. 그 지역 또래 중 모르는 사람이 없는 강우와 도진이로부터, 다른 패거리에 속한 다섯 명과 싸우기로 했으니 도와 달라는 연락을 받고 합류한 경우였다. 패싸움 도중에 강우가 일방적으로 폭행당하는 모습을 보고 말리다가 자신도 폭행당했다고 어머니에게 말했다고 한다. 규민 어머니는 자식 말만 듣고 사실관계를 확인하지 않았다. 싸움을 말린 아이가 처벌받는 경우가 어딨냐며 거칠게 항의하셨다.

국선보조인으로서 다른 사건들을 통해 상담한 경험이 있어서 규민 어머니 성품은 익히 알고 있었다. 그렇게 억울하시면 사건을 검찰로 돌려보내 재조사받는 방법도 있다고 하니, 검찰 조사를 받으면 아이에게 불이익은 없는지 물어 왔다. 장시간 상담을 거치고, 며칠이 지난 후에도 여전히 억울한 마음이 풀리지 않는다고 계속해서 전화를 하셨다.

부모가 자식을 믿는 것은 좋은 태도일지 모르나, 문제는 자식 말을 덮어놓고 받아들이는 경우다. 전후 사실관계를 꼼꼼히 확인하면서 우리 아이가 잘못한 것은 없는지 따지는 자세도 필요하지 않을까. 무조건 자기 자식이 옳다고 주장하는 부모님을 보면, 아이들이 어떤 생각과 행동을 할지 걱정이 된다.

따끔한 훈계보다 따뜻한 돌봄이 필요했던 아이

2017년 소년부 이주영 판사님 전화를 받고 판사실을 찾았다. 도착하니, 현구와 현구 큰아버지가 판사님과 상담하던 중이었다. 현구는 초등학교 6학년인데 큰아버지가 미성년후견인으로서 실질적 보호자였다. 큰아버지는 현구가 연이어 저지른 일탈 행동을 감당할 자신이 없다는 이유로 소년부를 찾아온 상황이었다.

판사님은 긴급한 사정이라고 판단해, 즉시 현구를 분류심사원에 위탁하기로 한 후 나를 국선보조인으로 선정하셨다. 소년원으로 이송되기 전 현구에게 몇 가지 질문을 던졌으나 대답 한마디 듣지 못했다. 소년원에 들어가기 전에 함께 저녁 식사를 하게 되었는데, 큰아버지가 잠시 전화를 받으러 자리를 비운 틈을 타서 현구에게 물었다.

"배가 마이 고팠는 갑네."
"네, 아침 점심 다 못 먹었어예."

현구를 소년원에 인계하고 돌아오는 길에 자초지종을 들을 수 있었다. 현구는 아버지, 누나와 셋이서 생활하고 있었다. 그러다 2015년 교통사고로 아버지가 돌아가시면서, 큰아버지가 현구 남매의 미성년후견인이 되었다. 현구는 큰아버지가 사는 곳으로 이사 오면서 전학을 갔는데, 학교생활에 적응하지 못해 친구들 필기도구를 훔치는 일이 여러 번 발생했다. 큰아버지는 담임선생님에게 수시로 전화 연락을 받았고, 나름대로 훈육해 보았지만 현구는 잘 따르지 않았다.

현구는 큰아버지 지갑에서 돈을 훔치고, 선생님 핸드백을 뒤져 돈을 훔치고, 친구 집에 놀러 가서 돈과 저금통을 훔치고, 근처 공원에서 저학년 아이들 돈을 빼앗는 등 일탈 행동이 부지기수였다. 큰아버지가 사과하면서 변상한 금액이 상당했으며, 수시로 가출하는 탓에 일탈 행동을 막을 방법을 찾던 중 경찰관에게서 통고 제도가 있다는 말을 전해 들은 것이다. 그렇게 해서 현구를 직접 데리고 소년부로 찾아와 이주영 판사님을 만나게 된 것이다.

며칠 후 소년원으로 접견을 갔다. 현구는 처음과 달리, 묻는 이야기에 비교적 솔직하고 성실하게 대답해 주었다. 용돈이 부족해서 동생들 돈을 빼앗거나 다른 사람 돈을 훔쳤다는 사실을 인정했으며, 이사한 뒤로 큰아버지, 큰어머니와 대화해 본 적이 거의 없었다고 말했다. 현구가 저지른 비행도 분명 잘못되었지만, 후견인으로 있는 큰아버지가 택한 훈육 방법도 문제가 있어 보였다. 현구 같은 아이들에게는 따끔한 훈계보다는 관심과 사랑이 더욱 필요하다는 생각이 들었다.

나는 현구가 청소년회복센터에서 생활하면 실질적인 도움을 받을 수 있겠다는 의견을 소년부에 제출했다. 현구는 심리기일에 1호 처분을 받아 청소년회복센터에서 생활하게 되었다. 여기서는 별다른 사고를 치지 않았고, 생활 모습에도 특별한 문제가 없어 보였다. 현구는 연장 결정을 거쳐 총 1년 6개월 동안 비행을 저지르지 않고 잘 생활했다. 퇴소한 후에는 고등학교도 무사히 졸업했다. 현구의 비행을 멈추게 한 것은 따끔한 훈계가 아닌 따뜻한 돌봄이었다.

거듭 씁쓸했던 세 번의 만남

국선보조인 선정 결정문을 받은 후 내용을 열람하다가, 어느 때보다 깜짝 놀란 사건이 있다. 초등학교 5학년이 한 행동이라고는 도저히 믿기지 않았다.

성욱이는 같은 학원에 다니는 초등학교 3학년인 피해 학생을 화장실에서 3회 성폭행하고 유사 성행위를 저질렀다. 피해 학생 아버지는 학원 원장에게 사건을 전해 듣고 즉시 학교에 알렸다. 학교폭력대책심의위원회가 열렸고, 경찰 조사도 진행되었다. 나는 성욱이와 성욱이 아버지를 만나 상담하면서 또 한 번 놀랐다. 성욱이가 친구들이 하는 행동을 보고 배웠다고 말한 것이다. 게다가, 6학년 형들도 똑같은 행동을 했다며 자신만 들켜 억울하다고 했다.

학교폭력대책심의위원회에서는 별다른 조치 없이 마무리되었다. 피해 학생 부모가 사건이 알려지기를 원하지 않았기 때문이다. 그럼에도 성욱이가 저지른 비행 사실은 가볍지 않았고, 소년부에 송치된 후에는 분류심사원에 위탁될 수밖에 없었다. 만 14세가 넘어서 사건을 저질렀다면 구속을 면하지 못했으리라는 생각도 들었다. 성욱이는 분류심사원에 위탁된 후 3일간 울면서 할머니를 찾았다고 한다.

이후 성욱이를 두 번이나 다시 만났다. 성욱이가 중학생이 되었을 때 공동 폭행과 특수 절도를 저질렀고, 3년이 지나 고등학생이 되었을 때도 공동 폭행으로 소년재판을 받았기 때문이다. 두 사건 모두 내가 국선보조인을 맡아 상담과 면담을 진행했다. 슬프게도 성욱이는 두 번 다 나를 기억하지 못했다. 뇌전증이 있어서 그럴 수 있겠다 싶었지만 씁쓸한 마음은 어쩔 수 없었다.

성욱이 부모님은 성욱이가 네 살 무렵 이혼했으며 할머니와 아버지 손에서 자라났다. 성욱이는 아버지 직장 문제로 주중에는 할머니와 농가에서 생활하고, 주말에는 아버지와 함께 시간을 보내면서 성장했다.

성욱이는 자신이 뇌전증을 앓고 있다는 사실을 알았다. 약을 먹고는 있지만 스트레스를 받으면 뇌전증 발생 빈도가 높아진다고 해서 안타까운 마음이 들었다. 여섯 살까지는 엄마와 연락하면서 가끔 만나기도 했는데, 엄마가 재혼한 다음부터는 연락이 끊겼다. 성욱이는 가끔 엄마 생각이 나면 너무 슬프다고 말했다.

"저를 버리시는 거예요?"

"쌤, 저 세은인데요. 요즘 왜 연락이 안 돼요?"

"세은아, 무슨 일 있나? 쌤이 챙기지 않아도, 니를 챙길 좋은 쌤들이 주변에 많잖아."

애교스럽게 따지는 듯한 전화를 달래듯이 받아 냈다. 세은이는 특별한 이유가 있어서 전화한 것은 아니라고 했다. 그냥 전화해 봤다는 것이다.

세은이는 재혼 가정에서 외동딸로 태어났는데, 엄마가 도박과 음주에 빠져 초등학교 2학년 때 도피성 이사를 해야 했다. 갑작스러운 전학 이후 바뀐 환경에서 세은이는 적절한 교육적 지지와 정서적 뒷받침을 받지 못한 채 성장했다. 엄마의 일탈은 계속되었고, 부모님은 결국 세은이가 초등학교 6학년 때 이혼했다. 아빠와 함께 생활하던 세은이는 기타 위반으로 소년재판을 받게 되었다.

오랫동안 국선보조인으로 활동하면서 비슷한 사례를 많이 보았지만, 세은이가 유독 잊히지 않는 이유가 있다. 세은이 아빠는 어선을 타는 선원으로, 직업적 특성상 한 번 출항하면 3~6개월은 아이를 돌볼 수 없는 상황이었기 때문이다. 세은이는 아빠가 집을 비우면 학교생활에 불성실했고, 가출을 일삼으며 등교하지 않았다.

아빠는 그런 세은이를 훈육하는 과정에서 작은 폭력을 저질렀고, 세은이는 이를 아동 학대로 신고했다. 세은이 아빠는 가정 보호재판을 받아 사회봉사 80시간, 수강 교육 40시간, 보호관찰 6개월 처분을 받았다. 세은이는 아동 학대 피해자를 위한 지역 쉼터로 위탁되었다.

세은이는 쉼터에서도 비행을 이어 갔다. 결국 아빠는 경찰과 쉼터 시설장의 도움을 받아 소년부 통고 절차를 밟았고, 세은이는 소년재판을 거쳐 대안 가정 역할을 하는 로뎀의집에 맡겨졌다. 다행히 로뎀의집 생활에는 잘 적응해 나갔다.

로뎀의집에 들어간 직후에는 세은이와 자주 통화했고, 특별한 날이면 적은 금액이지만 편의점 쿠폰을 세은이에게 선물하기도 했다. 로뎀의집에서 서울로 여행을 간다는 소식을 들어서 용돈을 챙겨 준 적도 있었다.

로뎀의집 관장님과 선생님들이 세은이를 잘 챙기고 있어서 점차 연락이 뜸해졌다. 그런 시기에 세은이가 전화한 것이었다.

"쌤, 이제 저 버리시는 거예요?"

"세은아, 더 좋은 분들이 옆에 계시잖아. 그래서 쌤은 참 다행이라 생각해."

걱정하지 말라는 식으로 답했지만, 끝까지 챙겨 주지 못한 것 같아 미안한 마음이 들었다.

합의에 이르지 못해 안타까웠던 이유

피해 학생과 그 부모는 대부분 사과를 받아들이고 사건을 원만하게 해결하기 원한다. 절도 사건이 일어난 경우라면, 피해가 보상되면 처벌을 원하지 않는다는 의사를 밝히기 때문에 합의하기가 쉽다.

그러나 학교 폭력, 폭행, 상해, 성 관련 사건은 합의할 의사 없이 엄한 처벌을 내려 달라고 요청하기도 한다. 때로 가해자 부모가 합의할 생각이 없는 일도 있다. 재판부의 화해 권고를 통해 화해권고위원들에게 도움을 받아 합의가 성립되는 사례도 있으며, 국선보조인이 중재하여 합의가 이루어지기도 한다.

합의에 이르지 못할 때는 여러 이유가 있다. 특히 초등학생들 간에 발생한 사건에서는 학생들 사이의 감정이 피해 학생 부모와 가해 학생 부모에게까지 이어져 합의가 어려워지기도 한다. 피해 학생 쪽에서 제시한 합의 금액을 과하다고 느낀 가해 학생 부모가 합의 없이 민사소송 결과를 따르겠다고 하는 일도 있다.

중학교 2학년이던 동혁이는 체육 시간에 축구를 하던 중 심한 태클에 걸려 넘어졌는데, 피해 학생이 사과하지 않고 뛰어가자 뒤따라가서 주먹으로 등을 때리려 한 경우였다. 공교롭게도 피해 학생이 뒤돌아보았고, 주먹을 턱에 맞아 치아 두 개에 금이 가 버렸다.

동혁이 부모는 치료비와 향후 임플란트 비용까지 총 1천 5백만 원을 제시했으나, 피해 학생 부모가 3천만 원 이하로는 합의하지 않겠다는 의사를 밝혔다. 피해 학생 아빠와 동혁이 아빠는 같은 직장에 근무하고 있었고, 주변 동료들이 중재에 나섰으나 해결되지 않았다.

결국 피해 학생 부모가 민사소송을 제기했으며, 동혁이 부모님은 민사소송 결과에 따르겠다고 했다. 동혁이는 소년재판을 받았지만 사건 경위가 참작되어 비교적 가벼운 보호처분을 받게 되었다. 피해 학생 부모가 제기한 민사소송은 8백만 원을 배상하라는 결정이 내려졌다고 한다.

이 사건을 잊지 못하는 것은, 동혁이가 자신이 저지른 폭행 사건을 합의하는 문제로 부모님이 밤마다 고민하는 모습에 너무 죄송하다며 장문의 편지를 썼기 때문이다. 편지를 발견한 부모님은 동혁이가 극단적인 선택을 할 것 같은 느낌을 받았고, 동혁이가 적극적으로 상담을 받을 수 있도록 도왔다. 동혁이는 우울감을 해소하고 자존감을 회복할 수 있었고, 같은 아파트 단지에 거주하던 피해 학생 가족은 다른 곳으로 이사하고 전학을 갔다.

동혁이 사건처럼 재판 이후 얘기까지 듣게 되면 안타까워서 마음이 편하지 않다. 피해 학생 부모가 주변 권유를 조금만 들었더라면, 중재하고자 했던 법원과 화해권고위원들의 노력에 조금만 귀를 기울였더라면 어땠을까. 피해 학생과 가해 학생 모두에게 더 나은 마무리가 되지 않았을까.

지금도 눈을 감으면 이제까지 만난 아이들 얼굴이 떠오른다. 그들이 모두 좋은 어른으로 성장해 가기를 바라는 마음 간절하다.

12장

아이들의 숨은 목소리

이호정 잘생기고 따뜻한 마음을 지닌 초등생 두 아들을 키우는 워킹맘. 경남아동청소년상담교육센터 교육실장으로 근무한 지 8년 차로, 창원지방법원 소년부 정신심리전문 국선보조인으로 활동하면서 화해권고위원, 위탁보호위원, 김해교육지원청 학교폭력대책심의위원회 위원으로도 참여하고 있다. 대학원에서 사회복지학을 전공했으며, 청소년들 곁에서 그들의 이야기를 귀담아듣고 공감하는 시간을 소중히 여긴다. 이 일을 천직으로 생각하면서 청소년들과 더불어 하루하루 젊게 지내는 날을 행복하다고 느끼며 살고 있다.

경남아동청소년상담센터에서 일하면서 매년 수많은 아이와 만나고 있다. 이제 편하게 연락하며 농담을 주고받을 정도로 친밀해진 아이도 많아졌지만, 처음부터 아이들과 잘 지낼 수 있었던 것은 아니다.

이 기관에 오기 전에는 노인복지 분야에서 8년 정도 근무했다. 우연한 기회에 청소년 분야로 이직했는데, 처음에는 보기만 해도 아이들이 무서워서 말도 잘 못 걸었다. 엄청나게 큰 덩치에 온몸이 컬러 문신으로 뒤덮여 있고, 담배 냄새를 풀풀 풍기는 '일진' 아이들에게 다가가기 힘들었다. 예의 없이 반항할 때는 야단을 쳐야 하는데도, 눈물이 먼저 나서 아무 말도 못 하고 화장실로 뛰어간 적이 여러 번 있었다.

어느 날에는 종이에 나를 지목하면서 이유 없이 욕설을 써 놓은 고등학생 남자아이 때문에 심하게 충격을 받기도 했다. 다음 날에 학생 아버지가 아이와 함께 찾아와 사과했고, 이후에는 정말 친한 사이로 지냈다. 그 아이는 이제 군대에서 제대하고 이따금씩 센터에 인사하러 오는 의젓한 청년으로 자라났다.

어느새 야물어진 마음

2016년부터 지금까지 8년간 근무하면서, 예전에는 여린 마음으로 눈물을 많이 흘렸다면 지금은 같이 농담도 하면서 지낸다. 야단칠 때는 따끔하게 혼낼 정도로 마음이 단단하게 야물어진 듯하다.

이곳을 찾는 학생 중 일반 수강생도 있지만, 상당수가 청소년회복센터에서 생활하는 아이들이다. 수강 교육을 듣기 위해 방문하는데, 대부분 40시간을 이수해야 한다. 아이들은 청소년회복센터에서 생활하면서 약 5회에 걸쳐 온종일 교육을 진행한다.

문제는 방문할 때마다 수강 교육을 제대로 받을 생각은 하지 않고, 교육장이 아닌 사무실에 와서 비치된 의자에 앉아 수다를 떨려고 한다는 점이다. 아이들은 올 때마다 자리 쟁탈전을 벌인다. 센터에서 나름대로 서열이 높은 아이가 의자에 앉으면 다른 아이들은 서 있거나, 상담 의자를 가져와 나를 둘러싸고 앉아 그동안 겪은 일들로 수다를 떨기 바쁘다.

"지금 선생님 엄청 바쁜데, 가서 교육 좀 받으면 안 될까?"
"싫은데요."
"진짜 바쁜데…. 제발, 쫌!"
"아, 쌤. 이것도 상담이잖아요."

교육장으로 가라 해도 가지도 않고 조잘조잘 쉬지 않고 수다를 떤다. 아이들은 자기 이야기를 들어 주기만 해도 신나서 어쩔 줄 모른다. 비행 경험, 가정사, 교우 관계 등을 여과 없이 솔직하게 꺼내 놓는다. 일탈 행동을 하는 아이들 이야기를 잘 들어 주는 사람이 드물어서 그럴 것이다. 때로 부모님에게도 하지 못한 이야기를 더 스스럼없이 털어놓기도 한다.

정말 신기하게도, 몇 년이 지나도 수다를 떠는 아이들로 붐비는 사무실 풍경은 변하지 않는다. 내가 사용하는 사무실 책상 옆자리에는 아이들이 좋아하는 간식이 늘 준비되어 있다. 사비를 들여 사탕, 젤리, 캐러멜 등이 떨어지지 않게끔 챙겨 놓는다.

수강 교육을 받으러 온 아이들은 사무실에 방문할 때마다 자신이 좋아하는 간식을 달라고 한다. 하나씩 가져가라 해도 욕심을 부리면서 한 주먹씩 주머니에 쑤셔 넣는 아이들도 있다. 일단 먹을거리를 주면 순한 양으로 바뀌기 때문에 아이들을 대할 때 '당근'을 적절히 활용하고 있다.

어느 날 문구 용품을 사기 위해 센터 1층에 있는 문구점에 간다고 하니 아이들이 우르르 먼저 나선다. 같이 가도 아무것도 안 사준다는데도 괜찮다면서 따라만 가겠다고 한다. 사장님은 아이들이 내 곁에서 멀어지자 조심스러운 목소리로 말한다.

"혹시 궁금한 게 있는데, 물어봐도 돼요?"

"네."

"저렇게 덩치 크고 문신도 있는 아이들 교육하려면 무섭지 않으세요? 저는 보기만 해도 무서운데, 같이 뭐 사러 오는 거 보면 신기하네예."

"저도 밖에서 보면 무서워서 그냥 지나갈 것 같은데, 센터에 교육 오는 애들은 가까이서 보면 다 착하고 너무 예뻐요. 제 말은 정말 잘 들어요."

"와, 진짜 천직이네요."

언제 다가온 건지, 나와 사장님이 나누는 대화를 듣던 한 아이가 어깨를 으쓱거리며 "저희가 좀 착하죠" 하면서 한술 더 뜬다. 그러자 사장님은 빙그레 소리 없이 웃으신다.

아이들과 소통하다 보면 5회기 40시간 교육이 금방 지나간다. 수강이 끝나서 좋다고 반응하는 아이들도 있지만, 이대로 헤어지기가 아쉬워서 "더 하면 안 돼요?", "다음에 센터 퇴소하고 놀러 와도 돼요?" 하고 묻는 아이들도 제법 있다. 그럴 때마다 말한다.

"당연하지! 언제든 놀러 온나. 밥 사 줄게."

"진짜죠? 약속했어요, 쌤!"

물론 실제로 놀러 오는 아이들은 열 명 중 두 명 있을까 말까다.

센터에는 항상 같은 선생님들이 자리하고 있으니 아이들이 편하게 찾아올 수 있다. 나를 잊지 않고 찾아오는 아이들도 있는데, 그렇게 고맙고 반가울 수가 없다. 실제로 수강이 끝났는데도, 다른 입소생이 수강 교육을 들으러 올 때 따라와 종일 옆에서 수다만 떨고 가는 아이들도 있다. 아이들이 소년재판에서 수강 처분을 받아 만난 인연이지만, 함께하는 시간이 참 즐겁다.

이 아이들을 두고 멀리서 봐야 예쁘다고 말하는 사람도 있겠지만, 나는 가까이서 볼 때 오히려 더 예쁜 것 같다. 아이들과 소통하다 보면 내 생각이 젊어지는 느낌을 받는다. 아이들은 내가 이 일을 계속할 수 있도록 힘을 주는 활력소이자, 내가 이 일을 천직이라고 착각하게 만드는 매력덩어리들이다.

사랑 표현이 넘치는 아이들

정이 많은 아이들은 늘 사랑 표현이 넘친다. 수강 교육을 들으러 온 중학교 3학년인 남자아이가 갑작스러운 말을 꺼낸다.

"쌤, 저 한 번만 안아 주시면 안 돼요?"
"뭐? 진짜? 안아 달라고?"
"왜 안 돼요?"

순간 당황하고 있는데, 옆에 있는 이수봉 소장님을 먼저 안고 달려와서 양팔을 벌려 나를 안아 버린다. 엉겁결에 안으며 등을 토닥토닥 두드려 주었다.

이 아이는 "저는 수강 올 때마다 이호정 쌤 놀리는 재미로 와요"라고 말하면서 수시로 장난을 친다. 내 운동화 끈을 예쁘게 묶어 주기도 하고, 각종 색종이를 이용해 크기별로 하트를 접어 내 책상 위에 올려 둔 날도 있다. 하트에는 "이호정 쌤 사랑합니다"라고 적혀 있다. "절대 버리면 안 돼요"라고 강조하고 또 강조한다. 힘들 때마다 책상에 놓인 하트 모양 색종이에 적힌 글을 보면, 나도 모르게 아이 얼굴이 떠오르면서 웃음이 난다.

다른 아이 한 명은 국적이 우즈베키스탄이다. 잘생긴 얼굴에 축구도 잘하고, 글씨도 웬만한 친구들보다 잘 쓴다. 또박또박 글씨를 쓰는 솜씨가 보통을 넘어서 늘 과제물을 해 올 때마다 칭찬을 아끼지 않는다. 예의도 바르고, 항상 감사할 줄 아는 이 아이가 정말 예뻤다.

마지막 수강이 끝나자, 책상에 있는 포스트잇 한 장을 떼어 "이호정 쌤 사랑해요"라고 써서 모니터에 붙이고 가면서 "제 마음이에요"라고 수줍은 듯 인사를 했다. 청소년회복센터를 퇴소했다는 소식을 들었는데, 이후 잘 지내는지 더 이상 소년재판에 서지 않았다. 무소식이 희소식이겠거니 하며 무사히 잘 지내기를 바라고 있다.

마치 아들들처럼 내게 사랑한다고 애정 표현을 해 주는 아이들이 고맙고 예쁘다. 이 아이들이 이후로는 다른 사람들에게 피해를 주지 않고 살아가길 바란다. 사랑을 나누고 선한 영향력을 끼치는 사람으로 성장해 가면 좋겠다.

"선생님 때문에 자살할 거예요"

추운 겨울, 중학생 서주와 초등학교 6학년인 동생 서희가 공동 주거 침입 사건 때문에 같이 상담 조사를 받으러 왔다. 소년부 심리를 하기 전에 조사 및 상담을 하는 절차였다. 서주 서희 자매는 함께 가출해서 동네 친구들, 선배들과 어울려 돌아다니던 중, 추위를 피하려고 폐업한 가게에 들어갔고 며칠 동안 잠을 자다가 신고된 경우였다.

함께 잤던 다른 아이들은 만 14세 이상이라서 검찰에 송치되었고, 만 10세 이상 14세 미만의 촉법소년에 해당하는 서주와 서희는 경찰 조사를 받은 후 법원 소년부로 넘어갔다. 판사님이 심리기일 전 상담 조사를 결정해서 우리 센터로 오게 되었는데, 내가 이 사건 국선보조인으로 선정돼서 다른 교육생보다 더 관심을 두고 지켜봤다.

서주 서희 자매는 같이 사고를 친 아이들과 달리 자신들만 상담 조사를 받게 되어 마음에 들지 않았던 모양이다. 나를 보자마자 쏘아붙였다.

"다른 아이들은 교육 안 받았잖아요. 근데 우리는 왜 재판받기도 전에 교육을 받아야 해요? 진짜 짜증 나고 억울해요."

"장사도 안 하는 곳에 들어가서 아무것도 안 건드리고 잠만 잔 게 그렇게 잘못인가요?"

상담 조차 첫날, 불만이 가득한 얼굴로 투덜투덜 교육장 의자에 앉아 첫 수업을 듣던 서주는 반항적인 태도로 일관한다. 결국 야단을 맞고는 "짜증 나서 수업 안 들을래요" 하면서 자리를 박차고 나갔고, 서희도 언니 뒤를 따라 나가 버렸다. 따라가서 팔을 붙잡아도 뿌리치고 가는 바람에 어떻게 할 겨를이 없었다.

수업을 재개했는데, 서주가 문자메시지를 보내왔다.

'저 오늘 선생님 때문에 자살할 거예요.'

문자메시지를 보는 순간, 가슴이 미친 듯이 뛰며 갑자기 머리가 멍해졌다. '한 소리 들은 게 뭐라고 자살한다고 그러지. 그런데 정말 자살하면? 설마, 아니겠지. 그냥 화가 나서 한 소리겠지.'

답장을 보내지 않으면 화를 풀 것 같지 않아서 수업을 듣던 다른 교육생들에게 잠시 양해를 구했다. 만감이 교차하는 마음을 다스리며 조금은 태연한 척 답장을 보냈다.

'서주야, 왜 화났는지 모르겠지만, 자살하겠다는 사람은 대부분 살고 싶어서 그렇게 말한다고 하더라. 마음이 조금 진정되면 연락 부탁해.'

1분도 지나지 않아 답장이 왔다.

'왜 저만 야단치세요? 다들 나를 못살게 해서 저 진짜 죽고 싶어요.'

답장을 보자마자, 화가 난 서주의 마음을 조금 알 것 같았다.

'그랬구나. 서주가 왜 화가 났는지 알 것 같아. 그렇게 느꼈다면 선생님이 미안하다. 내일 10시까지 센터로 오렴. 선생님과 상담하자. 네 이야기 다 들어 줄게. 서희랑 같이 와.'

이번에는 한참 기다려도 답장이 없다. '내일 센터로 다시 와야 상담을 해 볼 텐데…' 하는 걱정스러운 마음에 보호자인 서주 할머니께 전화를 걸었다.

"할머니, 서주가 오늘 수업을 들었는데 태도가 안 좋아서 야단을 쳤어요. 그랬더니 집에 가면서 자살하겠다고 문자를 보내왔네요. 걱정돼서 연락드렸는데, 집에 오면 좀 챙겨 봐 주세요."
"내도 서주 때문에 살 수가 읎다. 맨날 무신 말만 하믄 자살한다, 할머니 때문에 몬 살겠다 하니까네 내도 죽을 판이데이. 와 그라는지 모리겠다. 우짜믄 좋노. 가스나가 마음은 착한데 말을 저래 함부로 한다 아이가. 억수로 죄송합니데이."

할머니와 통화해 보니 '많이 힘드셨겠구나' 싶으면서 '서주도 말 못 할 힘든 일이 많았겠구나' 하는 생각이 들었다. 할머니는 '내일 서주와 서희를 데리고 같이 센터에 가겠다' 말씀하시면서 전화를 끊으셨다.

서주 할머니의 하소연

다음 날 서주는 오지 않았다. 허리가 굽은 할머니가 지팡이를 짚으며 동생 서희만 데려왔다. 서희는 언니가 없어서 오기 싫은 기색이 역력했지만, 할머니가 억지로 데려왔다고 했다. 나는 할머니와 상담을 시작했다.

할머니의 하소연이 쉴 새 없이 이어졌다. 서주가 초등학교에 입학할 무렵 엄마가 가출하면서 할머니가 서주와 서희를 양육하게 되었다. 아빠는 다른 여자와 동거하고 있어서 아이들을 돌보지 않았다. 할머니는 텃밭에서 키운 채소를 새벽 시장에 판매하면서 힘겹게 아이들을 키우고 있었다. 아빠는 아이들에게 관심도 없고 양육비도 주지 않으면서, 술만 마셨다 하면 할머니 집에 찾아와 난동을 부렸다.

한 달에 40~50만 원으로 생활하기는 어려웠지만, 서주는 초등학교를 졸업할 때까지 할머니를 잘 도와주면서 착한 아이로 지냈다. 하지만 중학생 때 사춘기에 접어들어 불량한 친구들과 어울려 가출도 하면서 할머니 말을 전혀 듣지 않게 되었다. 이야기를 듣고 보니, 서주의 마음을 조금은 이해할 수 있었다.

서주네 집은 차도 다니지 않는 산 중턱에 자리 잡은 허름한 주택이었다. 가로등 불빛이 없어서 조금만 늦어도 깜깜하고 무서워 귀가하기가 만만치 않았다. 인터넷도 없어서 SNS로 또래와 소통하기 어려우니 한창 친구들과 어울려 놀고 싶은 나이에 가정 형편이 비교되면서 얼마나 힘들었을까. 할머니에게 용돈을 달라고 하지도 못했고, 아빠는 술만 마시면 난동을 부리는 상황이었다. 서주 입장에서는 삶을 감당하기 버거웠고 집도 싫었을 것이다.

서주를 상담하지 못해서 보조인 의견서와 상담 조사서에는 보호자인 할머니와 상담한 내용과 교육을 진행하지 못한 이유가 담겼다. 분류심사원으로 위탁한 후에 처분해 주었으면 한다는 내용을 작성해서 제출했다. 서주를 조금 더 면밀하게 살피려면 상담이 필수였다. 서주가 가출을 반복하는데, 동생인 서희까지 언니를 따라다니며 일탈 행동에 영향을 받는 상황이었다. 그러니 가정이 아닌 다른 대안이 필요하다고 판단했다.

재판일이 다가올수록 서주가 출석하지 않을까 봐 노심초사했지만 다행히 법정에 출석했다. 판사님이 4주간 분류심사원에 위탁하겠다고 말하자마자, 서주는 눈물을 흘리며 봐 달라고 두 손을 쉴 새 없이 비볐다. 하지만 결정을 되돌릴 수 없었다. 서주는 할머니와 순식간에 분리되었고, 수갑을 찬 채로 호송차를 타기 위해 기다렸다. 엉엉 울면서 대기하는 서주에게 다가가 말했다.

"서주야, 4주 동안 위탁 생활을 잘해야 선처받을 수 있어. 소년원 선생님 말씀 잘 듣고 잘 지내야 해. 선생님이 면회 갈게."

법정 밖으로 나왔다. 기다리던 할머니가 서주는 어떻게 되느냐 물으면서 눈물을 흘리셨다. 절차를 설명했지만, 귀가 어두운 할머니는 무슨 말인지 모르겠다며 정신없이 "우리 서주는 왜 안 나오노. 그라믄 나는 우째야 하노"라는 말만 반복하셨다. 함께 재판받으러 온 동생 서희에게, 일단 할머니를 모시고 가면 다시 연락하겠다고 전하고 집으로 돌려보냈다.

함께 눈물을 쏟다

3주가 지난 후, 분류심사원을 방문했다. 서주를 접견하기 위해서였다. 서주는 나를 보자마자 눈물을 펑펑 흘리면서 집에 보내 달라고 애원하기 시작했다.

"쌤, 너무 힘들어 죽겠어요. 제발 집에 보내 주세요. 집에 가면 가출 안 하고, 할머니 말 잘 듣고 잘 지낼게요. 집에 가고 싶고 할머니도 보고 싶어요. 할머니한테 효도하면서 살게요."
"서주야, 일단 서주 이야기부터 듣고 선생님이 판사님께 잘 말씀드려 볼게."

서주를 진정시키고 차분하게 상담을 시작했다. 서주는 엄마가 그냥 가출했다기보다 아빠의 가정 폭력에 시달리다가 살기 위해 도망간 것이라고 했다. 아빠는 술만 마시면 엄마를 폭행했다. 화를 내며 물건을 던지거나, 엄마 목을 허리띠로 감은 뒤 목줄 삼아 집 안에서 질질 끌고 다니기까지 했다. 살려 달라고 소리치는 엄마 모습이 유치원생인 서주가 보기에는 너무 충격적이었다. 서주는 아직도 그 장면을 생생하게 기억하고 있었다.

아빠가 술만 마시면 할머니 집에 찾아와 유리창을 깨고 난동을 부리니까 무서워서 서주는 경찰에 여러 번 신고도 했다. 서주의 말을 들으며 나는 가슴이 먹먹해졌고, 할머니로부터도 듣지 못한 충격적인 이야기에 같이 눈물을 쏟았다.

'서주가 얼마나 힘들었으면 자살해서 이 삶을 벗어나겠다고 생각했을까. 나도 같은 처지였다면, 그렇게 생각하지 않았을까?' 서주를 어떻게 도와줘야 할지, 어떻게 해야 서주가 잘 살 수 있을지 고민하면서 머릿속이 복잡해졌다. 가정환경이 바뀌지 않으면 또다시 비행할 수밖에 없겠다는 생각도 들었다.

서주를 접견하고 돌아오는 길, 서주 아빠에게 여러 번 전화를 걸었지만 연결되지 않았다. 어렵게 연결이 돼서 "안녕하세요, 서주 아버님. 국선보조인 이호정입니다"라고 인사드렸더니, 서주 아빠는 대뜸 자기 할 말만 퍼붓고는 일방적으로 전화를 끊어 버렸다.

"서주 그 가시내가 내를 아동 학대로 경찰에 신고해서 내도 재판 받아야 함미더! 그리고 인자 더 이상 서주 아빠 아니니까 전화하지 마이소!"

서주 아빠는 이후로 전화를 받지 않았고, 왜 보호자가 할머니로 지정돼 있는지 수긍이 되었다. 4주 위탁 기간이 지난 후 재판이 열리자, 판사님은 서주가 다시 가정으로 돌아갈 수 있도록 선처해 주셨다. 서주가 초범이고, 반성문을 보니 진정성이 느껴지고 영특한 구석이 있어서 한 번 더 기회를 주고 싶다는 말씀이었다. 1호, 2호, 4호 사회 내 처분이었다. '집에 가면 안 되는데. 동생도 큰일이고, 다시 오게 될 텐데…'라는 생각이 들었지만, 나는 서주에게 선처받은 만큼 잘하라고 신신당부했다.

"왜 제가 벌을 받아야 해요?"

하지만 안타깝게도 몇 달 뒤 서주는 보호관찰소에서 보호처분 변경 신청을 통해 다시 소년재판을 받게 되었다. 가출을 반복하고 보호관찰관 지도 감독에 불응했다고 한다. 서주는 다시 분류심사원에 위탁을 갔다. 이번 재판은 다른 판사님으로 바뀌어 진행되었다. 분류심사원 재위탁 결정 이후 판사님의 연락을 받았다.

"작년 재판 때 가정환경을 보면, 서주는 집으로 가면 안 되는 상황이었던 것 같은데요. 왜 집으로 가게 됐지요?"

소년재판 처분은 아이들이 저지른 사건의 경중도 따져야 하지만, 가정환경과 보호자의 보호력도 핵심 판단 요소이기 때문이다. 전임 판사님이 재판 때 하셨던 말씀을 전달했고, 판사님은 의문이 풀렸다며 이번 처분은 같이 고민해 보자고 하셨다.

서주는 집으로 돌아가지 못했다. 위탁 보호 기관인 범숙의집에서 6개월 생활하는 것으로 처분받았다. 서주는 한동안 공부도 열심히 하며 잘 생활했으나 기관을 이탈해 복귀하지 않았다. 다시 보호 처분 변경 신청이 이루어져 6호 처분을 받았고, 늘사랑청소년센터에서 6개월 동안 생활했다. 센터에서 퇴소한 서주는 또 가출하고 말았고, 재범으로 다시 재판을 받게 되었다.

이번에는 연지청소년회복센터에서 6개월 생활하게 되었다. 몇 번이나 기회를 준 셈이다. 그런데 연지에서 생활 후 퇴소한 다음에는 얼마 못 가서 용돈 10만 원을 마련하려고 성매매 알선을 했다. 결국 장기 소년원 송치에 해당하는 10호 처분을 받아 소년원에서 생활하게 되었다.

서주가 5년간 소년재판을 벗어나지 못하다가 장기 소년원 생활로 학창 시절을 끝맺는 모습이 참 안타까웠다. 서희 또한 언니처럼 벌써 세 번째 시설에서 생활하고 있다. 자매가 왜 이렇게 됐을까? 서주에게 들은, 몇 년이 지나도 뇌리를 떠나지 않는 말이 있다.

"제가 잘못한 것도 있지만, 이런 가정에서 생활하게 만든 엄마, 아빠가 벌 받아야 하는 것 아니에요? 제대로 양육하지도 않는 부모는 아무렇지 않은데, 왜 이렇게 살 수밖에 없는 제가 벌을 받아야 해요?"

우리 모두의 아이들

가정이, 부모가 든든한 울타리가 되었더라면 두 자매의 삶은 어땠을까. 두 아이가 아무리 발버둥쳐도 자신의 환경을 벗어나기란 어려웠다. 부모가 제 역할을 하지 않고 방치하는 동안, 두 아이는 법원을 들락거리며 청소년 시절을 보내고 있었다. 서주가 소년원에서 생활하던 시절에 보내온 편지가 기억난다. 이름만 보고도 반가워서 눈물이 났다.

이미 자격증을 다섯 개나 취득했고, 두 건의 자격증 시험을 더 준비하고 있다고 했다. 모범 학생으로 뽑힌 적도 있고, 생활 우수자 수상 2회, 글쓰기 장려상 등 자랑 가득한 소식이 담긴 편지였다. 대학에 진학하는 꿈도 갖고, 디저트 관련 업종에 취업하는 것을 목표하고 있었다. 이처럼 소년원은 희망이 생기는 곳이기도 하다. 희망이 보여야 살아갈 원동력을 얻을 수 있다. 편지 중 일부를 옮겨 본다.

하나뿐인 내 국선 이호정 선생님께.

그동안 제가 말 안 듣고 똥고집만 부려서 죄송했어요. 저한테 어른 중에는 선생님이 제일 최고였어요. 멋지게 자라서 선생님께 예쁜 모습 많이 보여 드릴게요. 그러니까 계속 연락하면서 지내요.

정말 선생님 같은 엄마가 있었더라면 어땠을까 싶으세요. 아마 남부럽지 않게 잘 컸겠죠? 선생님 제가 제일 사랑하고 죄송하고 감사드려요. 처음에는 10호가 마냥 답답하고 싫었는데 지금은 감사해요. 여기 안 왔으면 이 많은 자격증 못 땄을 것이고, 고졸도 못 해서 대학 갈 생각도 안 했을 거고요.

선생님 전 지금 많이 행복해요. 그러니까 제 걱정하지 마시고 잘 지내고 있으셔야 해요.

사랑해요, 호정쌤!

'저 아이가 안정적인 가정에서 태어났으면 어땠을까' 싶으면서 서주가 나와 비슷한 생각을 하고 있었다는 사실에 너무 마음이 아팠다. 많이 행복하다는 말을 보자 온몸에 소름이 돋으면서 눈물이 쏟아졌다. 어떤 말보다 고맙고 행복했다.

소년비행은 아이뿐 아니라 가정에서 원인을 찾아야 한다. 온전치 못한 가정에서 건강하게 자라길 바라는 것은 무리한 생각 아닐까. 강력 처벌만이 재비행을 막는 방안일까? 서주 말대로 왜 두 아이를 제대로 돌보지 않은 부모는 아무 처벌도 받지 않았는가. 많은 경우, 아이들이 저지른 비행 사실만을 보고 강력 처벌을 촉구한다.

왜 이렇게밖에 할 수 없었는지 아이들이 처한 환경에는 관심조차 없다.

이제 나는 서주와 같은 아이들 마음을 조금이나마 이해하게 되었다. "자살하고 싶어요"라는 말 뒤에는 다음과 같은 외침이 숨어 있다.

'저는 살고 싶어요. 저에겐 온전한 부모가 필요해요. 안정적인 가정이 필요해요. 따뜻한 말 한마디와 관심이 필요해요. 제 잘못만 보지 마시고, 저를 조금이라도 알아주고 이해해 주세요.'

죄는 미워해도 사람은 미워하지 말라는 말이 있다. 서주와 같은 아이들을 더 많이 보듬고 사랑해 주고 싶다. 어른들이 방황하는 아이들을 손가락질하지 않고 사랑으로 두 팔 벌려 따뜻하게 안아 줄 날이 오길 기대해 본다. 우리 모두의 아이들이지 않은가.

13장

내 작은 아이들과 함께한 여정

김종임 다양한 심리적 어려움을 겪는 이들을 돕는 상담과 연구 활동에 힘을 쏟는 마음나눔심리상담연구소 소장으로, 대학교와 평생교육원에서 교육학 및 교육심리를 강의하고 있다. 아울러 창원지방법원 위탁보호위원과 이혼상담위원, 국선보조인으로 활동하면서 비행 청소년, 장애인, 범죄 피해자 등 사회적 취약계층에 대한 관심과 지원 활동을 지속적으로 펼쳐 왔다. 자살 예방 및 비행 예방교육, 장애인 직무 훈련 등 여러 방면에 걸쳐 우리 사회의 긍정적인 변화를 이끌어 내기 위해 오늘도 변함없이 힘을 쏟고 있다.

194

문득 하늘을 보면 아이들 얼굴이 떠오르기 시작한다. 그저 하늘을 올려다보려 했을 뿐, 편안한 풍경이 지나갈 줄 알았다. 아이들 얼굴이 떠오르는 모습을 보면, 국선보조인 활동이 어느새 나에게 스며들었나 보다.

마음 둘 곳 없던 아이, 선이

선이를 만나기로 한 장소로 한 시간 남짓 운전해서 갔다. 도착하자 잔잔한 바람이 불어와서 마음이 약간 설렜다. 빌라촌을 걸으며 선이에게 전화했다. 신호음이 들리는데, 받지 않았다. 걱정돼서 보호자에게도 전화했는데, 받지 않았다. 가만히 서서 휑한 거리를 보며 불안한 마음으로 기다렸다. 20여 분을 기다린 끝에 선이와 선이 아빠를 만날 수 있었다.

작은 원룸. 가구는 없었다. 옷가지가 걸린 행거, 물품을 보관한 리빙 박스, 작은 밥상이 전부였다. 밥상에 앉아 교복을 입은 선이 그리고 급히 달려온 선이 아빠와 인사를 나누었다. 선이 아빠는 조곤조곤 이야기를 이어 갔고, 선이는 그저 해맑게 미소만 지었다. 나는 두 사람 가운데에 앉아 1회기 위탁 보호 상담을 시작했다.

중학교 3학년 때 부모님이 이혼한 이후로 선이는 아빠, 남동생과 같이 생활하고 있었다. 엄마의 빈자리를 크게 느껴 집에서 생활하기 힘들어했다. 가장 힘든 점은 대화할 사람이 없다는 사실이었다. 엄마는 재혼할 예정이고 언니는 다른 지역에서 살고 있으며, 자신은 친구들과의 관계도 좋지 않다는 것이다. 위탁보호위원으로서 선이와 자주 대화하면서, 주변에 함께할 사람이 얼마든지 있다는 사실을 알려 주기로 다짐했다.

얼마 후 2회기 상담을 위해 선이에게 연락했더니, 캠프에 참석할 일이 있어 며칠 후 돌아오면 연락을 주겠다는 답신이 왔다. 일상이나 개인 이야기를 잘 꺼내지 않는 아이라서, 캠프 생활이 어떨지 몹시 궁금했다. 선이와 이야기할 날을 손꼽아 기다리다 전화했으나, 기대가 사라지고 말았다. 가출했다는 소식이었다. 말문이 막혔다.

다행스럽게 그리 오래 걸리지 않아 선이는 집으로 돌아왔다. 그런데 아빠와 지낼 수 없어 엄마와 함께 생활하기로 했다. 2주 정도 지나서 선이를 만나 상담할 수 있었는데, 담임선생님의 도움을 받아 학교생활에는 문제가 없다고 했다. 다만, 엄마의 잔소리가 없었으면 좋겠다고 해서, 피식 안도의 웃음을 지을 수 있었다.

몇 회기 동안 상담을 순조롭게 진행하고 있었는데, 다급한 연락이 왔다. 선이 엄마였다. 선이가 또 가출했다는 소식이었다. 벌써 세 번째 가출. 느낌이 달랐다. 머리가 하얘졌다. 상황 설명을 들어도 무슨 말인지 귀에 들어오지 않았고, 오로지 선이의 미소 띤 얼굴만 떠올랐다. 순간, 다시 정신을 붙잡았다.

선이 엄마 이야기를 자세히 들은 후, 경찰에 신고하고 기다리기로 했다. 선이 노트에서 발견한 사진을 통해 상황의 심각성을 알게 되었다. 치료와 보호가 필요한 상태였다. 문제를 가볍게 생각한 나 자신을 자책했다. 조금 더 일찍 알아챘다면 달라졌을 아이를 제대로 챙기지 못한 것 같아 미안했다. 선이를 보호하고자 보호처분 변경 신청을 했고, 심리기일에 함께 법정에 갈 수 있기를 간절히 기도했다.

상처투성이 삶이어도 건강하고 평화롭기를

내가 위탁보호위원으로서 상담을 진행하던 아이의 국선보조인을 맡은 적은 처음이었다. 나와 이렇게 연결된 것이 운명처럼 느껴졌다. 선이는 이미 소년재판을 받은 적이 있었다. 이전에 내가 위탁보호위원으로서 맡았던 사건은 우범 사건이었다. 부모에게 돌봄을 받기에는 어려운 측면이 있어서 선이는 시설 생활을 했는데, 시설 생활 도중 또래 친구에게 성추행당하고 뒷담화 등으로 상처를 입은 상태였다. 선이는 마음 둘 곳이 없던 여린 아이였다.

무엇이 선이를 위한 조치인지 확신이 서지 않았다. 보호처분 결정에 따라 청소년회복센터에서 6개월을 보내게 되었다. 나는 가끔 선이와 통화하면서 지냈다. 센터 생활이 어떤지 물을 때마다 괜찮다는 대답이 돌아왔다. 센터에서 6개월을 생활한 선이가 이제는 가족들과 잘 지내는 줄 알았다. 다음 해 겨울, 범죄가 될 가능성이 큰 우범 사건으로 다시 만났다. 엄마와 지내기도 힘들어 외갓집에서 생활해 온 상황이었다.

가출하고서 외삼촌에게 용돈을 받아 경기도로 갔고, 이모와 간간이 문자메시지를 주고받는다고 했다. 이모는 선이에게서 피자를 시켜 달라는 문자메시지를 받았다. 주소를 확인해서 선이를 만나러 갔더니, 몸이 엉망이어서 볼 수가 없을 지경이었다고 한다. 짐작건대 무서운 일들을 겪은 듯하여 선이가 걱정되었다.

분류심사원에서 만난 선이로부터 이야기를 들었다. 위탁 생활은 괜찮지만, 임신한 것으로 확인이 되어 선이는 몹시 혼란스러워했다.

"구체적으로 말하기 힘들지만, 임신이라고 해서 너무 놀랐어요. 어떻게 해야 할지 모르겠어요. 시간을 좀 주세요."

나도 매우 놀랐다. 선이가 이 상황에 놓일 줄은 상상도 못 했기 때문이다. 내 가치관으로는 선택할 수 없는 일이라서 더욱 혼란스러웠다.

선이가 더 힘들어할 것 같아, 내 잣대는 잠시 미뤄 두었다. 선이가 어떤 선택을 할지 기다리며 보조인 의견서를 제출했고, 재판부 결정을 따르기로 했다. 선이는 심리기일에 7호 처분을 받아 의료재활 시설로 갔다. 그 후 전해 듣기로 시설 생활은 잘하는데 부모와의 갈등이 심한 것 같았다. 시설에서 생활한 지 6개월이 지났지만, 집으로 돌아가 자립할 수 없는 상황이었다.

지난 사건으로 선이가 받은 피해 보상금은 1천 5백만 원이었다. 모두 각자의 사정이 있고 처지가 이해되지만, 선이를 위한 최선의 결정이 내려지지는 않은 것 같아 안타까웠다. 선이는 가정이 아닌 다른 곳으로 가게 되었고, 고등학교 마지막 시절을 시설에서 보내야 했다. 그래도 이것이 제일 나은 선택이기를 바랐다. 선이를 만나러 가서 대화하면서, 앞으로 하고 싶은 일이 있으면 언제든 연락하라고, 도울 수 있는 방법이 있다면 선생님이 힘써 돕겠다고 얘기했다. 앞으로 선이가 별 탈 없이 잘 지내기만을 간절히 기도했다.

어느덧 선이는 성인이 되었다. 부모는 선이가 가족 품으로 돌아오기를 원했지만, 선이 생각은 달랐다. 자립할 수 있는 곳으로 옮겨 간 것이다. 몇 번 통화를 시도했으나, 연락이 닿지 않는다. 시설에 연락하니, 전화를 받지 않는 것이 선이 스스로 내린 결정이라고 했다. 단단히 마음을 잡은 듯한 느낌이 들기도 해서 한편으로는 마음이 놓였다. 연락되지 않아도, 나에게 운명처럼 다가와 3년간 함께한 선이가 건강하고 평화롭게 살아가길 응원한다.

불안과 방황 끝에 빛이 된 다솜

다솜이도 선이와 비슷한 시기에 우범 사건으로 만난 아이였다. 자해로 병원 진료를 받은 경험이 있다는 말에 덜컥 겁이 났다. 혹시 상처 난 마음에 상처를 더하지는 않을지 고민하면서 만났다. 어머니가 몹시 마르고 작은 체형이셔서 다솜이보다 더 걱정되기도

했다.

어머니 말씀에 따르면, 다솜이는 중학교 3학년 때부터 가출이 잦았고 우울증이 심해 수시로 자해를 했다. 가족이 처한 경제적 상황도 좋지 않았다. 아버지가 지병으로 수술받고 회복 중이라서 지방자치단체 지원금으로 생활하고 있었다. 이제 다솜이가 말할 차례였다.

"부모님은 그냥… 전에는 힘들었지만, 이제 안 힘들어요. 엄마하고는 한마디만 해도 싸우게 돼서 대화는 힘들어요. 언니는 바빠요. 학원에 갔다가 오면, 시간이 늦어 대화할 시간이 없어요. 저는 집에 오면 거의 혼자 방에만 있어요."

다솜이는 어느 날 손목을 자해한 이후로, 같은 행동을 반복하게 돼서 약을 먹었다. 이제는 자해하지 않지만, 감정을 풀 방법이 없어서 힘들다고 했다. 얼마나 힘들면 몸에 상처까지 냈을까. 그래도 마음을 잡기 위해 책을 읽는단다. 미용 관련 공부를 하고 싶은데 엄마가 반대해서 못 한다면서, 지금은 엄마를 이해한다는 말에 더 가슴 아팠다.

다솜이를 상담한 선생님과 통화를 시도했다. 다솜이의 학교 부적응으로 6회기 상담을 시작했는데, 성에 노출된 것 같아서 사후피임 등 관련 상담을 진행한 상태였다. 문제는 다솜이에게 어머니의 불안이 고스란히 전달되고 있는 현상황이었다. 비행이나 범죄가 우려되는 우범으로 신고되면, 대부분 부모는 불안과 걱정을 앞세운다. 포용보다 간섭이나 통제를 택하기 쉬워 아이들은 더 힘들어한다. 부모 마음도 충분히 이해할 만하다. 하지만 무엇보다 지혜로운 양육 방법을 찾아야 한다.

다솜이는 청소년회복센터 처분을 받았다. 생활을 잘할 수 있도록 기도했으나, 몇 달 후 센터에서 이탈했다는 소식을 전해 들었다. 그렇게 다솜이는 다시 소년재판을 받았고, 7호 의료 재활 시설 위탁 처분을 받았다. 이 모든 것이 몇 달 사이 일어난 일이었다.

재판 이후 다솜이와 제대로 이야기를 나누지 못해서 안타까웠던 내 마음을 알았는지, 편지 한 통이 도착했다. 국선보조인 일을 하면서 처음 받은 편지였다. 다솜이는 생활을 잘하고 있다면서 나를 위로했다. 다솜이가 평안하게 잘 지내길 바랐다.

그러다 1년 반 만에 다솜이 어머니에게 연락이 왔다. 다솜이가 특수 강도 미수로 재판을 받게 됐다고 했다. 청천벽력 같은 말이었다. 다솜이는 그럴 아이가 아니다, 무슨 이유가 있으리라는 믿음으로 상담 일자를 잡았다. 만나기로 한 날, 추적추적 비가 내렸다. 커피숍 창가에 앉아 노트북을 펴 놓고 마음을 가다듬었다. 다솜이가 어떻게 변했을지도 궁금했다.

커피숍에는 어머니만 먼저 들어오셨다. 다솜이는 주변을 산책한 다음에 오기로 했다는데, 그전에 솔직한 이야기를 긴급하게 나누고 싶다고 하셨다. 그동안 있었던 일을 쉬지 않고 줄줄 말씀하시면서 서러움을 토로하셨다. 무어라 답을 드릴 수 없을 정도로 틈이 없어서, 그냥 듣기만 했다. 그 말을 무슨 정신으로 다 들었는지 모르겠다.

한참 시간이 지나 다솜이가 들어왔다. 짧은 머리에 흰색 반팔 티셔츠, 연한 빛 청바지를 입고 흰색 통굽 운동화를 신은 채 걸어왔다. 얼마나 반가웠던지, 환하게 미소를 지으며 반겼다. 지난번 만남 이후로 헤어스타일부터 전체적으로 많이 달라져 있었다.

다솜이는 대화하는 동안 다른 사람들이 자신을 보면서 수군거리는 것 같다면서 어머니에게 짜증을 냈다. 어머니는 아니라고 설명하며 맞섰다. 이렇게 모녀가 투덕거리는 모습은 평범한 가정에서 볼 수 있는 장면일지 모르나, 다솜이 상태로는 불안 증세가 높아 보여서 안타까운 마음뿐이었다.

상담을 마치고 나왔다. 여전히 비가 내린다. 다솜이 신발 끈이 풀려 있어서 어머니가 손수 매어 주려 하자, 다솜이가 짜증을 내며 거부한다. 비가 오는 중인데도 다솜이는 혼자 걷는 게 좋다면서 산책한 후에 가겠다며 어머니에게 먼저 가라고 말한다. 나는 비가 내리니 조심히 걷고 일찍 들어가라고만 말한다. 반대 방향으로 가는 다솜이 뒷모습이 짠하다.

심리기일까지 어머니와 다솜이에게서 번갈아 전화를 받으며 시간을 보냈다. 그럴 만도 하다. 사건이 발생한 뒤로 어머니는 화도 나고 속상하고 걱정돼서 다솜이에게 잔소리를 반복했다. 그런 엄마가 부담스러웠을 다솜이 마음도 충분히 이해한다. 그래서 나는 말없이 그대로 다 들어 주었다. 언제든 나는 들어 주는 사람이 되어야 한다는 사실을 안다.

그사이 경찰서 여성청소년계에서 전화가 왔다. 가족 갈등으로 신고되어 다솜이를 4주간 분리할 예정이라고 한다. 여성청소년계에서는 다솜이 동의를 받고 성교육도 진행할 예정인데 이후가 걱정이라며 법원에 최대한 다솜이를 보호해 달라고 요청했다. 나는 다솜이가 잘 적응하기를 바랐다. 그러나 2주 뒤 힘들다고 호소해서 다시 집으로 갔다. 걱정이 앞서지만, 어머니와 관계를 개선해 보겠다고 하니 기대를 걸어 보았다.

심리기일이 다가오는 가운데, 다솜이가 짐을 싸서 다른 지역으로 가 버렸다. 다행히 전화는 받았다. 정확히 어디 있는지 알려 주지 않았지만, 소소한 일상과 앞으로의 계획도 들려준다. 이것만으로도 감사하다. 건강하게 지내는 듯해서 다행이었다. 그러는 동안 심리기일이 지나고 말았다. 함께 가기를 고대했으나 다솜이에게 시간이 필요했던 모양이다.

다솜이가 보내온 편지 두 통

다솜이는 분류심사원으로 위탁을 가서 한 달 동안 함께 고민해 보기로 했다. 1~2회 차 면담에서 다솜이에게 글을 써 보라고 권했다. 생각에만 기대지 말고 글로 정리하는 작업을 통해 자신을 한 번 더 돌아보는 시간을 보내자고 하니, 흔쾌히 받아들였다. 이렇게 순한 아이가 가출을 반복하고 성매매에 노출되는 현실을 보면 마음이 아프다.

심리기일을 며칠 앞두고 다솜이와 통화하는데, 자신은 이제 결정했다고 한다. 나는 다솜이가 내린 결정을 이해할 수 없다. 다솜이가 어른이 돼서 이때의 결정을 잘했다고 생각하더라도, 나는 마음이 아플 것 같다. 다시 설득해 보았지만, 괜찮다고 했다. 무엇이 괜찮은지는 말하지 않는다. 포기해서 괜찮다는 뜻인지, 평안해서 괜찮다는 뜻인지 모르겠다. 그저 마음이 평안하고 괜찮아지길 기도할 뿐이다.

다솜이는 자신이 원하는 방향으로 갔다. 한참 지난 후에 다솜이로부터 편지가 도착했다. 첫 번째 편지는 응원을 바라는 내용이었고, 두 번째 편지는 나를 위로하는 내용이었다. 한참을 울다가 답장을 보냈다. 다솜이가 오히려 나에게 빛이 된 날이다.

한자 6급을 준비하고 있어요!

힘들지만 벌써 반은 외워서 보람을 느끼고 있어요! 솔직히 잠을 포기하고 하루 종일 할 수도 있지만! 그렇게 하면 몸의 건강이 다 무너지고 망가지니까! 하루에 잘 시간 제외하고만 하기로 했어요.

합격하면 좋겠는데 될지 모르겠어요. 초조하고 염려되지만 그래도 최선을 다해 볼게요! 멀리서도 응원해 주실 수 있죠? 합격하면 부모님 뒤로 두 번째로 이 소식을 알리고 싶어요! 파이팅! 검정고시와 한자 시험 합격하는 꿀팁이 궁금한데, 시험 전까지 빨리 외우고 암기 쉽게 하는 법 없을까요?! 궁금해요!

암튼! 제 사건 변호하시느라 수고 많으셨고, 좋은 인연 재판 이후여도 계속 서로 힘들 때 일상 이야기 많이 했으면 좋겠어요. 무례하게 군 것은 죄송해요. 감사합니다.

선생님 안녕하세요! 바쁘시고 힘드실 텐데 제 편지 보면서 꼭 힘내셨으면 좋겠고, 몸은 떨어져 있어도 마음으로 항상 기도드리고 있어요.

저 좋은 소식이 있는데 알려 드리고 싶어서 먼저 바로 써 봐요! 한자 6급 합격과 두피 2급 합격했어요! 너무 기뻐요.

선생님의 '꿀팁!' 덕인 같아서 너무 뿌듯하고 행복해요. 정말 감사드립니다. 선생님이 아니었다면 포기했을지도 모를 시험이었는데 노력해서 '합격'이란 두 단어를 들으니, 선생님 생각이 먼저 나고 얼마나 기쁜지 몰라요. 나가면 밥 한 끼 살게요! 꼭 사 드리고 싶어요! 머리도 해 드릴게요!

저 선생님 편지 받고 많이 울기도 하고 힘을 얻었어요. 힘들 때마다 생각날 때마다 선생님 편지를 읽고 힘내고 있어요. 선생님 보고 싶어요!

제가 편지로 매번 응원해 드릴 테니, 힘내셨으면 좋겠어요.

5년간 비행과 다짐을 반복해 온 서후

커피숍에서 음료를 주문하고 앉았다. 15평 남짓한 공간에 아무도 없어서 떨리는 마음으로 노트북을 켠다. 주변을 관찰하면서 만나면 어떻게 대처할지 준비한다.

키가 크고 훤칠한 두 남자가 들어왔다. 순간 긴장감이 맴돌았다. 나는 일어나 인사한 후 다시 앉았고, 두 사람은 음료를 주문하러 갔다. 그사이, 떨리는 마음으로 기록을 다시 살펴본다.

서후와 서후 아빠에게서 이야기를 듣기 시작했다. 서후는 호기심이 강한 아이였다. 초등학교 4학년 때부터 사춘기가 시작된 것 같다고 했다. 중학교 1학년 때는 분리수거장에 불을 지르고, 다른 아파트 지하에서 소화기를 터뜨린 전력이 있다. 가족 여행도 하고, 다양한 체험 활동도 적극적으로 하면서 자랐다. 친구에 관해 이야기하던 중 서후와 아빠의 의견이 충돌했다.

"친구는 그냥 친구라서 좋아요."

"몇 번 보고 어떻게 알아. 니랑 잘 맞아야 할 거 아니야. 만난 지 일주일 된 친구랑 일 년 된 친구는 다를 수 있잖아."

"아빠와는 생각이 다르다니까."

서후가 친구들과 싸우지 않기 위해서 노력하겠다고 말했다. 그러자 아빠는 안 싸워야겠지만 갈등을 잘 푸는 방법을 찾는 노력도 중요하다고 강조한다. 게임도 동생과 하다 보니 길어진다고 하면서, 그만하기로 약속한 시간은 지켜야 한다고 잔소리한다. 부자간 입장 차를 확인하며 대화하는 모습이 나를 웃음 짓게 했다. 그렇게 긴장이 풀리면서 본격적인 상담이 시작되었다.

　첫 심리기일에 결정이 내려지고 4개월 정도 지났을 무렵, 서후가 보호관찰을 제대로 받지 않아 보호처분 변경이 신청되었다. 그동안 무슨 일이 있었는지 걱정부터 앞선다. 지난 재판 이후 서후는 평범하게 지냈으나, 보호관찰소의 특별 준수 사항을 제대로 지키지 못했다고 한다. 그래서 상담을 진행했는데, 이후 불안해하면서 부모님과의 의견 차이 때문에 죽고 싶다고 말이나 문자메시지로 표현한다고 해서 걱정이 많았다.

　서후는 자살 생각을 밝히면서도 부모님에게 상처 주지 않고, 사고도 치지 않으려고 노력하고 있다고 말했다. 그러면서도 엄마와는 떨어져 있으려 한다. 집에 가면 재미가 없으니 친구들과 함께 지내는 생활을 반복해 왔다. 서후가 무엇 때문에 자살 생각을 하게 된 것일까. 속상한 마음을 표현하다 보니 그렇게 된 것일까. 무슨 힘든 일이 있었을까?

　전학 간 학교에서 적응 시간을 보내던 서후는 여전히 학교 가기가 싫다고 했다. 친구들과 놀고 싶은데 보호관찰을 받아야 하니, 그게 싫어서 죽고 싶단다. 그러다 보니 태도가 불량스럽고 선생님과 마찰을 일으켜 문제 행동을 반복하는 듯하다. 다행히 보호관찰 위반 정도가 중하지는 않았다. 서후는 심리를 마치고 집으로 돌아갈 수 있었다.

하지만 얼마 지나지 않아 서후는 또다시 일탈 행동을 했다. 절도와 무면허 운전. 보호처분 변경 신청으로 서후와 만나게 되었다. 서후는 분류심사원에서 한 약속을 지키지 못해 죄송하다고 했다.

그해 12월, 서후는 심리기일에 나타나지 않았다. 추운 겨울에 어디 있는지 걱정이 되었다. 고등학교 입학 원서 제출을 해야 하는 시점이었다. 애타는 부모님과 함께 행방을 수소문했다. 다행히 연락이 닿았고, 지인에게 도움을 받아 원서도 무사히 제출했다. 이번 재판에서 서후는 9호 단기 소년원 처분을 받았다.

법정을 지나 칸막이 뒤편으로 서후를 보낸 아빠는 걱정이 가득하다. 자유로운 영혼인 서후가 규칙적인 생활에 적응하지 못해 문제가 생겨서 더 큰 일이 발생하지 않을까 하는 염려였다. 나 또한 서후가 걱정되고 마음이 짠했다.

부모님을 보내고 서후 얼굴을 보려고 분류심사원 선생님께 양해를 구했다. 고개를 숙인 모습을 보니 차마 말을 할 수 없어 어깨를 토닥이며 짧게 인사하고 나왔다. 서후는 긴 시간 먼 곳에서 지내는 일이 처음이라 감정 조절을 힘들어했지만, 씩씩하게 잘하고 오리라고 믿었다.

해를 넘기고 반가운 소식이 왔다. 서후가 그동안 생활을 잘해서 가퇴원했다는 연락이었다. 대견하다는 생각이 들면서, 이제는 마음 잡고 잘 지내기를 기대했다. 그러나 그것도 잠시, 오토바이 사고가 크게 나서 병원에 입원했다는 연락을 받았다. 며칠째 의식이 없다가 수술 후 회복하게 되었다. 몸이 신호등 높이까지 떴다가 떨어져서 머리를 박고 오토바이에 다리가 깔리는 심각한 사고였다.

서후가 살아 있다는 사실에 감사하고 또 감사했다. 하지만 서후는 이번 비행 때문에 다시 심리기일이 잡혔다. 아픈 아이를 재판정에서 만나야 해서 안타까웠으나 어쩔 수 없었다. 공갈, 폭행, 무면허 운전 등 가퇴원 후 저지른 일이 많았기 때문이다.

무엇이 진정 아이들을 위하는 길일까

사고에 따른 치료비와 합의금도 커서 회복 후 아르바이트를 통해 부모님께 도움을 드리면서 생활을 열심히 하겠다던 서후는 3개월 뒤에 또 심리를 받아야 했다. 이번에는 보호처분 집행 감독 사건이었다. 죽을 고비를 넘기고도, 금지돼 있던 무면허 운전을 한다. 게다가 다른 특별 준수 사항도 제대로 이행하지 않았다.

상황이 이렇게 흘러가니 생각이 많아졌다. 서후가 자살을 생각하고 사고에 따른 건강상의 이유가 있다고 하더라도 이런 식으로 계속 아이를 보호하는 길이 맞는 것일까. 오히려 이 길이 아이를 망치는 것 같아 혼란스러웠다. 고민을 하면서 5개월을 보낸 뒤, 세

건의 무면허 운전으로 다시 서후를 상담하게 되었다. 내 심정은 말로 표현할 수가 없었다. 가퇴원 후 발생한 사건 중 뒤늦게 송치된 것들도 있어서, 또 한 번 놀랄 수밖에 없었다.

마음잡고 병원에서 치료를 잘 받으면서 고등학생으로 열심히 생활하겠다는 서후의 다짐이 헛되지 않기를 기도했지만, 소용없었다. 무면허 운전, 공동 폭행 및 상해로 심리를 받았는데도 공갈, 야간 외출 제한 위반, 보호관찰관 지도 감독 불응 등으로 보호처분 변경이 신청되었다. 지금 서후는 심리기일을 앞두고 분류심사원에 있다.

부모님은 그동안 서후를 찾으러 다니느라 바빴다. 서후를 달래기도 하고, 치료와 합의를 위해 노력하면서 원망과 안타까운 마음에 험한 말도 했다. 두 분이 뒤돌아 울고 계시고 있다는 사실을 알기에 마음이 아팠다.

5년 전부터 최근까지 있었던 서후를 둘러싼 사건을 다시 짚어 보니, 국선보조인으로서 고민이 깊어진다. 품행을 어느 정도까지 교정할 수 있을지 돌아보게 되고, 아이가 학생 신분을 유지하면서 진로를 준비할 때 어떻게 도와주는 것이 진정 아이를 위한 길인지 다시 생각해 보게 된다.

시간이 한참 흐른 뒤 서후가 편지를 보내왔다.

제가 중학교 때부터 방황하면서 비행을 저지를 때 선생님께서 제

입장에서 얘기를 잘 들어 주셔서 걷잡을 수 없는 상황까지 가지 않은 거 같아요. 정말 감사해요, 선생님.

제가 이렇게 성장할 수 있었던 것도 선생님께서 끝까지 저를 포기하시지 않고 믿어 주신 덕분이에요. 그래서 제가 그나마 이렇게 지낼 수 있는 것 같습니다. 감사합니다. 전 정말 선생님을 저희 엄마 같은 분이라 생각합니다. 그만큼 선생님을 믿고 의지하고 존경한다는 거죠. 앞으로도 잘 부탁드리고 멘토 기간이 끝나더라도 계속 제 선생님이길 바랍니다.

제가 계속 선생님이랑 이렇게 보는 게 좋은 일은 아니지만 그래도 제가 바뀌는 모습을 꼭 보여 드리고 싶어요. 그래서 조금이라도 노력하는 거고요. 옛날부터 바뀌겠다고 말만 했지, 바뀌는 모습조차 보여 드리지 못한 거 같아서 너무 죄송했어요.

항상 먼저 연락하셔서 어떻게 지내는지, 힘든 일은 없는지 여쭤봐 주시고 항상 제 옆에서 제 편이 되어 주셔서 정말 감사해요. 전 선생님께 거짓말 치는 제자잖아요. 앞으로는 믿음을 드리고 자랑스러운 제자가 되도록 노력해 보겠습니다. 이제 법원이 아닌 평범한 곳에서 선생님을 뵙고 싶어요.

항상 감사합니다, 선생님.

14장

어른들은 정말 몰라요

박정숙 아이들과 만날 때가 가장 즐거운 청소년 상담사로, '내 자식 잘 키워 보자'라는 욕심으로 상담 공부를 시작했다. 중학교에 상주하는 학교 폭력 상담사로 일하면서 자살, 가출 등 심각한 청소년 문제를 현실로 체감하게 되었고, 마음이 어려운 청소년과 부대끼며 비행 예방에 보람을 느끼면서 청소년 상담에 빠져들었다. 보호관찰소 특별범죄예방위원, 보호관찰위원으로서 보호소년을 상담하기도 했다. 현재 창원지방법원 소년부 국선보조인, 위탁보호위원으로 활동 중이며, 남들은 힘들지 않냐고 묻지만 오늘도 즐겁게 아이들을 만나러 간다.

희망의 씨앗을 품는 아이들

春若不耕 秋無所望(춘약불경 추무소망). '봄에 밭을 갈지 아니하면, 가을에는 거두어들일 것이 없다.'

늘 아이들을 만나는 일을 하다 보니, 이 문구를 볼 때면 '청소년 시절에 노력하는 삶이 얼마나 소중한가' 다시 생각하곤 한다. 청소년 시절에 밭을 갈지 아니하고 방황하는 아이들에게 작은 사랑을 주기 위해 청소년복지센터에서 오랜 세월 상담사로 활동했고, 2021년부터는 창원지방법원 소년부 국선보조인으로 일하고 있다. 항상 만나야 할 아이는 많은데, 내가 과연 사랑과 정성을 다하고 있는지 자책감과 아쉬움이 들기도 한다.

가출한 아이를 찾아 부모님 곁으로 보내고, 학교 안팎에서 폭력을 일삼던 아이와 함께 용서를 빌고 첫값을 치르기 위해 경찰서와 보호관찰소를 출근하듯 드나든다. 교사와의 갈등으로 등교를 거부하는 학생을 꾸준히 면담하던 어느 날, "쌤! 우리 담임선생님이 달라졌어요"라며 무척 기뻐하던 모습에서 작은 희열을 느낀다. 담임선생님도 "우리 학생이 조금씩 좋아지고 있어요"라고 말씀하셔서 마음이 뿌듯해진다.

폭행 사건으로 입건된 아이가 경찰서에서 조사받을 때 새벽녘까지 함께한 적이 있다. 경찰서를 나오면서 아이가 "선생님은 우리와 잘 통하는 것 같아요" 하며 웃었다. 그 모습을 보며 힘든 줄 모르고 귀가하며 은은한 미소가 번지는 작은 즐거움을 경험하기도 했다.

이렇듯 아이들과 함께하는 일로 보람을 느낄 때마다 남모를 힘이 생기면서 조금 더 사랑을 줘야겠다고 다짐하곤 한다.

보호관찰소 출석 수강을 어겨 수갑을 차고 구인되는 아이를 보았을 때는 '이런 일은 나와 맞지 않은가 보다' 푸념하기도 했다. 포기하는 게 좋겠다는 생각이 들어 마음이 흔들리고 가슴도 무척 아팠다. 하지만 겁먹은 채 끌려가는 아이 얼굴을 떠올리자, 발길은 어느새 그 아이가 있는 소년원을 향했다.

소년재판 심리기일에 아이는 국선보조인 선생님이 진실로 자신을 믿어 준다는 생각이 들었다고 했다. "쌤, 이제 후회하는 일 안 할게요. 믿어 주세요" 하면서 눈물을 글썽이는 모습은 회의감에 지쳐 가던 내게 또 다른 희망이 되었다.

내가 한 번이라도 더 발품을 팔수록, 좌절하는 아이들에게 작은 희망의 씨앗이 심기는 것을 본다. 이 희망의 씨앗이 새로운 삶을 만든다는 사실을 발견했을 때, 힘들었던 기억이 모두 봄에 눈이 녹듯이 사라졌다. 이런 기억들이 국선보조인 일을 지속할 수 있게 하지 않았나 싶다. 지난 시간을 돌아보며 지금까지 만났던 아이들 한 명 한 명을 떠올려 본다.

왕따를 주동하던 아이에게 찾아온 변화

다연이는 왕따를 주동하는 아이였다. 피해 학생을 뒷담화해서 집단 따돌림을 당하게 만들었다. 스트레스를 심하게 받으면서 학교생활에 적응하지 못한 피해 학생이 전학을 가려던 시기에 다연이를 만났다.

다연이는 부모님과 같이 살지 않았고 외할머니와 살았다. 또래와 어울리다 늦게 귀가할 때면 부모님에게서 확인 전화가 오곤 했다. 부모님이 전화해서 잔소리부터 하니 화가 치민다고 했다. 그때마다 누군가를 한 대 후려치고 싶은 기분이 든다는 것이다.

"쌤! 어른들은 왜 그래요? 우리보고는 뭐든 하지 말라 하고. 자기들은 뭐 잘한 게 있다고…. 어른들은 우리를 정말 잘 몰라요. 우리 심정을 제대로 이해해 주지도 않아요."

다연이가 거칠게 내뱉는 말과 속된 표현에는, 부모님에 대한 불만과 어른들을 향한 원인 모를 적대감이 가득했다. 몇 차례 상담에서는 입도 뻥긋하지 않던 다연이가, 부모에게서 느끼지 못한 관심을 국선보조인인 나에게서 느꼈는지 조금씩 마음의 문을 열기 시작했다.

몇 차례 지속된 상담을 통해 다연이가 아버지의 폭력을 보면서 자라 왔다는 사실을 알 수 있었다. 이후 부모님과 통화했다. 부모님의 이해를 구하면서 다연이 속사정을 대변했다. 상황에 맞는 자녀 훈육 및 지도 방법을 모색하도록 의견을 제시했고, 부모님도 수긍하면서 무사히 상담을 마칠 수 있었다.

왕따를 주동했던 다연이가 달라지자 피해 학생도 조금씩 안정을 되찾았다. 피해 학생은 전학 가지 않고도 학교생활을 이어 갈 수 있게 되었다. 다연이는 지금까지도 나와의 약속을 어기지 않고 있다. 가끔 안부도 물어 온다.

"쌤! 밥은 묵고 댕기시나?"
"하모! 니도 인자 비행 안 하고 잘 지내나?"
"쌤, 걱정 마세요. 이제는 잘 지내고 있어요."

삶을 바꾼 '의료 시설 위탁' 처분

추석 연휴 중 "변호사님! 추석 잘 보냈습니꺼?"라며 호성이 어머니에게서 전화가 왔다. 심리상담전문가 국선보조인이라고 몇 번 말씀을 드려도 막무가내로 변호사라고 부르신다.

"정말 감사합니더, 이번에 우리 아들이 검정고시 합격했어예."
"어머니, 축하드립니다! 정말 기쁜 소식이네예."

호성이는 7호 처분을 받아 의료 보호 시설에 위탁되었는데, 거기서 검정고시를 준비하고 응시해 합격했다는 소식이었다. 어머니와 통화하다 보니, 호성이와의 일이 눈앞에 떠올랐다.

호성이 부모님은 이혼하지 않았지만, 서로 다른 생활권에서 장

기간 별거 중인 상황이었다. 호성이는 어머니와 관계가 안 좋아지면 아버지가 계시는 곳에서 살고, 아버지와 관계가 안 좋아지면 다시 어머니에게 가는 식으로 불안정한 생활을 이어 나갔다. 호성이는 학교에서도 제대로 생활하지 못했고, 학교 폭력으로 고등학교를 자퇴했다.

자퇴한 호성이는 특수 절도 사건으로 소년재판을 받았다. 상담약속을 잡았는데도 시간이 한참 지나도 오지 않아 전화를 걸었다.

"호성아, 어디고? 와 안 오노?"
"아직 밥도 못 먹어서 배가 고파서 못 나가겠어요. 재판만 받으면 되지 왜 쌤을 만나야 해요?"

억지를 부리는 호성이에게 만나서 대화하자고 했다. 결국 호성이네 집을 방문하게 되었다. 직접 만나서 무엇이 중요한지 모르겠냐고 물어봐도 배가 고파 못 갔는데 어쩌라는 거냐며 막무가내로 화만 낸다. 아무래도 심리 상태가 이상해 보여서, 어머니에게 진료받은 적이 있는지 조심스럽게 여쭤봤다.

병원에서 검사한 결과 ADHD를 진단받았다며, 실제 나이는 열아홉이지만 정신연령은 초등학교 6학년 수준이라고 했다. 약을 먹어야 하는데, 어머니가 저녁에 카페 일을 나가면 집에 혼자 있으면서 약을 먹지 않는다고 했다.

호성이는 내가 국선보조인으로 선정된 특수 절도 사건 이전에도, 특수 절도와 보호처분 변경으로 세 차례 재판을 받았다. 이번 재판에서는 분류심사원 위탁 중에 어머니와 면담하면서 호성이를 7호 의료 시설로 보내면 좋겠다고 말씀드렸다. 보조인 의견서에 호성이의 상태를 설명하고 처분 의견으로 7호 처분의 필요성을 제시했다.

심리 결과, 7호 처분이 내려졌다. 호성이는 선고를 듣자, 항고하겠다고 소리를 지르기 시작했다. 법정에서 나가지 않겠다고 억지를 부렸다. 한참 떼쓰다가 보안관리대원에게 이끌려서 겨우 바깥으로 나갔다.

처음에 호성이 아버지는 병원 진료 결과를 듣고서도 어렸을 적에는 다 그렇다며 크면 다 괜찮아진다고 안이하게 생각하셨다. 자녀에게 정신적 문제가 있다는 사실을 믿고 싶어 하지 않는 부모님 마음을 모르는 바 아니지만, 현실을 직면하지 않고 회피하는 것이 문제를 키우는 시초라는 점을 항상 느끼게 된다.

다행히 어머니는 내 말을 귀담아들으셨다. 병원 상담과 진료를 병행하면서 아이 상태에 맞게 양육하겠다며 7호 의료 시설 위탁에 적극적으로 동의하셨다. 그런 시간 끝에 호성이의 검정고시 합격 소식을 전해 오신 것이다.

영어 100점, 수학 95점, 암기 과목은 점수가 조금 낮아 평균 90점을 받았다는, 전화기 너머 어머니의 상기된 목소리에서 기쁨이 느껴졌다. 서울, 천안, 대전에 있는 대학에 수시 원서를 접수했다고, 전문대도 고려해 봐야겠다고 말씀하시는데, 듣는 내 얼굴에도 덩달아 웃음꽃이 피었다.

호성이는 집에서 지낼 때 걷지도 않고 게임만 하면서 먹고 싶은 것만 먹어 몸무게가 130킬로그램에 가까웠다. 식단 조절과 운동을 병행해서 현재는 90킬로그램이 되었다. 7호 시설에서 꾸준하게 운동장을 열 바퀴 달리고 팔굽혀펴기를 20회씩 했다고 한다. 지금은 집에서 먹던 간식이나 인스턴트식품도 일절 먹지 않는다고 했다.

시설에서 하루하루 생활하면서 자신에게 긍정적 영향을 준 것과 부정적 영향을 준 것을 '플러스'(+)와 '마이너스'(-)로 구분해 기록하고 있다고 한다. 호성이는 이 기록 습관을 집에 가서도 이어 가겠다고 말하며, 평생 건강한 몸으로 살겠다고 약속했다.

만약 집에 계속 그대로 있었다거나, 변화의 계기를 마련하지 못했다면 체중이 더 늘었을지도 모른다. 학력도 중졸로 머물렀을 수 있다. 그런데 7호 위탁 의료 시설에 와서 감량도 하고 건강한 몸에 검정고시까지 합격해서 대학 입학을 앞둔 삶으로 바뀌었다며, 호성이는 변화한 자신이 대견하고 이 상황에 감사한다고 했다. 자신이 변할 수 있도록 처분해 주신 판사님께도 감사드린다면서, 재비행하지 않겠다고도 거듭 약속했다.

"쌤이 정말로 나는 좋아요"

요즘에는 일반 고등학교에 적응하지 못해 중도 탈락하는 아이가 많아졌다. 대인 관계를 잘 맺지 못하거나, 교사와 갈등이 생겨 졸업하지 못한 채로 꿈을 포기하고 일탈하는 아이들 얘기다.

창원지방법원 소년부는 이 아이들을 위해 2011년 국제금융고등학교와 협약을 체결했다. 특히 창원분교 야간반을 개설해 2년 6학기 과정으로, 고등학교를 마칠 수 있도록 혜택을 주고 있다. 내가 국선보조인으로 맡은 아이 중 이곳에 입학해 졸업까지 이어진 경우가 70명이 넘는다.

제일 기억에 남는 아이는 20대 초반 나이에 고등학교를 마치고 대학교에 진학, 간호학과를 졸업해서 지금은 간호사로 일하는 건희다. 학교 다닐 때는 철없이 행동해서 친구나 후배에게 피해를 준 일이 많았다. 건희는 자기 잘못을 반성하고 속죄하는 마음으로 봉사하는 자세로 살겠다고 다짐했으며, 제2의 인생을 열심히 살아가고 있다. 건희와 같은 아이들의 삶에 희망을 불어넣을 기회를 준 국제금융고등학교 모든 선생님께 고개 숙여 인사드리고 싶다.

국선보조인으로 일하며 아이들에게서 수많은 편지를 받았다. 그 중 영수가 보내온 편지 중 일부를 옮겨 본다.

연리지 쌤에게.

선생님은 나한테 도움을 주고 조언해 준 게 많은 고마운 사람 중

한 명이에요. 나한테 없어서는 안 될, 없으면 허전할 뿐 아니라 쓸쓸하게 될 소중한 사람이에요.

우리 엄마 아빠도 나를 안 믿어 줄 때 나 믿어 주던 사람은 친구들 그리고 쌤 한 사람이었지요. 그래서 난 쌤이 좋고 그래서 난 쌤이 없으면 안 돼요!

내가 담배를 피울 때도 담배 안 좋다 끊으라 말 안 하고, 줄일 수 있을 만큼 줄여서 보건소 가서 침이나 한 대 맞으며 차차 줄여 나가자고 말해 주는 쌤이 나는 좋아요. 내가 술을 마시면 건강에 안 좋다고, 그리고 무슨 일이 있을지 모른다고 걱정하면서 말해 주는 쌤이 정말로 나는 좋아요. 내가 경찰서에서 쌤을 만나도 쌤은 항상 내 편이라는 믿음을 주세요. 내 말을 이해하고 격려해 주는 쌤이 정말로 나는 좋아요!

그래서 쌤은 정말로 고마운 사람이에요. 쌤이 얼마나 고생하는지 나는 진짜 잘 알아요. 시내와 각 학교에서 다루기 힘든 학생을 하나하나 이해하면서 그리고 다독이면서, 재판받기 전에도 가출하여 집에 들어오지 않으면 얼마나 화가 나겠어요. 솔직히 나는 너무 잘 알지요, 쌤 마음을. 나도 그렇고 내 친구들도 그렇고, 그러면 안 된다고 그냥 따뜻하게 말해 주는 쌤이 너무 고마워요.

집에는 일찍 들어갔나? 엄마랑 아빠랑 싸우지 않았나? 학교는 잘 다니고 있나? 아무리 화가 나더라도 친구들과 폭력을 하면 안 된다. 화가 날 때는 손을 열중쉬어, 알긋나? 하나하나 걱정하고 챙겨 주는 쌤이 너무너무 고맙고 너무나도 미안해요. 항상 걱정하고 또 걱정하게 만드는 내가 너무 미안해요.

쌤이 있어서 담배도 하루에 세 개 넘지 않게 피고, 술도 안 먹고 친구들과 싸우지도 않고, 재판도 안 받고 있어요. 쌤이 있어서 학교도 반듯하게 가고 집에도 일찍 일찍 들어가고, 쌤 덕분에 아빠하고도 예전만큼 갈등이 심하지 않아요. 정말 고마워요.

항상 내 걱정에 전화하고 문자를 하고, 항상 전전긍긍 그러면 안 된다고 만날 때마다 말해 주며 내가 잘못하여 경찰서에서 조사받을 때도 옆에 있어 주는 쌤이 너무 고마워요. 쌤을 걱정시켜서 정말 미안해요. 이제는 쌤한테도 엄마, 아빠한테도 잘할게요.

모든 걸 말할 수 있고 편하게 들어 주는 쌤한테 항상 고맙게 생각해요. 항상 만날 때마다 걱정시키는, 항상 멀리 있어도 걱정시키는 내가 얼마나 미안한 마음을 가지고 있는지. 내 맘 알지요?

항상 미안하고 고마운 우리 정숙 쌤! 내 맘 한마디로 항상 표현하는 거 있죠?

하모요(그럼요), 쌤이 난 최고지요! 이제부터 잘할게요. 그리고 미안해요. 내 맘 잘 아는 우리 쌤 억수로 사랑해요!

같은 눈높이에서 다가간다면

서부 경남에서 오랜 기간 청소년 상담사로 일하다 보니, 청소년 관련 기관 종사자들을 알게 된다. 그중에서도 경찰서 소년 업무 담당자분들을 빼놓을 수 없다. 작년에 김두정 경감님에게서 편지 한 통을 받았다.

연리지 선생님의 사랑법

나무가 맞닿아 오래 있으면 가지가 하나로 합쳐지고 맞닿은 두 나무의 결이 서로 통해 세포가 서로 합쳐 하나가 될 때 연리지(連理枝)라고 합니다. 맞닿은 채로 오랜 세월이 지나다 보면 껍질이 벗겨지고 생살이 찢겨지는 고통을 겪으면서 처음에는 가지 하나가 붙게 됩니다.

닉네임 '연리지', 청소년 사이에 '연리지 쌤'으로 통하는 국선보조인 선생님! 처음 박정숙 선생님을 알게 된 것은 진주시 청소년상담센터에서 만난 것으로 14년 전부터 인연을 이어 오고 있었습니다. 가출 청소년을 찾으려면 박정숙 선생님에게 물어보라고 할 정도였습니다.

저 역시 가출 청소년의 행방을 애타게 찾고 있을 때였습니다. 죽고 싶다는 쪽지를 남기고 집을 나간 청소년을 몇 시간 만에 찾아내어 귀가시키는 것을 보고 여성청소년계에 근무하고 있는 저로서는 놀라지 않을 수가 없었습니다.

죽고 싶다고 꼭꼭 숨은 그 청소년을 어떻게 찾을 수 있었는지, 그 청소년을 어떻게 달래 주었기에 스스로 귀가하였는지 등이 궁금하

였으나 그 궁금증은 오래지 않아 자연스레 풀리게 되었습니다. 어느 날 우연히 보게 된 선생님의 수첩 속에 그 비밀이 있었던 것입니다.

수첩 속 빼곡히 적혀 있는 이름들, 그 밑에 깨알같이 적혀 있는 많은 정보, 그동안 선생님을 겪으면서 그 많은 정보들은 그냥 얻어지는 것이 아니라 진심 어린 사랑이 낳은 열매라는 것을 알게 되었으며, 그 사랑은 그들의 말을 들어 주고 그들의 눈높이에서 이해해 주는 단순함이었다는 것에 또 한 번 놀랐습니다.

보호관찰 위반으로 수갑이 채워진 아이를 보고 함께 힘들어하며 퇴학 처분이라도 면하게 해야겠다며 학교와 보호관찰소를 왔다 갔다 하는 모습에서 부모도 실망하여 면회도 가지 않는 청소년이 수감되어 있는 소년원에 찾아가는 모습까지, 끝까지 그들의 손을 놓지 않으려고 애쓰는 모습을 볼 수 있었습니다.

여성청소년계에 근무하면서 이곳을 거쳐 가는 청소년들을 보며 '이 아이들에게 조금만 더 관심 가져 주었더라면, 조금만 더 아이들을 이해해 주었더라면 이렇게 밖으로 돌지는 않을 것인데'라는 생각으로 마음이 많이 안타까웠습니다. 제가 하동경찰서에 근무할 때도 선생님은 하동까지 애들을 만나러 오시던 모습이 눈에 선합니다. 현재 저는 의령경찰서에 근무하고 있지만 가출 청소년이 있으면 언제나 박정숙 선생님을 찾습니다.

선생님의 생각과 방식을 강요하기보다 그들의 이야기에 귀 기울여 주고 그들의 입장에서 이해하려 하는 모습과 그러면서 재촉하지 않고 기다려 주는 것을 통해 결국은 그들이 먼저 선생님께 도움을 구하고 많은 얘기를 털어놓게 된다는 것을 알게 되었습니다. '찾아야 하는 청소년이 있으면 박정숙 선생님을 통하면 된다'는 말을 할 정도로 많은 청소년들이 선생님을 믿고 따르고 있다는 것을 몇 번이나 실감했습니다.

연리지의 또 다른 놀라움은, 하나가 되었지만 고유의 특성은 그대로 간직한 채 살아간다는 것입니다. 원래 빨간 꽃은 빨간색으로 노란 꽃은 노란색으로 꽃피운 채 하나가 되었지만 내 것만 강요하지 않는 연리지처럼 박정숙 선생님 또한 아이들의 말을 들어 주고 아이들의 방식으로 이해하며 재촉하지 않고 그렇게 조금씩 다가가고 있었습니다. 국선보조인의 몫을 묵묵히 행하시는 박정숙 선생님을 통해 우리 청소년들의 미래가 더 행복하고 풍성해질 것이라는 희망을 가져 봅니다.

―의령경찰서 민원봉사실 경감 김두정

나는 청소년 상담사로서 오랜 기간 일해 왔지만, 소년부 심리상담전문가 국선보조인으로서는 이제 4년 차다. 아직도 여러모로 부족하다고 느낀다. 그럼에도 아이들을 만나면서 느낀 공통점이 있다. 문제가 있으면 반드시 풀 수 있다는 사실이고, 문제가 있는 학생들의 소리와 원망을 한 번쯤 내 일처럼 들어 주면서 고민할 수 있어야 한다는 점이다.

"어른들은 우리를 잘 몰라요"라는 말 한마디가 계속 내 머릿속을 맴돈다. 아이들 편에서 문제를 보고, 그들 스스로 문제를 풀어 갈 수 있도록 돕는 것이 중요하다. 아이들 말을 들어 주면서 지혜를 함께 키워 가는 어른이 되어야겠다.

어른들은, 아이들이 봄에 밭을 갈 수 있도록 이야기를 잘 들어 주면 좋겠다. 각각의 아이들에게 꿈과 희망을 나누어 주는 사람, 여유를 갖고서 모든 일을 대하는 마음의 부자가 되었으면 한다. 추운 계절을 살아가는 우리 아이들에게 따뜻한 봄날이 오길 바란다.

15장

따뜻하면서 엄격하게

이순화 아이를 있는 모습 그대로 가만히 들여다보고 품어 주는 어른이기를 소망하는, '아이들 곁'이 가장 행복한 전문상담사. 대학에서 가족상담 및 치료, 상담심리학을 가르쳤으며, 14년째 창원지방법원 소년부와 함께하면서 국선보조인, 위탁보호위원, 화해권고위원으로 활동하면서 법무부 창원청소년꿈키움센터에서 아이들과 보호자를 만나고 있다. "밥 먹자" "뭔가 사정이 있겠지" "제대로 야단맞자 속 후련~해지게" "더 나빠지지 않게 딱 거기까지만" 같은 말을 자주 쓰면서, 오늘도 가슴 한구석을 비워 놓은 채 아이들을 기다린다.

소년에게 빠져 지낸 13년

2007년 12월 31일 개정된 소년법은, 보호소년이 분류심사원에 위탁 혹은 유치됐을 때 사선보조인이 없으면 국선보조인을 의무적으로 선정하도록 정하고 있다. 국선보조인 제도가 활성화될 수 있는 제도적 장치가 마련된 셈이다. 법원의 소년부에는 두 종류의 국선보조인이 활동하고 있다. 변호사 국선보조인과 심리상담전문가 국선보조인이다.

소년법은 범죄소년, 우범소년, 촉법소년 즉 반사회성이 있는 소년을 대상으로 한다. 소년법은 소년에게 법적 강제 조치를 수반하는 사법적 기능, 그리고 환경을 조성하고 성행(성품과 행실)을 개선하는 방법을 통해 소년의 건전한 보호·육성을 추구하는 복지적·후원적·교육적 기능을 함께 고려한다.

국선보조인은 소년재판 절차와 특성을 이해하여, 보호소년이 지닌 권리를 옹호하고 대변자 역할을 하면서 적정한 보호처분을 실현하도록 법원에 협력해야 한다. 소년을 위한 권리 옹호자이자 법원을 돕는 협력자인 셈이다.

나는 대학과 대학원에서 교육심리와 상담을 전공했다. 청소년상담사, 전문상담교사 자격을 취득한 후, 청소년상담복지센터 (찾아가는) 상담원, 창원보호관찰소 보호상담원 및 교육강사로 활동하며 소년보호처분을 받은 보호소년과 소년의 보호자를 상담하고 교육하는 일을 했다. 창원에 개청된 법무부 범죄예방정책국 창원청소년비행예방센터의 비행예방전문강사로 교육 및 상담 조사 활동도 진행했는데, 센터를 방문한 판사님이 소년부 국선보조인으로 함께하면 어떻겠냐고 제안을 하셨다. 그 후 청소년비행예방센터장 추천으로 2011년부터 지금까지 창원지방법원 소년부 국선보조인으로도 활동하고 있다.

창원지방법원 소년부는 소년사건으로 접수된 소년 중 일부를 창원청소년비행예방센터로 보낸다. 상담 조사를 위탁하기 위해서다. 보통 센터에서는 3일간 보호소년이 비행을 저지른 원인을 과학적으로 진단하고, 재비행을 막기 위해 교육한다. 교육부가 인정한 대안 교육기관이기에 센터에서 교육받는 시간은 학교 출석으로 인정해 준다. 법 교육, 폭력 예방 교육, 절도 예방 교육, 성 비행 예방 교육, 사이버 범죄 예방 교육, 그리고 인성 교육 및 체험 활동을 실시한다. 이외에도 검찰 기소유예 교육, 학교 특별 교육, 교원 직무 연수 등을 진행하는데, 나는 교육 담당이자 전문 강사로서 법원을 거쳐 간 수많은 소년들, 보호자들, 교사들과 만나고 상담하면서 다양한 감정을 느끼며 보람된 10여 년을 보내고 있다.

소년에게 빠져 지낸 세월이 어느덧 13년, 오늘도 나 자신에게 묻는다. '따뜻하면서 엄격하게'라는 지침을 따라 아이들을 대하고 있는지, 아이들을 진정성 있게 존중했는지, 경청하고 공감하면서 실제로 도움을 주는 접견과 안내를 했는지 말이다. 컨디션을 평안하게 유지하여 아이들의 아픔과 아우성을 받아 낼 수 있는 몸과 마음을 준비했는지도 돌아본다. 나는 오늘도 창원지방법원과 창원청소년비행예방센터 주변을 맴돌며 바삐 움직이고 있다.

사라진 아이에게서 온 연락

새벽 4시, 휴대전화가 울린다. 24시간 핫라인으로 연결해 둔 SNS 알림이다.

'쌤, 주무세요?'

가슴이 쿵쾅대고 손에 꼭 쥔 휴대전화가 뜨겁다. 팔이 저리고 손에 땀이 차지만, 이 대화를 놓쳐서는 안 된다. 다그치지 않고, 따져 묻지 않는다. 앞선 답을 주지도 않는다. 훈계나 지도가 아니라 그저 아이가 같이 있다고 느끼도록 따뜻하게 품는 데 온 신경을 쏟는다.

'넌 혼자가 아니야. 난 너를 놓지 않아'라고 속으로 되뇌며, 온 마음을 열어 감각을 각성하고 집중하면서 아이와 나, 둘만의 대화에 빠져든다. "서연아" 하며 한 번씩 이름을 부르면서….

두어 달 전, 소년원을 퇴소한 서연이는 3주 만에 가출해서 주거지를 이탈하고 잠적해 버렸다. 1년 전 연이은 가출, 공갈, 협박에 무면허 운전까지 해서 9호 처분을 받았다. 이번에는 보호관찰 위반에 보호자 통고 사건의 주인공이 되고 말았다. 곧 재판인데 벌써 한 달 이상 가출한 상태다. 다음 주 기일이 잡혀 있어 법정에는 불

출석할 것으로 예상된다.

　"9호에서 가퇴원하면 다시 비행하지 않고 엄마랑 같이 살려고
요. 늦었지만 이제 고등학교 가서 내년에는 떳떳한 학생으로 생활
잘할 거예요."

　사회로 나오기 직전, 소년원에서 상점을 적립해 허락받은 몇 번
의 전화 통화 중에 의연한 목소리로 결심을 전했었다. 소년원에서
가퇴원 후 "쌤, 보고 싶어요" 한마디에 바닷가 카페에서 데이트도
했는데…. 그만 서연이가 사라져 버렸다. "서연아" 부르면, "네" 하
고 즉답하던 아이가 없으니 울컥, 허전한 마음과 서운한 마음이 밀
려온다. 가슴이 아리다.
　가출했다는 소식을 듣고 즉시 SNS에서 부른 이름, "서연아!" 분
명 읽었을 텐데 답이 없다. 걱정되고 속상하고 답답하다. 서연 어머
니의 실종 신고를 접수한 경찰관은 경상북도 중소 도시 어딘가에
서 휴대전화 신호가 잡힌다고 한다. 전화를 걸면 누군가 받는데, 본
인이 아니라고 한단다.

　'아 다행이다. 폰을 팔지는 않았구나. 하지만 멀리 가 버려서 이
아이를 놓치면 어쩌지….'

가출한 아이들이 배곯고 잘 곳 없어서 힘들면 집에 들어오겠지 하는 생각은 이미 옛날 옛적 호랑이 담배 피우던 시절에나 통했다. 지금은 적은 돈으로도 얼마든지 술 마실 곳, 담배 피울 곳, 잠잘 곳을 찾을 수 있다. 화려한 네온사인이 반짝이는 거리에, 이 모든 장소가 아이들 눈앞에 즐비하다. 가출한 아이들, 특히 여자아이들에게 밥값 술값 내 주고 차도 태워 주는 '헬퍼'는 전국 어디든 있다.

게다가 조건 만남까지 하며 언니·오빠·동생들, '가출 팸'과 뭉치면 돈을 마련해서 전국으로 유랑하는 장기 가출로 이어지기 십상이다. 수개월이 지나거나 해를 넘겨서 전혀 다른 분위기와 표정을 한 아이들이 발견되기도 한다.

남자아이들 또한 돈 없어도 재워 주는 각 지역 아지트, 무인점포, 원룸을 찾을 수 있다. 아는 형님 집이나 보호자가 없는 친구 집도 곳곳에 있다. 주변에는 '멋진 총대'를 조건으로 강력 범죄 선봉에 서면 뒤를 봐준다는 사람들이나 '뽀찌'(팁이나 개평 같은 일정액의 사례)를 떼 주겠다는 의리 있는 형님들도 여럿 존재한다.

'음… 네가 무슨 사정이 있었겠지?'
'그랬구나…. 넌 어때?'
'언제쯤 연락이 올까 기다렸어. 쌤은 늘 이 자리에 이렇게 있단다.'

자칫 추궁하는 것처럼 보일까 봐, 말을 고르고 고른다. 말을 아끼면서 서연이가 보내오는 짧은 SNS 메시지 안에 담긴 신호와 의미에 집중한다. 문답을 주고받는 속도, 호흡에도 신경을 쓴다.

'엄마는요? 저 이번에 소년원 또 가겠죠? 10호 가겠죠?'

덤덤한 척 천천히 답하는 내게 아이는 점점 빠르게 말한다. 질문이 많아진다.

'밥은 먹었어? 추운 데 있지 말고 따뜻한 곳에 있어. 몸은 스스로 챙겨. 엄마는 널 기다리셔. 화가 좀 나셨지만, 그래도 널 걱정하셔. 이것만 약속하자. 쌤하고 연락 끊지 말기. 서로 믿기. 지킬 수 있지, 쌤이랑은?'
'네.'

흔히 말하는 비행 청소년, 사회질서를 어지럽히고 범법 행동을 하는 소년들 대부분은 알고 보면 잘못을 저질러 놓고는 어쩔 줄 몰라 하며 후회하는 미숙한 아이들이다. 범법 행동은 분명 잘못이고, 본인이 대가를 치르고 책임져야 한다. 하지만 그 아이 자체를 잘못된 존재로 보고 거부해서는 안 된다. 비행 소년을 거부하고 손을 놓아 버렸을 때 그 소년이 또래들까지 더 큰 범죄에 끌어들이며 함께 집단화·흉폭화하는 사례도 보게 된다.

　서연이도, 혹여 하나밖에 없는 핏줄인 엄마가, 믿고 의지하던 국선보조인 선생님이 자신을 포기할까 봐 두려워하는 '아이'다. 자신이 아무도 돌아보지 않는 나쁜 청소년이 돼서 버려질까 봐 불안해하고 후회하는 아이다. 잘못이 무엇인지 알고, 어떤 선택이 옳은지 알지만 용기를 내지 못한다. '하루만 더', '하루만 더' 하는 심정을 알기에 채근하지 않는다.

　나는 기다리는 시간을 갖고자 먼저 내 마음에 빈방을 준비하고 여유 공간을 만든 후 서연이에게 손짓한다. 실낱같은 대화의 끈은 연결해 둔 채로 온갖 방법을 통해 마음을 전한다. 걱정과 염려를 전하고, 안부 인사를 하고, 장난을 치고, 관심을 담아 말을 건다. 앞으로 며칠간은 서연이가 나의 1순위 VIP 응급 대상자로, 서연이가 보내오는 메시지에는 언제든 응한다. 오케이! 성의와 집중, 관심과 걱정을 담아 진심으로 소통하려 애쓴다.

　'조금 더 힘을 내. 네 인생이야. 네 선택이 제일 중요해. 넌 할 수 있어. 돌아올 수 있어.' 입 안에 맴도는 말들을 꾹 눌러둔다. 꾹 눌러둔 말들을 말없이 텔레파시로 전한다. 그저 간단한 문자만 찍어 보낸다.

　'서연아, 잘 있니? 난 너를 기다려.'

어머니와 함께한 기다림의 시간

서연이 이름을 처음 본 때는 2년 전이었다. 내가 누군가의 국선보조인으로 선정됐다는 내용이 담긴 법원 등기우편물에 그 이름이 적혀 있었다.

당시 서연이 어머니는 이혼 후 홀로 딸아이를 키우며 미용실을 운영하셨다. 병든 친정어머니까지 수발하느라 고단하고 지친 기색이 역력한 얼굴을 하고 찾아오셨다. 걱정을 가득 담은 어두운 표정으로 국선보조인 면담에 참여하셨다. 그럼에도 왠지 꼿꼿하고 단단한 인상이 엿보였던 서연이 어머니 모습이 지금도 눈에 선하다.

어머니는 딸아이를 데려오지 못해 쭈뼛쭈뼛 홀로 출석하셨다. 꺽꺽 토하듯 끓어오르는 속울음을 쏟으며 참담한 마음을 눈물로 방 안 가득 채우셨던 서연 어머니. 그간 겪으신 삶의 질곡에 너무나 서글퍼서 같이 눈물을 흘리다가, 내 딴에는 위로한답시고 썰렁한 우스갯소리를 던지기도 했다.

"선생님, 저는 서연이 절대 포기 몬 합니더. 생활을 바로잡을 수 있으믄 소년원도 좋습니더."

결연한 의지로 말씀하시던 어머니에게 오히려 내가 더 힘을 얻고 위로를 받았다. 강한 어머니셨다. 이번 재판에서도 서연이 국선보조인을 맡게 됐다고 전화를 드렸더니, 몇 마디 후 말을 잇지 못

하셨다.

"서연이 아직 멀었습니더. 선생님과 딸아이에게 참 미안합니더. 딸아이가 부모를 잘 만났더라면….”

9호 소년원으로 가기 전에 만난 서연이는 중학교 무단결석으로 이미 학교 밖 청소년이 되어 있었다. 성인 남자와 사귀며 원룸에서 보호자 없이 또래들과 생활했다. 선배 언니들에게 돈을 상납하던 그때, 헤헤거리는 가벼운 웃음 사이로 자꾸만 불안, 외로움, 두려움이 보였다. 왠지 순수하고 맑아 보이지만 금방 스러질 눈꽃송이 같던 아이, 그렇게 서연이와 나의 인연이 시작되었다.

이미 주변 아이들을 통해 서연이에 대해 듣기는 했지만, SNS 심층 면담을 통해 좀 더 살펴보니, 이미 성매매 및 성매매 알선까지 이어져 비행의 정도가 심각했다. 위기 상황에 놓인 소녀였다. 일탈 이후 주변과 단절돼 있어서 도움이 절실한 상태였다.

서연이 이름이 적힌 국선보조인 결정 통지를 받자마자 사건 기록을 검토했다. 서연이 주변 환경과 대인 관계를 파악하고, 학교생활을 탐색하는 일까지 어느 정도 마친 후 서둘러 면담 약속을 잡았다. 소년보호사건에 담긴 의미를 전하며 심리기일도 통지하고 출석을 안내해야 했지만, 더 시급한 문제가 있었다.

서연이로 인해 다른 여학생들에게도 외박, 가출이 퍼지는 상황이었다. 그 아지트로 사용하는 서연이 원룸을 하루빨리 정리해야 했다. 어머니와 의논해서 원룸을 정리했고, 서연이를 귀가시킨 뒤, 먼저 안정된 주변 환경을 마련하기 위해 힘썼다.

소년재판을 통해 서연이는 분류심사원 위탁 교육을 거쳐 보호관찰 처분이 내려졌으나, 야간 외출 제한을 위반하고 가출했다. 결국 보호처분 변경 재판을 거쳐 9호 단기 소년원 처분을 받았다. 서연 어머니는 소년원이 있는 청주까지 월 2회 면회를 가면서 딸과 진지하게 만났다고 한다.

"하나도 안 힘듭니더. 딸내미랑 요즘처럼 많이 얘기한 적이 없으예. 갈 때마다 딸아이 얼굴을 자세히 들여다봅니더."

하지만 서연이는 소년원에서 나올 때 했던 약속을 지키지 못했다. 또다시 예전 모습으로 돌아가자, 어머니는 낙담한 나머지 농약까지 들고 가서 "같이 죽자. 살 필요도 없데이"라고 퍼붓고는 아이를 집에서 내쫓아 버렸다. 가출, 보호관찰 위반 등 예전으로 돌아간 서연이를 어찌해야 할지 모르겠다는 어머니의 자괴감과 한숨은 크고 깊었다.

"함께 살려고 임대 아파트도 신청했는데, 미용 기술 배우믄 일도 같이할라 캤는데…."

자꾸만 힘을 잃어 주저앉고 가라앉는 어머니에게 힘을 보태려 애썼다.

"어머님, 서연이 돌아옵니다. 하나뿐인 딸인데 어딜 가겠어요? 엄마 있는 집으로 돌아옵니다. 기다려 보세요. 제가 도와드릴게요. 저는 서연이 믿습니다."

국선보조인으로 활동하다 보면 감동스럽게 체험하는 부분이 있다. '건전한 소년의 보호 육성'을 위해서는 학교를 비롯한 주변 환경이 중요한데, 인적 자원 중에서 특히 가족 공동체가 아이들을 지켜 내는 생명력 강한 에너지라는 사실이다. 부모 중 한 명이라도, 혹은 조부모와 가족 중 누구라도 '어서 와. 언제든 널 기다릴게'라는 메시지를 계속 보내면, 아이는 돌아갈 곳을 향해 몸을 돌린다. 여기서 경험하는 감동이 있다.

가출해서 잠적했다가 어렵게 실낱같은 대화의 끈을 잡고 소통하게 된 서연이가 내게 가장 먼저 물었던 내용은 "엄마는요? 재판에 안 온대요?"였다. 속뜻은 '나를 버린다는 엄마의 말이 진짜예요? 저더러 같이 죽자고, 나가라고 했는데, 나는 정말 버려졌나요? 나는 그렇게 나쁜 아이인가요?'일 것이다.

나는 서연이와 어머니가 서로의 속마음을 알 수 있도록, 아이를 지키는 제1의 자원인 어머니가 번아웃되지 않도록 서연 어머니와 상담하는 일정을 또 잡는다. 서연 어머니는 국선보조인 면담에서 함께 속마음을 나눈 후, 딸에게 어떻게 전화할지, 어떤 문자메시지를 남길지 의논했다. 이후 서연이에게 '언제든 돌아오너라. 엄마는 널 기다릴게'라는 의미가 담긴 메시지를 계속 전했다.

다행히 서연이는 재판 당일 법정으로 들어가야 할 시간이 되기 직전에 스스로 나타났다. 오랜만에 만난 모녀는 말이 없다. 어색한 침묵만 흐른다. 잠시 속절없는 시간을 보낸 후 서연 어머니는 가방에서 양말과 하얀 운동화를 꺼내셨다.

"날도 추운데 맨발에 슬리퍼는 머꼬."

퉁명스러운 말투, 화가 난 눈빛. 서연이는 양말과 운동화를 신으며 울음을 터트린다. 줄줄줄줄 눈물을 쏟아 낸다. 퀴퀴한 냄새가 나는 더러운 슬리퍼가 그동안의 방황을 말해 주고 있다. 서연이는 그날로 분류심사원에 다시 임시 위탁되었다. 나는 국선보조인 자격으로 서연이를 접견해서 상담했고, 어머니는 다시 면회를 시작하셨다.

가출 기간이 길고, 다시 조건 만남을 한 데다가 유흥업소에서 일했기 때문에 보호관찰 준수 사항을 위반한 정도가 중하다. 서연이와 어머니 모두 직업교육을 통해 새로 출발하겠다는 마음으로 10호 처분인 장기 소년원도 각오한다는 탄원서를 제출했다. 서연이는 10호 처분을 받았다.

10호 처분을 받으면 2년 동안 소년원에서 생활해야 한다. 서연이는 상점을 쌓고 상신 통과를 받아 16개월 만에 10호 소년원에서 임시 퇴원했다. 고졸 검정고시에 합격하고, 피부관리사 자격증, 미용사 자격증까지 취득했다. 지금은 소년원에서 배운 피부 관리 기술과 헤어 미용 기술로 미용실에서 일하고 있다. 떳떳이 일해서 번 돈으로 자신과 가족을 지키며 생활하고 있다는 기쁜 소식을 전해 왔다.

눈물과 웃음, 희망이 담긴 손 편지

내 휴대전화는 오늘도 뜨겁다. 지금 내 책상 위에는 아이들 삶이 스며든 기록들이 있다. 소년보호사건 기록, 반성문, 접견 메모, 공문, 연락처 명단, 생활기록부, 탄원서 등이 나름 질서를 갖고 여기저기 흩어져서 쌓여 있다. 그중 가장 눈에 띄는 물건은 뚜껑이 없는 빨간 상자다. 그 안에는 아이들이 보내온 손 편지가 가득하다. 이 편지들에는 사랑하는 녀석들의 숨소리, 눈물, 웃음, 희망, 꿈이 담겨 있다.

서연이 손 편지를 살짝 소개하려 한다. 얼마나 예쁘고 순수한지, 갑자기 사랑한다고 고백하고 마음을 표현하며 손을 내미는 녀석이다. 상처를 넘어서 낯선 세상과 거친 환경을 버티며 자신을 지키고 이겨 내기 위해 애쓰는 기특한 녀석, 서연이가 보고 싶다.

제2의 엄마, 넘넘 감사한 이순화 선생님께.

　일단 선생님께 드리고 싶은 말은 감사하다는 거예요. 저는 비행에 빠지면서 절대 안 벗겨지는 검은 안대를 끼고 길거리에 버려져서 앞도 안 보이는 채로, 그냥 무작정 달리다가 이리 치이고 저리 치이면서 살아온 것 같았어요. 그리고 아무 데나 도와 달라고 마구 손을 뻗어도 그 손마저 무시당하고 막 치이면서 살아온 것 같았어요.

　근데 선생님을 만나고 나서 검은 안대가 벗겨지고 정신 차려 보니, 도저히 저 혼자 힘으로 돌아가기가 겁날 만큼 너무 많이 와 있었고, 결국 10호 소년원까지 오게 됐어요. 그래도 저를 버틸 수 있게 해준 건 제 속에 있는 굳은살 덕분인 것 같아요. 손도 힘든 일을 하면 굳은살이 생기듯이 그건 제 속에 굳은살 같은 거예요. 솔직히 저는요, 제가 아무리 심한 짓을 해도 아무도 나무라질 않으니까 제가 옳고 그름을 잘 몰랐는데, 선생님 덕분에 모든 걸 멈추게 된 것 같아요. 저 소년원에 보내 주셔서 감사합니다….

　그날, 선생님께 속 시원하게 털어놓고 제가 펑펑 울었을 때 있잖아요. 그때 한참 힘들어서 펑펑 울고 막 후련해지고 싶었는데, 어디가 턱 막혀서 눈물도 안 나고 답답했는데, 그날 그렇게 울고 나서 진짜 속이 뻥 뚫리는 것 같았어요….

　저는 센 척은 했지만 사실 애들도, 선배들도 다 무서웠거든요. 전

그날부터 지금까지 선생님 말을 단 한 번도 잊은 적이 없어요. 그리고 지금도 그 말만 생각하면 매일 울컥해요. 그리고 좀 부끄럽지만, 잘 때 생각하면 진짜 매일 이불을 머리끝까지 올리고 혼자 엄청 울었어요. 그리고 그 말 할 때 선생님의 표정과 목소리를 생각하면 또 울컥해요.

그리고 마지막 만남 때 선생님이 "너 잘되는 거 꼭 볼 거야, 걱정하지 마"라고 하셨던 것도 감사해요. 제가 쓴 반성문을 보고 이 아이를 어떻게 해야 좋을까 하며 저를 생각하시면서 우셨다고 했을 때, 저를 위해서 울어 주는 사람이 있고 저를 위해 고민을 해 주는 사람이 있다는 것에 감사했고, 뭔가 희망이 보였어요….

제가 다시 힘을 얻고 희망이 보이고 또 세상은 아직 따뜻하다는 것을 깨달았어요. 선생님과 판사님과 여러 많은 분들이 1분 1초라도 더 빨리, 헤매고 있는 청소년들을 구하기 위해서 이리 뛰고 저리 뛰면서 고생하시고 저희를 위한다는 그 마음이 정말 존경스러워요. 저 여기서 지내면서 눈빛도 엄청 순해지고 감정 제어하는 법도 배우고 많이 배웠답니다. 제2의 엄마, 나의 선생님 사랑합니다. 감사합니다.

사랑하는 딸 서연 올림

16장

보호소년 곁, 동행자의 길

조원교 교도소 재소자를 대상으로 하는 인성교육 강사로 활동하면서 가족 관계 회복에 관심을 가진 일을 계기로, 위기 청소년 및 그 부모와의 만남이 시작되었다. 창원지방법원 소년부 위탁보호위원을 시작으로 마산지원 가사조정상담위원과 소년부 국선보조인으로 활동하고 있다. 10여 년 전 창원가족상담연구소를 개원하여 개인 및 가족 상담을 해 오고 있으며, 창원시가족센터 가족상담전문가 및 한국양성평등교육진흥원 폭력예방통합교육전문강사로서 건강한 가정과 안전한 사회를 만드는 데 작은 역할이라도 감당하고자 오늘도 온 힘을 쏟고 있다.

무엇이든 얻을 수 있고, 무엇이건 될 수 있다면

오래전부터 자동차로 이동할 때는 라디오방송을 듣곤 한다. 애청자 사연을 소개하며 정겹게 진행하는 〈여성시대 양희은, 김일중입니다〉에서 가수 정수라가 부른 〈아! 대한민국〉이 흘러 나왔다.

"하늘엔 조각구름 떠 있고 강물엔 유람선이 떠 있고 / 저마다 누려야 할 행복이 언제나 자유로운 곳 / 뚜렷한 사계절이 있기에 볼수록 정이 드는 산과 들 / 우리의 마음속에 이상이 끝없이 펼쳐지는 곳 / 원하는 것은 무엇이든 얻을 수 있고 / 뜻하는 것은 무엇이건 될 수가 있어 / 이렇게 우린 은혜로운 이 땅을 위해 / 이렇게 우린 이 강산을 노래 부르네 / 아아 우리 대한민국 / 아아 우리 조국 / 아아 영원토록 사랑하리라~"

목소리 높여 신나게 따라 부르다 가사를 생각하니 갑자기 울컥한다. '원하는 것은 무엇이든 얻을 수 있고 뜻하는 것은 무엇이건 될 수 있는' 삶을 살 수 있다면 얼마나 좋을까. 내가 만나는 보호소년은 물론, 이 시대 모든 청소년뿐 아니라, 우리가 모두 〈아! 대한민국〉 노랫말처럼 우리 마음속 꿈과 이상을 마음대로 펼치는 세상이 오기를 간절히 바란다.

매주 상담을 진행하기 위해 방문하는 고성여성농업인종합지원센터로 가는 중에 라디오방송에서 흘러나오는 노래 〈홀로 아리랑〉

을 듣는데, 알 수 없는 진한 감동이 밀려왔다. 울컥하면서 두 눈가가 눈물로 촉촉해진다. 나이 탓인가? 요즘 우리나라에 관한 노래를 들으면 부쩍 가슴이 찡하다.

아마도, 합계 출산율 급감에 따른 초저출생이 불러온 인구 절벽 위기, 2024년 세계 행복지수 143개국 중 52위라는 현실(UN 지속가능 발전해법네트워크 자료), 2003년부터 OECD(경제협력개발기구) 38개국 중 1위를 좀처럼 벗어난 적이 없는 자살률 통계 등에서 드러나는 불안한 우리나라 상황을 희망으로 바꾸고 싶은 마음이 큰 탓이리라.

동료의 SOS로 시작하게 된 국선보조인

2014년, 같은 기관에 소속된 강사 선생님이 교도소 재소자를 대상으로 하는 가족 관계 회복 프로그램 인성 교육을 진행한 첫날에 강의를 마치고 전화로 다급하게 SOS를 청해 왔다. 너무 긴장되고 떨려서 수업을 진행하기가 어려웠다고 했다. 범죄를 저지른 후 수감된 재소자들이 무섭고 두려워서 도저히 강의할 수 없을 것 같다며 도움을 청했다.

나는 재소자도 같은 사람이니 마음을 가다듬고 평소처럼 진행해 보라고 했지만, 결국 그 선생님의 부탁을 거절하지 못했다. 선생님이 느낀 긴장과 다급한 마음이 전화기를 통해 그대로 전해졌기 때문이다.

물론 다른 이유도 있었다. 나는 건강한 가족이 건강한 사회를 만들 수 있다는 생각에서 가족상담학을 전공했다. 이 기회에 재소자들과 가족 관계 회복 프로그램을 진행해 보면 어떨까 싶은 마음도 있었다. 이 프로그램은 몇 년 동안 이어졌다. 여기서 만난 '소나무'라는 닉네임을 사용한 분이 그려 준 붉은 모란꽃 그림은 지금도 거실 한쪽 벽면에 걸려 있다.

현재 나는 가족상담전문가이자 폭력예방통합교육전문강사로 공공 기관과 민간단체 등에서 강의한다. 아울러 창원지방법원 소년재판부에서 비행 청소년들과 부모를 만나 가족 관계 회복을 돕는 심리상담전문가 국선보조인이자 위탁보호위원으로도 활동하고 있다.

심리상담전문가 국선보조인은 관련 지식, 경험 등을 바탕으로 보호소년과 보호자를 접견·면담하고 심리기일에 출석해 보호소년의 권익을 대변하는 역할을 한다. 위탁보호위원은 심리학, 상담학, 교육학, 사회복지학, 가족관계학, 기타 관련 학위를 소지했거나 관련 경력이 있는 사람으로, 해당 보호소년을 상담하고 결과를 기록한 상담 일지를 법원에 제출하는 자원봉사자다.

등기우편으로 국선보조인 선정 결정문이 들어오면 사건 기록을 열람한다. 보호소년과 보호자에게 연락해 면담 일정을 잡고 대면 상담에서 국선보조인 선정 사실과 역할을 설명한다. 불안감에 걱정하는 보호소년과 보호자의 마음에 공감하며, 보호소년이 재비행하지 않도록 선도 교육과 부모 상담 교육을 담당한다.

보호소년과 보호자 앞에 놓인 과제

소년들이 비행을 저지르는 원인에는 사춘기 특성도 자리하고 있다. 친구 관계를 중시하고 호기심이 많으며, 감정 조절 및 충동적 욕구 조절 능력이 부족한 것이 사춘기적 특성이라고 볼 수 있다.

사춘기 소년이 비행으로 나아가지 않으려면, 성장 과정에서 보호자가 충분히 보살펴 주어야 한다. 즉, 자녀의 발달단계에 맞게 필요를 채워 주어야 한다는 말이다. 자녀를 보살피면서 보호자가 과도하게 기대를 드러내는 모습도 좋지 않다. 적절한 보살핌이 아이들을 감동하게 하고 건강한 사람으로 성장하도록 돕는다.

보호자 대부분은 자기 자녀가 사랑이 넘치고 안전한 환경에서 살아가길 바란다. 자녀가 살아갈 세상이 더 좋은 사회이길 바란다. 자신들이 덜 배우고 적게 먹고 허름한 옷을 입으며 살았더라도, 자녀만큼은 많이 가르치고 잘 먹이고 좋은 옷을 입혀서 잘 살아가게 하려고 애쓴다.

여기에는 자녀를 향한 기대가 담겨 있다. 보호자는 자신이 노력했는데도 자녀가 최소한의 기대에 부응하지 못하면, 교육과 훈육이라는 명분을 앞세워 다른 사람과 비교하고 평가하면서 미래를 판단하는 말로 자녀에게 상처를 주기 쉽다.

많은 보호자가 국선보조인과 대면 상담을 진행할 때 자녀를 올바르게 가르치지 못했다는 자책감을 토로한다. 아이 마음을 미처 헤아리지 못했다는 후회로 반성의 눈물을 흘린다. 상담을 마칠 때

쯤에는 부모 역할을 제대로 하겠다고 다짐한다.

보호소년 역시 뒤늦게 보호자가 자기 잘못을 함께 책임지려 한다는 사실을 깨닫고 진심으로 죄송한 마음을 표현한다. 나는 국선보조인 활동을 통해 가족 관계가 회복하는 과정을 숱하게 경험해 왔다.

보호소년과 보호자를 면담하거나 상담할 때, 지나간 시간은 되돌릴 수 없고 자신이 아닌 타인을 변화시킬 수 없다는 말을 꺼내곤 한다. 러시아 대문호 레프 톨스토이가 쓴 단편소설《세 가지 질문》을 인용해 '지금-여기'에서 어떤 삶의 태도를 보이느냐가 참 중요하다고 거듭 강조한다. 나는 매번 국선보조인 역할을 잘 감당하고자 온 마음을 다하고 있다.

나무늘보 같은 도현이와의 만남

늦은 아침, 사과 반 개를 깎아 접시에 담고 제주의 어느 카페에서 사 온 원두로 진한 커피를 내려 기분 좋게 마시며 하루를 시작했다. 국선보조인으로서 도현이네 집에 가정 방문을 하기로 한 날이었다. 도현이에게 몇 번이나 전화했으나 받지 않았다. 할 수 없이, 확인하면 전화해 달라고 문자메시지를 남긴다. 생기와 활력이 없는 도현이는 말과 행동이 느렸다. 한여름 큰 나무에 축 늘어진 나무늘보 같은 아이였다.

도현이 아버지는 어느 날 일을 마치고 동료들과 술을 마신 후,

아들을 생각하는 마음에 간식을 사 들고 집으로 왔다. 도현이는 방에서 꿈쩍하지도 않았고, 아버지가 화를 내자 방문을 잠가 버렸다. 아버지는 방문을 억지로 열려고 했고, 문고리가 부서졌다. 도현이도 성질이 나서 혼잣말로 구시렁거렸다.

아버지는 자신을 향해 욕설했다고 생각해 폭언을 내뱉었고, 평소 폭언을 들을 때마다 두려웠던 도현이는 자신을 보호하고자 책상 서랍에 챙겨 둔 과일칼을 꺼냈다. 도현이는 한 손에 과일칼을 들고 방으로 들어오려는 아버지를 막아서면서 112에 신고했다. 현장에 도착한 경찰은 도현이를 흉기 협박범으로 체포했다.

다시 도현이에게 전화를 걸었다. '목마른 놈이 우물을 판다'라는 속담이 떠오른다. 수화기 너머로 잠이 덜 깬 목소리가 들려왔다.

"도현아! 쌤이 오늘 너희 집에 갈까 하는데, 같이 점심 먹을 수 있어?"
"네!"

낮 열두 시가 되기 전 집에 도착하기로 약속했다. 도현이 아버지께 전화를 드리니, 밭에서 일하는 중이라며 도현이가 집에 있으니 방문해도 좋다고 하셨다. 집에 오시는데 뵙지 못해 죄송하다고 덧붙이신다.

벨을 누르자 도현이가 현관문을 열고 무표정한 얼굴로 나를 맞았다. 현관에 들어서니 딱 봐도 발 디딜 틈이 없다. 집에 있는 신발이란 신발은 다 꺼내 놓은 것 같다. 거실 바닥에는 상자 여러 개가 널브러져 있다. 상자마다 영양제나 약들로 가득하다. 햇반, 김, 과일, 과자, 라면, 음료수병 등도 바닥에 흩어져 있다. 세탁했는지 안했는지 알 수 없는 옷들, 양말들이 널려 있고, 큰 건조대 두 개와 소쿠리에는 여름옷과 겨울옷이 포개져 있다.

이 광경을 차례로 보니 발이 떨어지지 않는다. 점심을 먹으러 나갈 수 없다. 도현이에게 거실이라도 청소하자고 권한다. 그러자 도현이가 말한다.

"쌤, 안 해도 돼요. 그냥 나가면 안 돼요?"

도저히 그냥 나갈 수 없었다. 먼저 거실에 널브러진 옷들과 박스에 담긴 약들을 옮겼다. 책상과 책꽂이만 덩그러니 있는 공부방에 가져다 놓았다. 내가 먼저 움직이자 도현이도 쭈뼛쭈뼛 정리하는데 동참한다. 한 시간 넘게 물건을 정리하고 나니까, 그제야 거실에 다닐 만한 공간이 생겼다.

입구 쪽에 있는 도현이 방도 예외는 아니었다. 도현이는 작은 방에 침대를 놓고 생활한다. 방바닥은 먼지가 수북했고, 작은 컴퓨터 책상에는 잡동사니가 가득해 집중해서 공부하거나 편안하게 휴식할 공간이 아니었다. 아파트 19층 집에 이렇게 먼지가 많을 수 있다니. 도현이 방에 어질러진 옷가지와 물건을 옷장에 수납했다. 창문 틈새에 쌓인 먼지를 제거하느라 물티슈 반 통을 사용했다.

"도현아, 이 집에는 사람보다 물건이 주인 같구나" 하고 말하자, 도현이는 "엄마의 빈자리 때문이겠죠"라고 답한다. 집 상황에 대해 전혀 개의치 않는 말투다.

엄마의 빈자리

도현이는 한국인 아버지와 몽골인 엄마 사이에서 태어났다. 도현이 아버지는 국제결혼 중개 사무소를 통해 비용을 꽤 많이 지급하고 도현이 엄마를 만났다. 만난 지 6개월이 됐을 때 몽골에서 결혼식을 올린 후 한국으로 돌아와 혼인신고를 했다.

도현이는 이듬해 태어났다. 도현이 엄마는 친정에 많은 돈을 보내고 친정 식구들을 한국에 데려와 같이 살기를 원했다. 도현이 아버지는 이런 생각을 못마땅하게 여겼고, 부부는 자주 다투었다.

엄마는 도현이가 세 살이 되던 해에 가출했다. 수소문하니 몽골 남성과 동거 중이었고, 결국 도현이 엄마는 이혼 후 강제 출국되었다. 이후로 도현이는 한 번도 엄마와 만난 적이 없다. 이제 얼굴도 기억나지 않는다고 했다. 중학생이 되고 나서부터는 엄마에 관한 이야기를 들어도 특별한 감정을 느낄 수 없게 되었다.

도현이에게 엄마의 빈자리는 어느 정도 크기일까. 겉으로는 웃으며 대수롭지 않게 말하지만, 고등학생이 될 때까지 감당할 일이 얼마나 많았을지 상상이 되지 않는다. 간편식 전복죽, 햇반, 맛김, 라면 등이 거실 바닥에 잔뜩 쌓인 모습을 보면, 이것들로 끼니를 해결하고 있나 보다.

싱크대에 있는 그릇을 설거지하면서 도현이에게 흩어진 물건을 치우고 빈 박스와 빈 음료수병을 분리수거함에 버리고 오라고 했다. 곰팡이가 많이 핀 화장실 욕조와 세면대는 도저히 손댈 수가 없어 포기했다. 청소 대행업체에 맡기는 게 좋겠다고 했다.

도현이가 조금이라도 엄마의 빈자리를 덜 느꼈으면 하는 마음으로 최소한만 정리했는데도 점심시간이 훌쩍 지났다. 오후 세 시, 도현이가 많이 배가 고픈 모양이다.

"이제 청소 그만하고 점심을 먹으러 갈까?"
"네!"

기다렸다는 듯이 대답하는 도현이 배에서 꼬르륵 소리가 난다. 나도 배가 고픈데, 도현이는 아침도 먹지 않았으니 더 배고플 것이다. 간단히 손을 씻고 차로 이동하면서 가까운 식당을 찾기로 한다. 차에 앉아 있는 도현이 표정이 밝다.

"청소할 때는 기분이 안 좋았는데, 쌤 차를 타니 기분이 아주 좋아지네요! 태어나서 처음으로 좋은 차를 탔어요!"

"도현이도 열심히 공부하고 취직해서 나중에 좋은 차 사자."

도현이가 씩 웃는다. 일요일이라서 문을 닫은 음식점이 많다. 영업 중인 삼계탕집을 발견해서 거기로 들어갔다. 무엇을 먹겠느냐고 묻자, 메뉴판에 적힌 메뉴 중 가장 저렴한 한방 삼계탕을 먹겠다고 한다.

"전복 삼계탕은 어때?"
"그거 먹어도 돼요?"
"그럼! 오늘 청소하느라 고생했는데, 전복 삼계탕 먹고 몸보신해야지."

보통 무표정할 때가 많은 도현이 얼굴에 미소가 번진다. 뜨끈한 전복 삼계탕을 먹으면서 일상을 어떻게 보내는지, 아버지와의 관계는 어떤지 물었다.

"아빠하고는 거의 말 안 해요. 아빠가 저를 건드리지만 않으면 싸울 일도 없어요. 지난번 일이 있고 나서는 아빠가 잔소리해도 그냥 못 들은 척하고 대꾸를 안 해요."

대화를 이어 가던 중, 도현이에게 아버지가 안 계시면 삶이 어떻게 변할지 생각해 보라고 했다. 도현이는 말했다.

"지금처럼 편하게 살 수는 없겠죠. 그런데 아빠는 현관문 비밀번호를 누르고 들어오지 않고 꼭 벨을 눌러요."

나무늘보처럼 늘어진 채로 지내는 도현이에게는 아버지가 누르는 벨 소리가 귀찮았던 모양이다. 나는 도현이에게 아버지가 계셔서 좋은 점과 아버지가 원하는 바가 무엇인지 생각해 보게 했다.

도현이는 지금껏 자신을 키워 주신 아버지를 향한 고마운 마음을 되새길 수 있었다. 그리고 아버지가 원하는 것이, 하루 일을 마치고 집에 왔을 때 현관문을 열며 인사해 주는 아들 얼굴을 보는 사소한 일상이었다는 사실을 깨달았다. 이제부터 아버지가 벨을 누르시면 "오늘도 수고하셨어요"라고 인사하기로 약속하고 헤어졌다.

사막여우 같은 하나의 사춘기 방황

얼굴이 작고, 웃을 때 입의 양쪽 가장자리가 살짝 올라가는 모습이 귀여운 하나를 생각하면 사막여우가 떠오른다. 척박한 환경에 적응하며 살아가는 사막여우는 소규모 사회생활을 잘하며 놀기 좋아하는 특징이 있다고 한다. 하나의 사춘기 생활이 사막여우가 벌이는 활동과 비슷하다고 생각했다.

어느 날, 하나에게서 전화가 왔다. 서랍 안에 있던 반지가 없어졌는데, 엄마는 하나가 훔쳤다고 판단해 뺨을 때렸다고 한다. 사춘기가 시작된 이후로 지금까지 하나가 했던 행동을 떠올리면, 엄마가 그렇게 생각한 것도 무리는 아니다 싶다. 물론 뺨을 때려서는 안 되었다.

하나는 초등학교 시절만 해도 무엇을 시켜도 잘하는 착하고 예쁜 딸이었다. 하나가 초등학교 2학년 때 이혼한 엄마는 생계를 위해 학습지 교사와 개인 과외를 병행하느라 밤 11시에야 집에 돌아오곤 했다. 그때까지 일곱 살 어린 동생을 돌보는 일은 오롯이 하나에게 주어진 몫이었다.

선천성 천식이 있던 하나는 초등학교 5학년 때 ADHD 진단을 받았다. 약을 꾸준히 먹었으면 조금이라도 나아졌을 텐데, 하나가 먹기 싫다고 해서 제대로 먹이지 않았다. 하나가 중학생이 되자, 부모 간에 양육권 소송이 진행되었다.

그동안 맏이 역할을 감당하느라 친구들과 놀고 싶어도 참아 온 하나였다. 그런데 양육권 분쟁으로 인해 누구와 살고 싶은지 정해야 한다니, 하나가 어떤 감정 상태에 있었을지 짐작해 본다. 봇물 터지듯 자신에게 억압된 감정을 표출하다 보니, 다양한 일탈 행동으로 이어지지 않았나 싶다.

국선보조인이자 위탁보호위원으로서 나는 하나에게 도움을 주고 싶었다. 하나 엄마를 상대로 경상남도 감정노동자권리보호센터에서 10회기, 창원시 가족센터에서 6회기 개인 상담을 진행했다. 내가 전문상담가로 활동하는 기관이었기에 직접 상담이 가능했다.

하나 엄마는 상담을 통해 하나 아빠와의 성격 차이와 생활 방식 차이를 이해하게 되었다. 무엇보다 그동안 하나가 행실이 좋지 못한 친구, 선배와 어울리며 각종 비행을 반복한 일이 부모 이혼과 양육권 분쟁 등에서 기인했다는 점을 이해하게 되었다.

술·담배, 엄마 돈·귀중품 절도, 당근마켓에 쌀 판매, 친구나 선배에게 급전 차용, 외박, 혼숙으로 지구대 유치장 구인, 가출, 보호관찰소 외출 제한 명령 위반, 엄마를 아동 학대로 신고… 등 이 모든 것은 분명 속상하고 안타까운 일이었다.

하지만 상담을 통해 하나 엄마는 마음 둘 곳이 없어 더 막 나가려 한 딸의 처지를 느낄 수 있었고, 며칠 동안 눈이 통통 붓도록 울었다. 하나 엄마는 둘째가 하나처럼 힘든 사춘기를 겪지 않도록 안전한 환경을 만들어 주기 위해 노력하겠다고 다짐했다.

곁에서, 함께, 오래오래 걷고 싶은 길

이후 별도 소년사건으로 다른 선생님이 하나의 국선보조인으로 선정된 이후에도 가끔 하나 엄마와 통화를 했다. 10호 처분을 받은 하나는 시설에서 모범적 생활 태도를 유지해 우수한 성적을 받고 상점을 많이 쌓았다. 시설에서 생활한 덕분에 고졸 인정 검정고시까지 합격해서 6개 대학 수시 모집에 원서를 접수할 수 있었다며,

이제는 판사님 처분에 감사한 마음이라고 전해 왔다.

　대견하다고 칭찬하자, 하나 엄마는 "안에선 잘하는 아이잖아요!"라고 답했다. 하나는 엄마에게 매주 편지를 보내는데, 엄마는 한 달에 한 번 답장을 쓸까 말까 한다는 말도 전해 들었다. 입소한 소년 중 편지를 가장 적게 받는다고 해서 아차 싶었다. 나는 왜 편지를 쓸 생각조차 못 하고 있었는지….

　제주 올레길 걷기학교를 성공적으로 마친 후 국선보조인 워크숍에 참석하고 있는데, 하나 엄마에게서 메시지가 왔다. 하나가 시설에서 모범적 생활을 유지한 덕분에 12개월이나 일찍 퇴소했다는 것이다. 집에 와 있다고 들어서 고마운 마음에 하나 목소리가 듣고 싶어서 바로 통화를 시도했다. 여전히 명랑한 목소리가 얼마나 반가웠던지 뭉클했다. 옆에 계시던 다른 국선보조인 선생님도 번갈아 통화하며 하나의 퇴소를 축하했다.

　하나가 더 이상 비행 행동을 하지 않는 멋진 대학생이 되었으면 좋겠다. 자신의 꿈을 찾고 건강한 사회인으로 성장하기를 기대한다. 하나 엄마에게 부탁받아, 퇴소하고 한 달 후부터 하나와 엄마가 심리 상담을 받을 수 있도록 전문 기관을 연결해 주었다. 현재 전문상담사가 하나네 집을 방문해서 상담을 진행하고 있다.

　국선보조인이자 위탁보호위원으로서 활동한 수년간 만난 보호소년 중 일부 소년만이 재비행으로 다시 소년재판부로 왔다. 대부분은 한두 번만 재판을 경험해도 태도가 달라진다. 사춘기를 잘 이겨 내려고 노력하는 모습을 보인다.

　가끔 흔들리더라도 곁에서 응원하면서 지켜보는 국선보조인 선생님을 의식하는 아이들이 참 기특하다. 건강이 허락하는 한, 이렇듯 노력하는 보호소년들과 함께 국선보조인의 길을 오래오래 걷고 싶은 마음 가득하다.

부록

곁이 되어 걷는
'걷기학교' 이야기

• 보호소년들 곁에서 그들의 목소리에 귀 기울이며 '결'이 되어 함께 걷는 '걷기학교' 이야기 세 편. '걷기학교'에 진심과 애정을 쏟아온 류기인 창원지방법원 부장판사가 썼다.

함께 가는 길이 아름답다

- 지리산 둘레길 2박 3일 걷기학교

읽기는 위험하다. 읽은 것을 행동으로 옮기게 하니까.

이병주 선생님의 《토닥토닥 걷기학교》를 읽고, '참 좋은데'라는 생각만 했다. 2022년 2월 창원지방법원 소년부 업무를 맡고 1년을 보낸 뒤, 2023년 소년부 2년 차를 시작하며 '걷기학교를 해 보자' 싶었다.

소년부 '걷기학교'의 첫걸음

미리 구입해 둔 《토닥토닥 걷기학교》를 재판부 참여관과 조사관 두 명, 심리상담전문가 국선보조인 열두 명, 경남지방변호사회 공익봉사단 단장과 총무 변호사에게 드렸다. 그런 다음 일단 말을 내뱉었다. "걷기학교 한번 해 봅시다." 일대일 멘토-멘티로 짝을 지어서 한 사람이 한 아이에게 집중하면 좋겠다고 했다. 그렇게 걷기의 힘을 경험하고, 저녁에는 동반자적 대화 모델인 '서클 대화'로 서로 격려해 보자고 했다. 경남에는 지리산 둘레길이 있지 않으냐며.

2023년 4월 13일, 소년부 참여관, 조사관과 함께 현장 답사를 다녀왔다. 지리산 둘레길 8코스와 9코스를 돌며 걷기 동선을 파악했다. 숙소와 식사 장소 등도 확인했다.

한 달여 뒤인 2023년 5월 10일부터 11일까지, 1박 2일 멘토학교를 열었다. 걷기학교에 참석할 멘토들과 지리산 둘레길을 실제로 걸으며, 멘티들과 함께할 걷기학교를 상상해 보았다. 조사관들이 저녁에 이루어질 서클 대화에 관해 설명하자 모두가 두 귀를 쫑긋한 채 집중했다. 걷기학교 3일째에 방문할 하동 최참판댁을 답사하는 자리에서 최참판댁 명예참판 정춘화 서예가로부터 서예 글씨도 받았다. '걷기학교' 글씨는 액자에 넣고 법원 사무실에 걸어 힘찬 기운을 나누었다. 서예 글씨 '걷기학교'를 새겨 넣은 티셔츠를 제작하는 데는 익명 기부자 두 분이 도움을 주었다.

걷기학교에 참석할 멘티는 소년보호재판에서 보호처분을 받은 소년들 중에서 선발했다. 남자 청소년회복센터 세 곳에서 두 명씩 추천받았다. 위탁보호위원에게도 소년 한 명을 추천받아 총 일곱 명의 멘티를 확정했다. 걷기학교 시작 전 센터를 이탈한 두 명의 소년이 교체되었고, 위탁보호위원 추천 소년은 가족의 코로나 확진으로 출발 당일 불참하게 되었다.

2023년 6월 7일, 법원 대회의실에서 첫 걷기학교 발대식을 열었다. 법원장님이 인사 말씀을 전했고, 법원 사무국장님과 과장님들이 격려해 주셨다. 창원교육지원청 중등교육과장님과 장학사님, 심리상담전문가 국선보조인 선생님들의 격려까지 받게 되어 첫 발걸음이 가벼워졌다.

지리산 둘레길 8코스 출발점에 선 멘토들과 멘티들은 모두 별칭을 지었다. 걷기학교 기간에 부를 이름이었다. 멘티들은 태풍, 폭포, 느티나무, 매미, 햇빛, 달빛…. 멘토들과 지원팀은 벼, 연두, 바람, 노을, 파도, 초원, 바다, 데이지, 가을하늘…. 모두 자연에서 따왔다. 서로를 그렇게 부르며 2박 3일을 지내다 보니, 별칭이 딱 맞다는 생각이 들었다.

함께 교감하고 집중하던 가슴 벅찬 추억

추첨을 통해 2박 3일을 함께할 멘토-멘티를 선정했다. 출발 순서도 정해서 그대로 8코스를 걷기 시작했다. 앞서 걸어 나가는 멘토-멘티 여섯 쌍의 뒷모습이 정말 아름다웠다. 자연으로 들어가는 멘토-멘티의 모습이 뇌리에 사진처럼 박혀 있다. 각자의 호흡에 맞추어 서두르지 않고 걸어가는 시간이었다. 경쟁하지 않고, 재촉하지 않고, 잔소리하지 않고, 그저 함께 옆에서 걸어 주는 것, 그것으로 충분했다. 뜨거운 초여름의 햇살도 문제 되지 않았다.

첫째 날 저녁에는 멘토들과 멘티들이 모두 동그랗게 원을 그리고 앉았다. 어떤 간판, 지위, 자격도 중요하지 않은 자리였다. 그저 함께 걸었던 동행자들만 존재했다. 모두 동등하게 원을 이루고 앉아, 한 사람씩 이야기를 이어 갔다. 처음이라서 어색했지만, 서클 대화를 여닫는 조사관이 센스 있게 진행해서 괜찮았다.

둘째 날, 지리산 둘레길 9코스를 향해 멘토-멘티가 짝을 지어 갔다. 임산도로가 많은 길이고 햇살도 어제보다 뜨거웠지만, 하루 새 더 친숙해진 멘토-멘티의 걸음은 힘찼다. 첫날보다 서로를 더 많이 이해하는 걷기의 시간이었다. 멋진 지리산 풍경은 동행자들이 있어 훨씬 감동이었다. 이틀이라는 길지 않은 시간이었지만, 멘토-멘티가 서로에게 마음을 열기에는 충분했다.

둘째 날 저녁에 이어진 두 번째 서클 대화는 조금 더 깊었다. 먼저 멘토들이 돌아가며 자신의 이야기와 걸으면서 느낀 점을 나누었다. 멘티들이 이야기를 나눌 때는 모든 멘토가 마음을 내주었다. '이렇게 아름다운 아이들이라니' 하는 눈빛을 보이면서 귀를 쫑긋하고 들었다. 두 번째 서클 대화를 닫으며, 멘토-멘티가 서로를 안아 주는 시간은 그야말로 감동의 도가니였다.

2박 3일을 함께 먹고 자고 오롯이 일대일로 걸으며, 잔소리 없는 열린 대화와 경청의 시간으로 채웠다. 그랬기에 멘토들과 멘티들의 가슴은 출발할 때보다 훨씬 벅차오른 상태였다. 걷기학교를 마치고 현실로 돌아왔을 때, 한껏 부풀어 오른 마음이 어떤 순간들로 이어질지는 걱정하지 않았다. 멘티들의 내일을 멋있게 지켜 줄 아름다운 추억을 가슴 깊이 새겨 넣었으니까.

멘토로 참가한 김영미 변호사의 짧은 후기가 마음에 와닿았다.

함께 걷는다는 것, 사실 되게 간명한 행위라고 생각했다. 계절에 맞는 옷차림과 걸어 나갈 약간의 힘만 있으면 어디서든 할 수 있는 일이니까. 그런데 멘티 친구들과 함께 걸었던 시간은 많이 달랐다. 함께 걸으며 이야기를 듣는 동안, 나는 멘티에게 그 순간의 관심과 사랑을 전부 주었다.

내가 사랑을 주었다고 생각했지만, 집에 돌아오고 나서 내 마음이 더 오래 벅차올랐다. 멘티 친구가 내 마음에 열심히 화답해 준 덕분인 것 같았다. 함께 걷기만큼 서로에게 집중하며 교감할 수 있는 일도 없는 것 같다.

짧지만 뜻깊은 만남의 시간

- 진영 원도심 반나절 걷기학교

2023년 10월 18일 창원지방법원 소년부 두 번째 2박 3일 걷기
학교 수료식이 열렸다. 눈물 없이 끝낼 수 없었던 멘토들과 멘티들
의 풍성하고 감동적인 소감 나눔을 마지막으로 일단락을 지었다.
서클 대화 형식으로 진행된 소감 나눔 시간에, 멘티들이 솔직하게
이야기를 나눠 주어 참 기특했다. 멘토들은 모두 감정이 북받쳐 눈
물이 글썽글썽.

'반나절 걷기학교를 해 보자'

상반기와 하반기, 두 번의 2박 3일 걷기학교는 잘 마쳤다. 하지
만 소수의 아이들만 함께할 수밖에 없어 안타까움이 남았다. 더 많
은 아이들, 적어도 청소년회복센터에서 지내는 아이들은 모두 걷
기학교를 경험해 볼 수 있으면 좋겠다 싶었다.

그래서 생각했다. '반나절 걷기학교를 시작해 보자.' 짧은 시간이라 해도 반나절 동안 걷기학교를 한다면, 센터별로 아이들이 열 명씩 멘티로 참여할 수 있고, 멘토들도 충분히 섭외가 가능할 것이다. 창원지방법원 소년부 관내 청소년회복센터 모든 소년에게 일대일 멘토-멘티 걷기학교 기회를 주어야겠다고 다짐했다.

2023년 10월 27일, '창원지방법원 소년부 반나절 걷기학교' 후보지인 진영 원도심 둘레길을 꼼꼼히 답사했다. 소년부 참여관부터 조사관, 국선보조인 선생님들까지 총 여섯 명이 나섰다. 답사를 통해 반나절 걷기학교는 다음과 같이 진행하기로 했다.

- 11월 중 각 청소년회복센터 소년들이 멘토-멘티 일대일 걷기 학교에 참가하도록 한다. 4회를 진행하면 모든 소년이 참여할 수 있다.
- 경남지방변호사회 공익봉사단에서 적극적으로 후원하고, 변호사들도 대거 멘토로 참여한다.
- 법원 직원, 국선보조인, 경상대 교수 등 다양한 멘토들이 귀한 시간을 낸다.
- 금병공원에서 하모니숲길, 진영역사공원으로 이어지는 옛 철도길이 걷기에 아주 좋다.
- 코스 중간에 만나는 성냥전시관과 철도박물관을 관람해 멘티들 사고의 폭을 넓힌다.

- 멘토-멘티는 옛 진영역 철길에 자리 잡은 객차를 이용한 열차 카페에서 간식을 먹으면서 당을 충전하고, 희망을 충전하고, 행복을 충전하는 시간을 보낸다.
- 후반부는 진영 서부골 벽화마을, 코주부길, 만세길 등이다. 걷기에 지루할 틈이 없다.
- 순수하게 걷는 시간은 세 시간이 채 안 되지만, 오롯이 나만의 멘토 쌤과 일대일로 걸으며 깊어 가는 가을 하늘을 바라보는 멘티들 마음이 환해지길 기도한다.
- 걷기를 마치면 금병공원 맛집인 ○○국수 사장님과 대화하는 시간을 보낸다. 좋은 생각을 가진 분과 함께하면서 순서를 마무리한다.
- 비록 반나절이지만 이런 노력과 관심, 격려를 통해 아이들이 바른 방향으로 갈 수 있으리라 기대한다.

'충조평판' 없이 속마음을 털어놓는 시간

2023년 11월에 처음 시도한 창원지방법원 소년부 반나절 걷기 학교는 경남지방변호사회 공익봉사단의 적극적인 동참과 후원, 심리상담전문가 국선보조인들의 헌신적인 노력으로 성황리에 마무리했다. 따스한 손길을 조금만 더 내어 주어도 아이들이 좋은 방향으로 나아가는 모습을 보게 된다. 함께 걷고 이야기를 들어 주는 시간이 많아지면 많아질수록 아이들은 점점 더 좋은 방향으로 나아갈 것이다.

학교를 힘들어하거나 학교가 힘들어하는 아이들, 가정을 힘들어하거나 가정이 힘들어하는 아이들, 친구 관계가 힘들거나 친구 관계에 집착하는 아이들, 생각하기를 힘들어하거나 걷기라면 몸서리치는 아이들, 자신의 얘기를 들어 줄 사람이 없거나 다른 사람 얘기를 듣기 힘들어하는 아이들, 자연이 아닌 스마트폰과 게임 속으로 들어가는 아이들….

걷기학교는 이런 아이들과 함께 스마트폰 없이 일대일로 자연 속에서 여유롭게 걷는 시간, '충조평판'(충고·조언·평가·판단) 없이 서로에게 귀 기울이고 속마음을 털어놓는 시간이다. 반나절 걷기학교를 적극적으로 후원한 경남지방변호사회 공익봉사단 단장 도춘석 변호사님이 2023년 11월 16일 페이스북에 게시한 글을 인용해 본다.

걷기학교, 창원지법 소년부(류기인 부장판사)에서는 시설에 위탁 중인 아이들에게 멘토와 짝을 지어 걸으면서 대화를 나누는 프로그램을 진행하고 있다. 비행 청소년이라는 딱지가 붙은 아이들이지만, 자세히 들여다보면 환경의 영향이 대부분의 원인일 뿐 아이들 심성 자체는 때가 덜 탄 상태다. 이런 아이들에게는 사회가 내미는 따뜻한 손과 관심이 무엇보다도 큰 격려가 된다.

경남변호사회 공익봉사단에서는 올가을 네 번에 걸쳐 걷기학교 행사에 동참한다. 지난주 목요일에 이어 오늘 두 번째 걷기학교에 여러 변호사님이 멘토로 참석했고, 다음 주에도 행사가 이어질 예정이다. 궂은 날씨에도 멘티와 멘토가 짝을 지어 진영 일대의 길을 함께 걸으면서 이런저런 대화를 나누다 보면 어느새 사이가 가까워졌음을 느낀다. 아이들이 내민 손을 변호사님들이 마주 잡은 그 모습이 참 아름답다. 부디 짧은 시간이지만, 아이들에게 따뜻한 기억으로 자리하길 바란다.

멘티들의 짤막한 '걷기학교 소감'

아래는 반나절 걷기학교에 참가한 멘티들이 남긴 짤막한 소감이다.

- 멘토 쌤께서 아직 어리다면서 '하고 싶은 거 다 할 수 있는 나이'라고 하셨습니다. 희망을 품으라며 희망을 주셨습니다.

- 제 속사정과 과거 이야기를 털어 내고 제 마음을 주었다고 할 정도로 멘토 쌤과 친해졌습니다.

- 세 시간을 걸었지만 30분 걸은 거 같았다고 마지막에 얘기했습니다. 악수와 하이파이브를 나누며 헤어졌습니다.

• '나는 네 편이야!'라고 말해 주는 것만 같은 변호사님의 눈빛 덕에 제 마음 깊숙이 있던 이야기가 술술 나왔습니다. 섣불리 절 이해한다는 말을 건네시기보다는 묵묵히 제 얘기를 들어 주셨습니다. 그게 너무나도 감사했습니다. 지루할 수도 있는 제 이야기를 묵묵히 들어 주시며 걷는 이 순간만이라도 제 편이 되어 주신 것만 같았습니다.

• 처음에는 멘토 쌤과 어색했고 무슨 말을 해야 할지도 몰랐습니다. 멘토 쌤께서 말을 걸어 주셔서 어색한 분위기도 빨리 풀린 것 같습니다. 제 평소 생활이나 저에 대해 많이 물어봐 주셔서 기분이 좋았습니다.

• 제가 언제 변호사님과 단둘이 걸으면서 얘기를 나누겠습니까! 저는 오히려 조언과 충고를 해 주시는 게 좋다고, 더 해 달라고 했습니다.

• 가기 전에는 걷기학교가 매우 힘들 줄 알았는데, 오늘 막상 걷기를 해 보니 또 걷고 싶었습니다. 의외로 빨리 끝나 버려 아쉬웠습니다. 제가 퇴소하기 전에 한 번 더 하고 싶습니다.

• 1초의 지루함 없이 시간을 보낸 거 같습니다. 그러다 보니 어

느덧 다시 올라가는 시간이 되었습니다. 스마트폰 없이 이렇게 시간이 빨리 간 적은 없었던 거 같습니다. 그만큼 재미있었고 새로운 경험도 하며 기분이 좋았습니다.

• 사장님이 어떤 이야기를 해 주셨는데, 제가 아직 어려서 말의 진짜 의미는 잘 못 알아들었습니다. 그래도 인생에 도움 되는 말만 쏙쏙 골라서 해 주셨습니다. 착하고, 사회에 도움이 되는 바른 사람으로 성장하라는 말씀이었던 것 같습니다.

• 처음에는 변호사님과 너무 어색했는데, 같이 몇 분 걸으니까 어색한 것도 풀리고 잘 맞다고 생각했습니다.

• 말도 계속 걸어 주시고 공감도 잘해 주시고 제 얘기도 잘 들어 주셔서 말을 편하게 할 수 있었던 거 같았습니다. 걷는 몇 시간 동안 인생 얘기도 해 주시고 제 진로에 대해서도 잘 얘기해 주셔서 깊은 생각을 하게 됐습니다.

• 폰을 줄이고, 폰 보기보다 길을 걸으면서 풍경을 보는 게 더 재밌다는 걸 알았습니다. 중간중간 힘들다고 찡찡거렸는데, 멘토 쌤께서 '할 수 있다' 해 주시고 힘이 되어 주셨습니다. 감사합니다.

- 이번 반나절 걷기학교로 나의 몸이 한층 더 건강해진 것 같고, 예전과 다르게 걷기를 조금이나마 더 좋아하게 된 것 같습니다. 앞으로도 이런 프로그램이 있다면 꼭 참여해 보고 싶습니다. 비록 제 잘못으로 쉼터라는 곳에 들어와 이런 프로그램을 하는데, 제 비행은 후회되지만 이런 프로그램을 10대의 추억으로 남길 수 있어서 좋았습니다.

- 프로그램이 종료되고 센터로 돌아오는 차 안에서 귀찮고 싫은 하루였다는 생각보다는, 도움이 많이 된 하루였다는 생각이 들었습니다. 열심히 앞으로를 살아 보자는 좋은 생각을 가지고 갈 수 있었습니다.

- 너무 걸어서 그런지 다리가 너무 아팠습니다. 운동을 조금 자주 해야겠다는 생각이 들었습니다.

- 저는 평소 걸어 다니는 일이 드문데, 걷기학교에서 걸어 보니 너무 상쾌했습니다. 좋은 풍경과 함께 벽화도 보고 사진도 찍어 주셨는데, 정말 행복한 걷기학교였습니다.

"오늘의 시간이 추억으로 남기를"
아래는 반나절 걷기학교에 참가한 변호사 멘토들이 남긴 짤막한 소감이다.

- 오늘 제 멘티가 자기 가정사 이야기를 했는데, 그 말을 듣고 나니 마음이 너무 아팠습니다. 제가 그 상황이었어도 감당할 수 없었을 것 같습니다. 마음이 너무 무거웠습니다. 지금도 그 상황을 떠올리니 마음이 너무 아프네요.

- 멘티는 중학교 1학년으로 가장 막내였습니다. 대화가 통하지 않을까 봐 걱정했지만, 요즘 유행하는 것들에 관해 대화하고 공통 관심사를 찾아 가며 이야기를 나눴습니다. 멘티는 처음에는 수줍어했지만, 나중에는 먼저 적극적으로 질문하기도 했습니다. 앞으로 하고 싶은 것과 배우고 싶은 것 등 많은 이야기를 하다 보니 세 시간이 오히려 짧게 느껴졌습니다.

- 멘티는 세 시간을 걸어야 하는 걸 약간 투덜대기는 했지만, 제가 별말 안 해도 옆에서 재잘거려서 걷는 시간이 전혀 어색하지 않았습니다. 또 참여하고 싶을 정도로 좋은 시간이었습니다.

- 멘티는 처음 이 행사에 올 때는 별로 흥미가 없었는데, 막상 걷고 나니 재미있었다고 말해 주어 뿌듯했습니다. 멘티에게

오늘의 시간이 추억으로 남기를 바랍니다.

• 멘티는 다리가 아프다고 투덜대면서도, 어깨가 아프다고 호소
하는 제 배낭을 끝까지 챙겼습니다. 준비해 간 책 선물을 감사
하다며 챙겨 가는 것을 보니 흐뭇했습니다. 개인적으로 법정
에 있는 시간 말고 세 시간 동안 핸드폰을 만지지 않은 적이
없고, 세 시간을 걸어 본 적도 없어서 여러모로 뜻깊은 자리였
습니다.

• 처음 멘티와 걷기 시작할 때는 어색했는데, 다행히 멘티가 먼
저 말을 많이 해 주었고, 같이 서로 조잘조잘 이런저런 얘기를
많이 나눴습니다. 사춘기 남자아이와도 말이 통할 수 있다는
느낌을 받는 시간이었습니다.

• 제 멘티는 제가 아는 변호사님과 인연이 있던 아이인데, 제비
뽑기로 제가 멘토가 된 후 그 이야기를 하니 멘티가 엄청나게
놀라워했고, 금방 친해졌습니다. 걷는 내내 많은 대화를 나누
었는데, 헤어질 때 다음에 센터로 격려 방문을 하겠다고 약속
도 했습니다.

• 제 멘티는 말이 없어서 난감했습니다. 하지만 같이 걷는 시간

이 늘어날수록 점점 친해지면서 말수가 늘어났습니다. 이제 대화가 된다 싶을 즈음에 벌써 걷기가 끝나는 시간이 되어 무척 아쉬웠습니다.

• 처음에는 아이들을 만나서 무슨 얘기를 할까, 꼰대라고 얘기하지 않을까 걱정하면서 갔는데, 소개팅하는 느낌으로 끊임없는 수다를 통해 서로의 취향과 취미, 살아온 이야기들을 공유했습니다. 의외의 공통점을 발견했을 때는 서로 까르르 웃으면서 좋아하기도 했습니다.

• 어리고 착한 아이인 것 같은데 집을 떠나 시설에 있는 게 안타깝기도 하고, 그런데도 생각보다 아이가 밝고 잘 웃어서 조금 안심이 되었습니다. 세 시간 남짓 함께 있었는데, 그사이 정이 들었는지 헤어질 때는 좀 서운하기도 하더라고요.

• 가을 길을 함께한 멘티는 도대체 왜 소년법원에 간 건지 의문이 들 정도로 착하고 어린 느낌이었습니다. 아이들이 문제가 아니라 다 어른들 탓인가 하는 생각이 들면서 착잡한 심정도 들었습니다. 저 자신도 돌아보게 됐고요. 눈으로 직접 소년부 류기인 판사님의 노고를 보니 마음이 따뜻해지는 느낌이었습니다. 글로 다 표현하기 힘든 여러 감정이 교차하면서 보람

있으면서 반성도 하게 되는, 그런 희한하고 좋은 경험이었습
니다.

대의와 함께한 맨도롱한 날들

- 2인 3각 올레길 도보 여행

2022년부터 창원지방법원 소년보호재판 업무를 맡으면서 수많은 위기 청소년을 만났다. 소년법에 따른 일정한 보호처분을 통해 많은 위기 청소년이 재비행의 악순환을 벗어나지만, 모두가 그렇지는 않다. 일부 청소년에게는 조금 더 깊은 관심이 필요하다.

　10여 년 전 창원지방법원 소년보호재판을 담당했던 천종호 판사님은 위기 청소년들을 돕기 위해 청소년회복센터를 기획했다. 청소년회복센터는 가정의 보호력이 취약해 비행의 길에 들어선 청소년에게 새로운 기회를 주고 있다.

　청소년회복센터에서는 보통 6개월 정도 생활한다. 아이들이 이 시기에 좋은 생활 습관을 길러 건강한 청소년으로 성장하도록 많은 도움의 손길이 함께하는데, 중요한 한 축이 사단법인 만사소년이다. 보호소년들을 향한 천종호 판사님의 깊은 애정에 공감하는 많은 사람이 후원하는 만사소년은 다양한 활동을 하고 있다.

만사소년에서 약 9년 전부터 진행해 온 '한국판 쇠이유' 2인 3각 프로그램은 위기 청소년의 치유와 회복을 위해 멘토와 멘티가 함께하는 일대일 도보 여행이다. 멘토와 멘티, 단둘이서 8박 9일 동안 하루에 약 20킬로미터를 함께 걷고 생활하며 얘기하는 기회를 통해 한계를 넘고 소통을 경험한다.

나는 2023년 추석 연휴에 2인 3각 도보 여행 멘토로 참여하면서 이 경험을 기록으로 남겨 만사소년 후원자들과 공유했다. 더욱 많은 분이 위기 청소년들에게 따뜻한 관심을 가지면 좋겠다 싶어 정리한 내용을 나눈다.

"가족과 같이 오고 싶어요"

• 1일 차: 김해 ▶ 제주

대의는 기대하는 마음으로 2인 3각에 참여한 준비된 멘티다. 긴장됐는지 출발 전날 제대로 잠을 못 잤다고 한다. 대의가 생활하는 청소년회복센터의 센터장님이 직접 운전해 주시는 차량에 대의와 함께 탑승한다. 김해공항으로 이동하는데, 센터에서 함께 생활하는 친구 세 명도 응원차 공항까지 동행한다.

"대의야, 부럽다. 잘해라이~ 비행기 탈 때 신 벗고 타야 한다."

놀림이 섞인 친구들의 수다를 뒤로하고 출발 수속을 밟는다. 대의는 태어나서 처음 비행기를 탄다. 어느덧 대의는 창가 자리에서 하늘 풍경을 보느라 졸릴 틈이 없다. 비 내리는 김해공항에서 이륙해 구름 위로 올라가 끝없이 이어진 하늘길을 간다. 어느새 제주도.

제주가 화창한 가을 날씨를 뽐내며 첫걸음인 대의를 반겨 주는 듯하다. 첫날은 입도 외에 일정이 없어 편안하다. 제주 향토 음식점 옹근집에서 옹근한상으로 저녁을 먹는다. 대의는 내 밥 절반을 더 하고도 아쉬워 공깃밥을 한 그릇 더 주문한다. 간장게장을 리필하고 생선 한 마리 반을 뚝딱 해치우니, 최근 식사량이 줄었다는 얘기가 믿기지 않는다.

용담 뷰 맛집 카페 앙뚜아네트에 가서 시원하게 펼쳐진 제주 바다를 배경으로 사진을 기분 좋게 여러 장 찍는다. "혹시 빵 좀 먹을래?" 물어보니, 기다렸다는 듯 "네"라고 대답한다.

첫날 숙소는 에코그린리조트. 도착하니 바비큐가 예약되어 있었다. 어쩐 일인가 싶어 만사소년 손혜광 실장님에게 급히 전화해 본다. 에코그린에서 2인 3각 팀을 위해 준비한 서비스란다. 대의는 "또 먹을 수 있어요" 한다. "그래, 먹자." 대의는 저녁 먹은 지 한 시간 만에 다시 허리띠를 풀고 바비큐를 뚝딱 해치운다. "배불러요. 좀 걷다가 들어가요." 대의와 리조트 주변을 걷고 전망 좋은 루프톱에 오른다. 제주 풍경을 살피는 대의에게 묻는다.

"무슨 생각 하고 있어?"

"가족과 같이 오고 싶어요."

"그래, 좋은 모습으로 잘 성장해서 다음엔 가족과 같이 오면 좋겠네. 이번엔 답사 온 거로 생각하고."

엄마, 센터장님과 통화하는 대의 목소리가 굉장히 밝다. 내일부터 본격적으로 걷는다. 대의는 일기를 후다닥 써 버린다. 얼핏 보니 한 페이지밖에 안 썼다. 조금 더 쓰라고 잔소리하려다 멈추었다.

맨도롱한 햇볕, 가벼운 발걸음

• 2일 차: 협재해수욕장 ▶ 월령선인장마을 ▶ 저지오름 ▶ 환상숲곶자왈 ▶ 신창포구

오늘은 8시부터 아침을 먹을 계획이다. 대의가 푹 잤는지 7시 전에 스르르 눈을 뜬다. 뷔페 조식 첫 이용객이다. 7시 정각에 식사하는데, 대의는 음식을 폭풍 흡입하던 어제저녁 모습과 달리 적게 먹는다.

숙소에서 귀덕새마을금고 정류장까지, 오늘의 걷기를 시작한다. 202번 버스를 타고 협재해수욕장으로 간다. 푸른 바다를 만난 대의는 신발과 양말을 벗어 던진다. 파도와 신나게 놀이를 즐긴다. 바위틈에서 게와 고둥을 잡아 인증샷을 찍고 방생해 준다. 따뜻한 마음씨가 참 좋다. 그런 대의를 보기만 해도 행복하다. 대의 부모님께

서 흐뭇해할 그림이다. 그 모습을 사진과 동영상에 담아 전달해 드린다.

다시 월령선인장마을까지 걷는다. 가을인데도 햇볕 아래 걷기가 만만찮다. 바위 사이 선인장 군락이 장관이다. 멕시코에서 해류를 타고 온 선인장 씨앗이 자생 군락을 이루었다고 한다.

월령리에서 다시 버스로 저지리로 이동. 저지오름까지 올라갔다 내려오는 길이 생각보다 힘들다. 전망대는 폐쇄되었다. 나무들이 사방을 둘러싸고 있어 경치를 내려다보기가 쉽지 않다. 그래도 2인 3각 플래카드를 펼쳐 정상 인증샷을 찍고 내려온다.

"점심 뭐 먹고 싶어?"
"냉면이요."
"그래."

대의는 저지리 착한놀부에서 냉면 곱빼기를 기분 좋게 먹는다. 자기표현이 정확해서 좋다. 점심을 든든히 먹은 다음 묻는다.

"다음에 또 2인 3각 올 수 있겠어?"
"그럼요."
"그럼, 10년 뒤 대의가 멘토로 꼭 오렴!"

환상숲곶자왈공원으로 향하는 발걸음은 가볍다. 밥을 든든히 먹은 직후라 힘차다. 한낮 제주 햇볕은 '맨도롱'(따뜻)하다.

해설사 토리 선생님을 만났는데, 2인 3각 팀을 알아보고 대의를 격려해 주신다. 다음에 제주 혼자 오면 토리 선생님이 재워 줄 테니 연락하라 하신다. 대의가 혼자 제주를 여행할 날이 오길 바란다.

환상숲 해설이 정말 탁월하다. 곶자왈 안내에 인생을 향한 따뜻한 마음씨가 흠뻑 묻어난 시간이었다. 함께 해설을 들은 서른 명 정도의 관람객 모두 행복한 표정이다. 토리 선생님 덕분에 대의가 인증샷을 찍으며 '인생샷'도 건졌다. 8박 9일 도보 여행 중 멘토와 멘티가 서로 환히 웃으며 쳐다보는 유일한 사진이다. 다정한 아빠와 아들이 밝게 웃는 모습 같다.

대의가 오늘 걷기는 진짜 할 만했다고 한다. 다만, 스마트폰을 사용하지 못하게 해 아쉬움이 크단다.

"평소 폰으로 뭘 하니?"

"친구들과 연락하고, 유튜브로 게임 보고 대충 그렇게…"

"여자친구 있어?"

"있어요. 사귄 지 얼마 되지는 않았지만, 여친은 공부를 잘해서 같이 공부할 거예요."

말이라도 공부한다는 대의가 기특하다. 환상숲 투어를 마친 후 도보와 버스를 통해 오늘 머물 숙소인 게스트하우스로 이동한다. 체크인 후 하루 땀을 말끔히 씻고 개운한 상태로 대의에게 묻는다.

"저녁은 뭐 먹을까?"
"흑돼지요."

제주에서는 흑돼지를 먹어 봐야 한단다. 대의 혼자서 흑돼지 모듬을 깔끔히 먹어 치운다. 대의가 먹는 것만 봐도 배부르다. 이제 일몰을 보러 신창포구로 향한다.

제주의 구름은 상당히 멋지다. 하늘을 바라만 봐도 행복이다. 수평선 너머 두꺼운 구름 사이로 숨은 해가 좀처럼 보이지 않는다. 찰나의 일몰. 대의에게 소원을 빌라고 한다.

숙소로 가던 중 대의는 편의점에 들러 간식거리 몇 가지를 고른다. 역시 왕성한 소화력으로 식사 한 시간 만에 간식도 너끈히 해결이다. 오늘의 마지막 미션, 일기 쓰기까지 마친 대의는 엄마와 통화하며 오늘 하루를 자랑하느라 바쁘다.

재미를 찾기보다 의미를 새기는 여정
• 3일 차: 신창해안길 ▶ 김대건신부표착기념관 ▶ 당산봉 ▶ 수월봉

아침 7시 정각. 게스트하우스에서 준비된 재료로 달걀 토스트를 만들어 음료와 함께 간단히 아침을 먹는다. 대의는 아침을 적게 먹

는다. 집에서 엄마에게 배웠다며 자신이 먹은 그릇을 설거지하는데, 꼼꼼히 잘한다.

하늘이 약간 흐리다. 8시 조금 안 되어 3일 차 2인 3각을 일찌감치 시작한다. 신창해안길 중간에 있는 신창성당에서 인증샷을 찍는다. 현경면 청년회의소가 세웠다는, "조국의 미래 청년의 책임" 글귀가 새겨진 입석을 배경으로 대의를 찍는다. 멋진 청년으로 성장하길 응원하며 찰칵찰칵.

길가 꽃들도 예쁘고, 새들이 지저귀는 소리도 생기가 넘친다. 대의는 늠름하게 잘 걷는다.

한국인 최초의 사제 김대건 신부님이 라파엘호를 타고 표류하다가 용수리해안에 닿은 일을 기념하는 김대건신부표착기념관을 방문한다. 이른 아침이라 아무도 없다. 한산한 2층 기념관을 여유 있게 둘러본다.

지금 가야 할 당산봉과는 반대 방향이지만, 김대건 신부님 동상을 보고 가라는 추천을 따라 열심히 걷는다. 아직 아침나절인데 이미 1만 보가 넘어간다. 황금색을 입은 김대건 신부님 동상을 배경으로 인증샷을 또 남긴다.

"대의는 군대 어디로 갈 거야?"

"저는 안 갈 건데요. 군대는 재미없잖아요."

"군대는 재미로 가는 거 아닌데…."

당산봉 가는 길은 지루하고 재미없다. 기온은 점점 높아진다. 그러나 정상에 올라 당산봉 전망대에서 조망하는 전경은 참 볼 만하다. 대의는 2인 3각 플래카드를 들고 사방을 배경으로 열심히 모델이 되어 주더니, 힘들다며 잠시 주저앉는다.

이제 수월봉을 향해 내려간다. 가는 길에 망원경이 보이니 자연스레 다가서는 대의. 당산봉 정상에는 아무도 없어 대의 독사진만 남겼는데, 내려가는 길에 사람을 만나니 너무 반갑다. 대의와 함께 2인 3각 플래카드를 펼치고 인증샷을 제대로 남긴다. 대의는 플래카드 펼치는 데 선수다.

수월봉 가는 길은 더 덥다. 중간에 녹고대 정자가 잠깐 쉬어 가라 손짓한다. 둘 다 정자 마룻바닥에 시원하게 눕는다. 그늘에서 시원한 바람을 맞으니 다시 걸을 마음이 생긴다.

수월봉 밑에서는 전기 자전거 대여점이 유혹한다. 전기 자전거로 씽 가 버리는 관광객들을 보며 대의가 말한다.

"우리도 전기 자전거…."
"아니야, 우리는 걸어야지. 2인 3각 도보 여행이잖아."

목적지로 빨리 가는 것이 중요한 게 아니다. 한 걸음 한 걸음 의미를 새기고, 힘들지만 포기하지 않으면서 자기 페이스대로 꾸준히 나아가는 연습의 시간, 2인 3각 도보 여행이다.

모두가 타는 전기 자전거를 타지 않고 뚜벅뚜벅 걸어 올라간 수월봉. 대의는 수월봉 정자의 긴 나무 의자를 보자마자 드러눕는다. '그래, 힘들면 쉬었다 가면 되지.'

수월봉에서 차귀도선착장으로 돌아올 때는 올레 12코스 해안도로를 따라간다. 경치가 예술이다. 이 구간은 휠체어도 다닐 수 있는 넓은 올레길이다. 걷는 사람도 많다.

"대의야, 경치 좋은 올레길에 한 사람만 같이 올 수 있다면 누구와 올 거야?"

"가족이요."

"가족 중에서도 한 명만 고른다면?"

"아빠요, 아빠는 재미있어요. 엄마는 재미없거든요."

대의에게는 재미가 중요하다. 맞다, 재미가 있어야지. 그래도 재미만이 아니라 의미도 같이 찾는 날이 오면 좋겠다.

올레길 중간중간에 있는 일제강점기에 조성된 갱도와 아름다운 주상절리를 쳐다보면서 걷다 보니 어느새 차귀포구다. 아침 일찍 출발했더니 낮 12시 전에 2만 3천 보를 넘어선다.

차귀도선착장에 도착해 어디서 점심을 먹을까 검색한다. 마침 772-1번 버스가 도착한다. 원래 고산까지 한 시간 걸어갈 예정이었는데, 버스를 탔더니 금방이다. 고산에서 202번 버스로 갈아탄다. 오늘 숙소 봄꽃게스트하우스까지 일사천리다. 무거운 배낭을 내려놓고, 늦은 점심을 먹으러 나간다. 대의가 고른 곳은 밀면과 수육 맛집이라는 산방식당이다.

늦은 점심인데도 대기 손님이 많다. 대의는 이번에도 곱빼기. 밀면과 수육 모두 맛있단다. 손님이 많은 이유가 있다. 숙소 들어오는 길에 대의는 피자와 간식거리를 또 산다.

대의는 숙소에 들어와서 씻지도 않고 바로 침대로 들어간다. 내가 하루 일정을 정리하는 내내 곤히 잔다. 일정을 좀 빨리 마쳤지만 대략 여섯 시간 가까이 걸었다. 걸음 수는 2만 6천 보.

세 시간 가까이 자던 대의가 저녁 6시쯤 눈을 뜨더니, 저녁 먹으러 가잔다. 이번에는 막창집을 고른다. 막창 3인분을 대의 혼자 해치운다. 저녁을 배불리 먹었으니 좀 걸어야지. 이런저런 얘기를 나누며 걸으니 3킬로미터는 걸었다. 오늘 걸음 수가 3만 보를 훌쩍 넘어선다.

대의는 이번 도보 여행에서 버스라도 좀 더 자주 타자 한다. 나는 2인 3각 도보 여행 취지가 하루하루 걸어서 과정이 소중하다는 사실을 익히는 데 있다고, 편리한 것이 꼭 좋지만은 않다고, 행복은 항상 즐거운 상태를 의미하지 않으며 희로애락을 통해 깨닫는 바가 있을 거라고 주절주절 늘어놓는다.

물론 나도 중학교 3학년 때는 대의처럼 친구들과 노는 게 제일 좋았고, 이런 생각을 별로 안 했다. 훗날 2인 3각 도보 여행을 돌아

보면, 오늘 얘기가 떠오를 수도 있겠지.

대의는 이제야 말한다면서, 처음엔 2인 3각을 가기 싫은 마음도 있었다고 한다. 추석 때 외박도 못 나가고, 매일 멘토와 걷는 일이 재미없을 것 같았단다. 벌써 3일을 보내니, 그래도 걸을 만하고 맛있는 음식을 많이 먹어서 좋단다.

우리가 지난 이틀 동안 20킬로미터씩 걸었다고 하니 정말 그렇냐고 묻는다. 그래서인지 오늘은 피곤하다고 한다. 숙소로 들어오는 길에 그래도 카페에 들르자 한다. 대의는 음료와 디저트를 주문한다.

"쌤은 안 먹어요?"
"응, 쌤은 대의가 먹는 것만 봐도 좋아."

숙소로 돌아온 대의는 엄마와 통화한다. 오늘의 일기도 쓰고 씻더니 어느새 꿈나라다.

플래카드를 잃어버리다

• 4일 차: 모슬포 ▶ 송악산 ▶ 용머리해안 ▶ 안덕계곡

봄꽃게스트하우스 주인장은 추석이라 서울로 떠났다. 손님은 대의와 나만 있어서 완전 독채 펜션 느낌이다.

"오늘은 힘들어요."

아침에 일어나면서 대의가 힘든 표정으로 말한다. 아침은 어제 사 둔 페퍼로니 피자 세 조각이면 충분하단다.

8시쯤 숙소를 나서 송악산을 향해 걷는다. 올레 10코스 역방향이라서 도보 앱을 참고한다. 10코스 도착지이자 11코스 출발지인 '간세'에서 인증샷을 찍는다. 10코스 안내표지와 올레 리본을 살피며 계속 걷는다. 추석인데도 걷기에는 상당히 더운 날씨다.

별말 없이 걷던 대의는 하모해수욕장 근처에서 달리는 말 조각상을 보더니 잠시 멈춘다. 꼬리를 잡기도 하고 말 등에 타려고 한다. 개구쟁이가 따로 없다.

조금 더 걸으니 월령리와 비슷한 선인장 군락이 길가에 있다. 유심히 쳐다보는 대의. 아무래도 눈에 익었나 보다.

올레 10코스 일부 구간은 그늘 한 점 없다. 땡볕이라 둘 다 헉헉거리며 걷는다. 일제강점기 잔재 알뜨르비행장 터를 지나다 옛 관제탑 위로 올라가 보는 대의. 시원한 전망보다 일단 주저앉아 쉬는 게 더 좋단다.

다시 걷는다. 조금만 걸어도 날이 더우니 쉽게 지친다. 반갑게도 정자가 보인다. 기회다 싶은지, 대의는 냅다 드러눕는다.

4·3의 아픔을 담은 유적지인 섯알오름 예비검속 희생자 추모비를 지나서 송악산으로 향한다. 송악산 표지석을 배경 삼아 2인 3각

인증샷. 용머리해안으로 바로 가는 줄 아는 대의에게 송악산 둘레길을 한 바퀴 돌아 나와서 간다고 하니, "헐"이란다. 송악산 정상은 휴식년이라 폐쇄되었지만, 둘레길은 걸을 수 있다. 정상으로 가는 오르막길이 아니라 괜찮겠지 싶었는데, 아닌가 보다. 한 시간 걷는 둘레길도 의외로 힘든 구간이다. 대의는 중간중간 앉아서 쉰다. 그래도 꿋꿋하게 완주. 스스로 대견해하며 간식 타임을 갖는다.

용머리해안에서 2인 3각 인증샷을 찍자 하니까, 대의가 말한다.

"2인 3각 플래카드를 잃어버렸어요."

"뭐?"

"축구 잘하는 쌤께 얘기해야 하지 않을까요?"

"어디서 잃어버린 것 같니?"

"모르겠어요."

아들이었으면, 버럭 했을 텐데… 뒤늦은 말이지만, 플래카드를 잘 들고 다닐까 조심스럽기는 했다. 너무 일찍 잃어버려 난감하다. 앞으로 인증샷은 대의 가방에 꽂힌 작은 깃발로 찍어야 한다. 공교롭게 가방 깃발도 출발 당시 한 개밖에 못 받았다. 이것마저 잃어버리면 큰일이다.

용머리해안까지 걷는 길도 더위와의 싸움이다. 대의 역시 자신만의 속도로 천천히 따라온다. 저 멀리 산방산은 언제쯤 바로 앞에 나타날까. 지루한 길 끝에 행운이 온다. 물때도 날씨도 맞아야 관람이 가능하다는 용머리해안이 열려 있다. 기암괴석 절경이 끝내주는 용머리해안을 40분 넘게 구경하는데, 대의는 끊임없이 "힘들어요"라고 말한다. 살살 달래서 기암절벽, 산방산을 배경으로 몇 장 퍼뜩 찍는다. 최대한 서둘러 나와 늦은 점심을 먹으러 가잔다. 여기까지 걸음이 2만 4천 보, 18킬로미터다.

오늘 마지막 일정은 안덕계곡. 도보와 버스로 이동했다. 안덕계곡에 들어가면서부터 대의는 또 힘들단다. 센터장님이 말씀하신 그대로다. "아마 4~5일째가 되면, 힘들다고 할 거예요." 그렇지만 투덜거리면서도 대의는 잘 따라온다. "인증샷 찍자" 하면, 포즈도 취해 준다. 안덕계곡은 용머리해안에 비하면 짧고 그늘이어서 투덜거리던 모습도 금방 사그라진다.

이제 202번 버스를 타고 중문에서 내려 15분만 걸으면 숙소인 켄싱턴리조트다. 리조트 입구에서 찍는 인증샷을 빼놓을 수 없다. 방에 들어가자, 대의는 입이 귀에 걸린다. "다음에 엄마랑 와야지." 기특한 소리를 한다. 축구를 하러 가는 금요일에 천종호 판사님께 꼭 고맙다고 인사하겠다고 한다. 좋은 숙소에서 이틀이나 쉴 수 있어 너무 감사하다고.

대의는 플래카드를 잃어버린 일 때문에 '축구 잘하는 몸 좋은 쌤' 손혜광 실장님에게 혼나면 어쩌나 걱정한다. 나는 혼잣말하는 대의에게 꼰대처럼 한마디 덧붙였다.

"대의야! 사람은 잘못했을 때 숨기지 말고 즉시 말해야 한다. 죄송합니다, 다음에는 꼭 주의하겠습니다, 하는 자세가 중요하단다."

"네, 알겠습니다."

4일간 밀린 빨래를 하려는데, 켄싱턴리조트 내에는 빨래방이 없다. 대의가 피곤해서 씻고 자고 싶다고 해서 빨랫감을 내놓으라 하니, 속옷은 꺼내지 않는다. 깜빡하고 챙기지 못했다고. 단벌 속옷으로 4일째라니. 씻고 자라고 말한 뒤, 난생처음 24시 빨래방에 왔다. 세탁 42분, 건조 24분. 기다리면서 대의 속옷 네 벌도 샀다.

내일은 한라산 윗세오름을 등정한다. 숙소 연박으로 배낭 없이 걷는 유일한 날이다. 한결 편안한 마음이다. 오늘 걸음은 3만 보, 22킬로미터를 찍었다.

한라산 날다람쥐

• 5일 차: 한라산 등정 - 영실 ▶ 윗세오름 ▶ 어리목

어제저녁 "내일 한라산 일정은 일찍 출발하자"했을 때 대의는 "네!"라고 찰떡같이 대답했다. 그런데 아침에 일어나 보니 한라산에 비가 내린다는 예보가 있다. 비를 맞으며 일찍 나가려니 싫은 기색이다.

"조금 기다려 볼까? 날씨가 갤지도 모르니…." 대의는 좀 더 잔다며 다시 방으로 들어간다. 나는 모처럼 여유로운 아침을 누린다.

아침 8시부터 내리기 시작한 비는 그칠 줄 모른다. 일기예보를 검색해 보니 오후에 갠다고 나온다. 대의는 아침만 간단히 먹고 다시 꿈나라로 갔는데, 안 깨우면 계속 잘 태세다. 10시 30분쯤 깨운다. 슬슬 윗세오름에 갈 준비를 한다. 비도 제법 오고 버스 환승 시간도 여의찮다. 늦은 출발이기도 해서, 도보 여행 처음으로 택시를 탄다. 영실까지 30분 거리다.

영실휴게소에서 물과 간식을 조금씩 산 뒤 인증샷. 둘 다 우비를 단단히 착용하고 윗세오름으로 향한다. 대의는 푹 잔 덕분인지 완전 한라산 날다람쥐. 2인 3각 도보 여행에서 처음으로 앞장서더니 쏜살같이 올라간다. 윗세오름대피소에서 만날 때까지 대의 뒤통수도 본 적 없다.

나는 발을 뗄 때마다 숨 고르기를 한다. 비가 내려 안개가 자욱해 한라산 경치를 감상하기 어려운 상황이 한편 다행이다. 땅만 보고 걸어도 되니까. 윗세오름을 오르며 등산로 옆 입간판마다 사진을 찍는다. 사진 찍는 순간에는 잠시 멈추어 쉴 수 있다.

대피소에 도착하자, 진작에 와 있던 대의가 목이 빠지도록 기다렸단다. 윗세오름 1,700미터 표지목을 배경 삼아 인증샷을 찍는다. 준비한 간식과 음료를 폭풍 흡입한 후 하산한다. 코스는 어리목 방향. 대의는 멀찍이 앞서 내려간다. 올레길을 걸을 때와는 딴판이다. 어리목에 도착해서는 버스 시간을 딱 맞춰 중문단지까지 50분간 편안히 이동한다.

버스에서 내리자마자 대의가 배고프단다. "대의 먹고 싶은 것 먹자"하니, 이번에도 "고기요" 한다. '나는 딴것 먹고 싶은데' 하고 속으로만 생각한다. 대의는 저녁 식사를 할 때면 늘 왕성한 식욕을 보인다. 나는 딱 한 점만 먹는다. 대의 혼자 나머지 고기를 모두 먹고, 공깃밥까지 추가해 쓱싹 해치운다. 만족스럽게 먹었는지 숙소로 돌아가는 걸음이 가볍다.

"대의야, 다리 안 아프니?"
"전 괜찮아요."

달리기까지 하는 대의. 나는 종아리에 알도 배고 다리도 아프다. 비는 그치고 하얀 구름 사이 하늘은 맑고 푸르다. 숙소로 돌아오니 5일 차 한라산 윗세오름 등정이 벌써 아련하다.

해 줄 말은 많지만…

• 6일 차: 송이슈퍼 ▶ 강정마을 ▶ 법환포구 ▶ 외돌개

도보 여행은 반환점을 돈다. 이제 후반부다. 대의는 매일 저녁 7시쯤 엄마와 통화한다.

"이제 약 안 먹어, 계속 안 먹고 있어. 2인 3각 온 애들 약 끊었대. 나도 괜찮아."

2인 3각 도보 여행 준비 모임 때 천종호 판사님, 손혜광 실장님, 길창호 선생님이 "대의도 약을 한번 끊어 보렴" 하고 도전 과제를 내셨다. 분노조절장애 등으로 약을 먹던 다른 멘티들이 8박 9일 도보 여행을 통해 약을 끊었다고 하면서. 대의는 그 말을 기억하고 아침저녁으로 먹던 약을 가져왔지만 1일 차부터 먹지 않고 있다.

뒤따라오다가 한 번씩 "아~ 아~" 할 때는 조심스러웠지만, 마음을 잘 다스리고 있나 보다. 도보 여행을 계기로 대의가 약 없이 일상생활을 잘해 나가길 바란다.

어젯밤 "쌤, 간식 사러 가요"라고 말하는 대의에게 "이제부터 저녁에 간식 먹지 말자. 낮에는 괜찮지만"이라고 대꾸했다. 대의가 밤에 일절 간식을 먹지 않고 잠들기는 처음이었다. 5일 동안 지켜보니, 대의는 저녁에 폭식한 이후로도 자기 전까지 계속 간식을 먹는다. 그러다 보니 아침에는 깨작거린다. 습관을 바꿔 보기로 한다.

어제와 달리, 오늘 아침 하늘은 구름만 조금 끼고 맑다. 올레 7코스를 걷는 날이다. 슬슬 아침을 먹으러 간다. 대의는 메밀 소바 네 그릇에 시리얼이면 충분하단다.

600번 버스를 타고 출발 장소인 송이슈퍼로 이동한다. 올레 7코스 일부 구간은 공사 중이다. 화살표와 리본을 잘 보면서 걸어야 한다. 힘들어서 땅만 보고 걷다 보면 엉뚱한 길로 접어들기 십상이다.

연지청소년회복센터 반경민 선생님 얘기처럼 올레 7코스는 정말 힐링하는 길이다. 제주 바다를 오른편에 끼고 한참 걷는데 속이 후련해진다. 한 번씩 멈추어 멍하니 바다를 보기도 한다. 대의와 함께 말없이 푸른 바다를 한참 바라본다. 물론 오늘도 무척 덥다.

한라산에서 날다람쥐 같던 대의는 올레길을 걸을 때면 천천히 따라온다. 한 번씩 뒤돌아봐 줘야 한다. 너무 거리가 멀어지면 안 되니까. 안 보이는 듯하면, 말없이 주저앉은 상태다. 그러다 또 금세 일어나 "이제 가도 돼요" 한다.

"해군기지 설치로 파괴된 구럼비를 회복하라." 강정마을을 지날 때 자주 보이는 현수막이다. 강정교에서 우측 숲길로 쑥 들어가면 탁 트인 강정바다가 시원하다. 강정천 힘찬 물살은 오늘도 바다를 향한다.

강정마을을 뒤로하고 법환포구까지 다시 걷는다. 중간에 올레 리본을 깜박해서 일부 구간의 바다 절경을 놓쳐서 아쉽다. 올레 7 코스는 완전 평지가 아니다. 야트막한 오르막과 내리막에 해안 자갈길도 중간중간 깔려 있어 조심스럽게 걷는다. 대의가 묻는다.

"점심 뭐 먹어요?"
"앞 팀들이 영은맛집 고기국수 추천하더라. 먹어 보자."

"네!" 하고 대답한 대의는 물에 빠진 고기는 먹지 않는다면서, 국수만 열심히 빨아들인다. '물에 빠진 고기 안 먹으면 미리 말을

하지….'

오늘도 아침 일찍 출발해서 시간은 다소 여유롭다. 올레 7코스를 만끽하고, 점심까지 다 먹고도 아직 12시 10분. 외돌개까지만 걸으면 오늘 일정은 완료다. 대의는 힘들다면서도 이제 이틀만 더 걸으면 된다고, 며칠 더 연장하면 안 되느냐고 너스레를 떤다. 한라산 등정이 제일 쉬웠다며 백록담까지 올라가고 싶단다. 외돌개가 가까워지니 없던 힘도 생기나 보다.

그런데 외돌개에서 인증샷을 찍자마자 "배고파요" 외치는 대의. 고기국수에서 고기는 빼고 먹어서 그런가, 연신 배고프다고 말한다. 숙소로 가려면 201번 정거장까지 걷고 버스로 90분은 더 이동해야 한다. "버스는 괜찮아요"라고 하더니, 타자마자 꾸벅꾸벅 존다. 나도 덩달아 꾸벅꾸벅.

아주 조금은 긴장해야 하는 2인 3각. 벌써 6일 차가 지나간다 싶으니 마음도 편해지고 살짝 아쉽기도 하다. 그렇다고 8박 9일 도보 여행을 또 할 수 있을지는 잘 모르겠다.

대의는 저녁이면 신기할 정도로 많이 먹는다. 뱃살 하나 없는데도 그렇다. 돈코츠라멘, 육회비빔밥, 치즈돈가스를 1인분씩 시켜서 혼자서 3인분을 만족스럽게 먹는다. 배가 부르다며 산책하잔다. 안 그래도 얘기를 나눌 시간이었다. 딱 좋다. 숙소 옆 성산고등학교 교정까지 나란히 걸으며 얘기한다.

"다른 애들에게 2인 3각 추천하고 싶니?"

"네."

"왜?"

"맛있는 거 많이 먹어서 좋아요."

"걷기는 힘들잖아?"

"그건 얘기 안 해야죠."

"이번 6일 동안 어떤 시간이 가장 좋았어?"

"켄싱턴리조트요. 너무 좋았어요."

"그 밖에 기억에 남는 거나 인상적인 시간은 없었어?"

"모르겠어요. 아~ 한라산 등산은 재미있었어요. 배낭 없이, 덥지 않아서 올라가기 괜찮았어요."

"이제 센터 돌아가면 남은 석 달 동안 잘 지낼 수 있니? 퇴소 후에도?"

"네! 이제는 사고 안 치고 잘 지낼 수 있어요. 고등학교도 가야죠. 예전에 어울리던 친구들 다 소년원 가서 사고 칠 일 없어요. 걔들 나오려면 한참 걸리고, 이제 안 만날 거예요. 여자친구가 앞으로 사고 치면 안 만나 준다고 했어요."

"대의 생각을 가장 많이 하는 사람은 누구?"

"가족이요, 그중에서도 엄마!"

"2인 3각 지원하고, 쌤이랑 8박 9일 지낼 생각은 괜찮았어?"

"솔직히 걱정됐어요. 혼낼 것 같기도 하고. 제주 와서 3일째까지는 어색하고 불편했어요. 근데, 희한하게 3일 자고 일어나니 편해졌어요. 그 후로는 편해요. 재미있고요."

"쌤이 웃긴 얘기는 안 했는데?"

"그냥 4일째부터는 편하고 재미있었어요."

"그래, 다행이다."

대의에게 해 줄 말은 많지만, 곁에 있어 주는 것이 더 필요하겠다 싶다. 맞장구쳐 주는 수준에서 대화를 나눈다. 사실 중3에게 너무 큰 기대는 안 하는 게 맞지 않을까.

오늘 외돌개에서 대의가 음료를 살 때 가게 주인장에게 칭찬 아닌 칭찬을 들었다. "가장 힘든 여행 멤버가 아빠와 아들인데, 잘 다니시네요." 이번 여행에서 아들이냐는 얘기를 많이 듣는다. 그냥 "네" 한다. 아들이 키도 크고 잘생겼단다. 아들 한 명 더 생겼다.

대의는 오늘 저녁에도 엄마와 통화를 길게 한다. 잠든 대의를 뒤로하고 나는 내일 일정을 점검하느라 분주하다.

걸어야 비로소 보이는 것들

• 7일 차: 성산일출봉 ▶ 성산항 ▶ 우도 천진항 ▶ 우도봉 ▶ 우도등대 ▶ 비양도 ▶ 검멀레해변 ▶ 하고수동해수욕장 ▶ 우도 하우목동항 ▶ 성산항

어제저녁에 "내일 일출 보려면 5시 반쯤 일어나야 하는데, 어때?"라고 물었더니 대의는 묵묵부답. "게스트하우스 조식이 8시 준

비된다는데, 아침 먹고 우도 갈 때까지 더 잘 거니?"“네!” 이번에는 즉답이다. 잠 많은 대의는 푹 자야 활동을 잘한다. 한라산 등정도 푹 자고 출발했더니 날다람쥐처럼 달렸다. 새벽에 곤하게 자는 대의를 두고 일출을 보러 나간다.

매달 첫 월요일 성산일출봉은 유료 관람 휴관일이다. 바람이 거센 성산일출봉은 인파로 바글바글. 성산 앞바다 수평선 위로 얇게 드리워진 구름 장막 뒤편에서 아침 햇살의 기운이 쫙 뻗어 나온다. 여기저기서 탄성이 터지고, 장관을 놓칠세라 쉴 새 없이 셔터를 누른다. 사진으로만 담기에는 너무 아쉬워 동영상도 찍는다. 이루 말할 수 없는 찬란한 빛은 영상으로도 다 담을 수 없다.

인증샷! 혼자라도 찍어야 한다. 거센 바람에 외모를 신경 쓸 여력이 없다. 도보 여행 깃발이 바람에 날아가지 않도록 꽉 붙들고 인증샷 미션을 완수한다.

숙소로 돌아오는 길, 올레 코스를 따라 성산항을 지나서 해안선을 걷는다. 올레 7코스의 감동스러운 풍경이 재현되는 듯하다. 대의를 억지로라도 데려왔어야 했나, 후회막급이다.

숙소로 돌아오니 대의는 여전히 꿈나라에서 행복하다. 열두 시간 만에 깨우고 아침을 먹으러 간다. 갈치구이 세 토막 발라서 주니 밥 한 그릇 뚝딱이다. 나중에 걸으며 물으니, 비몽사몽 아침을 먹어서인지 갈치구이를 먹은 기억이 없다고 한다. 난감하다.

열두 시간을 내리 자서 잘 걸으리라 기대했는데, 우도행 배에서 대의는 멀미로 고생한다. 우도에서 제주도로 다시 나올 때는 비행기를 타자고 한다. '웬 비행기?' 우도항에 내리자마자, 전기 자전거를 이용하라며 호객꾼들이 접근한다.

"우리도 타요!"

간절히 외치는 대의에게 대답하지 않고 우도봉을 향해 저만치 앞서 걸어간다. 대의는 마지못해 조금 걷다가 힘들다며 주저앉는다. 마침 우도파출소가 보여서 인증샷을 찍자고 하니, 벌떡 일어난다. 조건반사처럼 반응한다.

우도봉 정상에서는 또 힘들어서 못 가겠단다. 인증샷을 찍으려는데, 대의 손에 쥐고 있던 깃발이 바람에 날아갈 뻔했다. 정신 줄을 놓고 있다. 나는 잔소리 없이 화도 안 내고 말없이 그냥 옆에 앉아 있어 준다. 집에서는 있을 수 없는 일이다.

잠시 후 대의는 "이제 가요" 한다. 우도등대를 향해 씩씩하게 걷는다. 우도등대를 찍고 검멀레해변으로 또 걷는다. 남들은 렌터카나 전기 자전거로 편하게 우도를 관광하지만, 우리는 도보 여행이니까. 검멀레해변으로 향하는 길도 절경이다.

"땅콩 아이스크림 먹고 싶어요."

둘이 사이좋게 하나씩 우도 명물 땅콩 아이스크림을 맛본다. 아이스크림의 힘으로 검멀레해변부터 비양도를 향해 걷는다. 옆으로 끊임없이 지나가는 전기 자전거 행렬. 대의는 계속 구시렁거린다.

"우리도 자전거…."
"대의야, 걷는 속도로 가야 보이는 것들이 있어. 빨리 지나가면 놓치는 것들이 있단다."

내 잔소리가 대의 귀에는 들리지 않는다. 우도를 떠날 때까지 자전거 타령이다. 오늘 숙소를 나서서 우도를 일주하고 다시 우도항에서 배를 타기까지 대의는 이미 2만 보를 걸었다. 나는 일출을 보러 간 거리가 있어서 3만 보 가까이 걸었다. 성산항으로 돌아갈 때도 대의는 뱃멀미로 고생한다. 대의 컨디션을 고려해서 남은 일정은 패스한다. 성산항에 도착하면 숙소로 바로 가자고 하니, 대의 얼굴에 생기가 돈다.

숙소에 도착해 씻고 나서 대의가 말한다. "쌤! 배고파요, 저녁 먹으러 가요." 숙소 사장님께 추천받은 식당을 향해 걷는다. 이렇게 나란히 걸을 때면 이런저런 얘기를 주고받는다.

"2인 3각 마치고 돌아가면 친구들에게 어떤 점을 말해 줄 것 같니?"

"힘들다고요, 걷는 것 진짜 힘들어요. 맛있는 거 많이 먹는 건 좋지만요."

"걷는 것 말고 다른 힘든 것은 없었어?"

"음~ 없어요."

"휴대폰 사용 못 했는데?"

"잘 모르겠어요. 휴대폰 없어도 힘들다거나 불편하지 않았어요. 걷는 게 힘들어서….""

"약은? 2인 3각 와서 안 먹고 있는데 어떠니?"

"모르겠어요. 안 먹어도 괜찮은 거 같은데요?"

걷기가 힘들어서인지 스마트폰 없이 지내는 데 별다른 어려움을 호소하지 않는다. 확실히 환경이 중요하다. 모두가 사용할 때는 혼자만 없이 지내기가 힘들겠지만, 굳이 스마트폰 없어도 별 어려움 없이 학생 시절을 보낼 수 있겠다는 생각도 해 본다. 신경과 약도 기계적 처방이 아니라 환경과 관계 등으로 극복할 수 있다면, 최대한 줄일 수 있지 않을까.

식당으로 가는 길에 파스타집을 발견한 대의가 "쌤! 저기 가요" 한다. 함박스테이크와 까르보나라 파스타를 주문하는 대의. 나는 알리오올리오 파스타를 주문한다. 대의는 맛있다며 다 먹고 나오면서도 아직 배가 반밖에 안 찼단다. 역시 저녁 배가 크다. 숙소 들어오는 길에 나머지 배를 채울 간식을 산다. 단, 저녁 7시 30분까지만 먹기로 한다.

어제저녁 성산고 교정 산책하다가, "큰 뜻"이라는 글귀가 새겨진 바윗돌을 배경으로 인증샷을 찍었던 사실을 상기시킨다. 나는 이번 도보 여행을 통해 대의 별명을 '큰 뜻'이라고 부르겠다고 말한다. 앞으로 큰 뜻을 품고 살아가는 대의가 되길.

장하다, 큰 뜻 대의

• 8일 차: 비자림 ▶ 만장굴 ▶ 월정리 ▶ 김녕해수욕장

오늘은 사실상 도보 여행 마지막 날이다. 내일은 숙소에서 공항으로 이동해 부산으로 돌아가는 일정만 있다.

비자림 개장 시간은 아침 9시다. 8시 조금 못 되어 안락한 숙소인 밧돌펜션을 떠난다. 버스 정류장까지 10분 정도 걷는다. 버스를 타고 비자림 정류소에 내리니, 비자림국수집이 보인다. 아침은 여기서 먹기로 한다. 대의는 냉 메밀 소바를, 나는 고기국수를 시킨다.

비자림에 거의 첫 입장객으로 들어간다. 대의는 비자림 숲길을 누리기보다 빠르게 훑고 다음 장소로 가자고 재촉한다. 나는 이곳저곳 둘러보며 여유를 부린다. 시간을 맞추어 만장굴로 가는 버스를 탄다.

만장굴 들어가기 전에, "굴 안은 추우니 잠바를 입어라" 하니, 잃어버렸단다. 버스에 두고 내렸다면서. 하나 더 있어서 괜찮다는데,

대의는 이번 여행에서 깜빡깜빡한다. 만장굴 개방 구간은 편도 1킬로미터 남짓이다. 왕복 40분 거리. 서늘한 동굴 안은 제법 널찍하고, 외국인 관광객도 꽤 많이 보인다. 대의는 만장굴에서도 부지런히 걸으며 어서 가잔다. 나는 대의가 과정을 즐겁게 누리도록 돕는 지혜가 부족한 멘토 쌤이다.

다음 코스는 월정리해변. 유명한 월정리갈비밥에 먼저 들러, 둘이 사이좋게 하나씩 시켜 먹는다. 대의는 양이 부족하단다. 나중에 간식을 먹기로 한다. 마지막 목적지 김녕해수욕장을 향해 출발. 해안 도로와 올레길을 선택해, 주변 경관을 즐기며 걸어간다.

"대의야! 이번 여행 통해 좋은 곳 많이 봤고, 힘든 걷기도 잘 해냈으니 나중에 힘든 상황 올 때 이 순간을 떠올려서 잘 이겨 내렴."
"네!"

대답은 우렁차다. 이제 끝이 보이기 때문이다. 어느새 김녕해수욕장에 도착해, 8박 9일 2인 3각 도보 여행은 대망의 마침표를 찍는다. 바닷물에 발도 담그고, 모래 놀이도 하면서 마무리하는 대의.

"장하다, 큰 뜻 대의!"

도보 여행에서 붙여 준 이름을 크게 불러 준다. 전체 미션을 잘 마무리한 대의에게 두 시간 동안 자유가 주어진다. 대의는 제주 시내로 와서 자유 시간을 PC방에서 즐겁게 보낸다.

제주에서의 마지막 저녁 식사는 늘봄흑돼지. 도보 여행의 시작과 끝은 흑돼지다. 마지막 숙소로 향하는 길, 대의와 나는 시간이 번개같이 지나갔다는 데 의견을 일치한다. 마치 오늘 제주에 도착해서 내일부터 8박 9일 도보 여행을 시작해야 할 것만 같다.

이제 일상으로 돌아간다. 이번 도보 여행이 힘든 부분은 있지만, 미션만 수행하면서 둘이 잘 지내기만 하면 쉬운 시간이기도 하다. 우리가 살아갈 일상은 많은 사람, 다양한 환경, 수많은 변수로 가득하다. 주변에서 가만두지 않을 수도 있다. 이번 여행이 그런 일상을 더 단단히 살아 내는 데 밑거름이 되길 바란다.

육지로 돌아가는 날

• 9일 차: 제주 ▶ 김해

오늘은 육지로 나가는 일정만 있다. 제주로와 게스트하우스는 공항까지 차로 10분 거리라서 부담도 없다. 주인장이 정성껏 차린 조식을 맛있게 먹는다. 주인장께서 대의에게 인물이 좋다고 몇 번 칭찬하신다. 중3이라고 하니, 키도 크고 멋지단다. 대의는 빙그레 웃는다.

대의는 빨리 가고 싶단다. 비행기 시간은 정해져 있지만, 일찌감치 나선다. 제주를 떠나기 전, 공항 이곳저곳을 구경하며 마지막 인증샷을 찍는다. 대의는 비행기가 빨리 이륙하면 좋겠다고 노래를 부른다. 나도 김해공항에서 기다리실 손혜광 실장님과 센터장님을 만나러 빨리 가고 싶다. 비록 공항에서 바로 출근해야 하지만….

네 곁에 있어 줄게

: 소년재판과 위기 청소년을 바라보는 16개의 시선

1판 1쇄 펴냄 2024년 6월 19일
1판 3쇄 펴냄 2024년 6월 26일

지은이 류기인 최형록 전미연 유수천 박선옥 손예진 박현숙 조정혜
최윤희 반경민 이수봉 이호정 김종임 박정숙 이순화 조원교
펴낸이 옥명호
편집 강동석 옥명호
디자인 스튜디오 아홉
일러스트 샤인
제작처 예원프린팅

펴낸곳 온기담북
출판등록 2024년 5월 3일 제2024-000062호
주소 03140 서울시 종로구 삼일대로 428, 5층 500-27호(낙원동, 낙원상가)
전화 02)334-5382 | **팩스** 02)747-9847
이메일 onkeybook@gmail.com

ISBN 979-11-987808-0-5 03330